PSICANÁLISE E VIDA COVIDIANA

CONSELHO EDITORIAL

André Costa e Silva

Cecilia Consolo

Dijon de Moraes

Jarbas Vargas Nascimento

Luis Barbosa Cortez

Marco Aurélio Cremasco

Rogerio Lerner

Blucher

PSICANÁLISE E VIDA COVIDIANA

Desamparo coletivo, experiência individual

Ana de Staal & Howard B. Levine
organização

Alberto Rocha Barros, Ana de Staal, Antonino Ferro,
Bernard Chervet, Christopher Bollas, Daniel Kupermann,
Elias Mallet da Rocha Barros, François Lévy,
Howard B. Levine, Jean-Jacques Tyszler, Joshua Durban,
Michael Rustin, Patricia Cardoso de Mello,
Riccardo Lombardi, Serge Frisch, Steven Jaron

colaboração

Psicanálise e vida covidiana: desamparo coletivo, experiência individual
© 2021 Ana de Staal e Howard B. Levine (orgs.)
Editora Edgard Blücher Ltda.

Este livro, proposto pelas Éditions d'Ithaque (Paris, França), é publicado simultaneamente pela Editora Blucher (São Paulo, Brasil) e pela Phoenix Publishing House (Oxford, Inglaterra).

Tradução
Para francês e inglês Henrik Carbonnier, Jean-Baptiste Desveaux, Shahar Fineberg, Valentine Leÿs, Mathieu Rigo, Karla Isolda dos Santos Buss, Ana de Staal.
Revisão científica Ana de Staal e Jean-Baptiste Desveaux.

Para português Bartholomeu de Aguiar Vieira, Claudia Berliner, Lucas Charafeddine Bulamah, Gustavo Dean-Gomes, Wilson Franco, Pedro Hikiji Neves, Paula Lapa Lopes Sampaio, Pedro Marky-Sobral, Roberto de Oliveira, Ludmilla Tassano Pitrowsky, Luiz Eduardo de Vasconcelos Moreira.
Revisão científica e coordenação da edição brasileira Daniel Kupermann.

Ilustração da capa Cape Cod Morning, 1950, Edward Hopper (1882-1967), Smithsonian American art Museum, Washington D.C., EUA Photo @SAAM. Dist. RMN-Grand Palais/image SAAM.

Blucher

Rua Pedroso Alvarenga, 1245, 4º andar
04531-934 – São Paulo – SP – Brasil
Tel.: 55 11 3078-5366
contato@blucher.com.br
www.blucher.com.br

Segundo o Novo Acordo Ortográfico, conforme 5. ed. do *Vocabulário Ortográfico da Língua Portuguesa*, Academia Brasileira de Letras, março de 2009.

É proibida a reprodução total ou parcial por quaisquer meios sem autorização escrita da editora.

Todos os direitos reservados pela Editora Edgard Blücher Ltda.

Dados Internacionais de Catalogação na Publicação (CIP)
Angélica Ilacqua CRB-8/7057

Psicanálise e vida covidiana : desamparo coletivo, experiência individual / organização de Ana de Staal, Howard B. Levine ; colaboração de Alberto Rocha Barros...[et al] ; [tradução de Bartholomeu de Aguiar Vieira]. -- São Paulo : Blucher, 2021.

394 p.

Bibliografia
ISBN 978-65-5506-305-9 (impresso)
ISBN 978-65-5506-306-6 (e-book)
Título original: Psychanalyse et vie covidienne
Título original: Psychoanalysis and Covidian Life

1. Psicanálise. 2. Psicologia clínica. 3. Covid-19. I. Título. II. Staal, Ana de. III. Levine, Howard B.

21-0749   CDD 150.195

Índice para catálogo sistemático:
1. Psicanálise

A mais antiga e a mais forte emoção humana é o medo, e o medo mais antigo e mais forte é o medo do desconhecido.[1]

— H. P. Lovecraft

Se há algo certo é que a certeza é um erro.[2]

— W. R. Bion

---

1 "The oldest and strongest emotion of mankind is fear, and the oldest and strongest kind of fear is fear of the unknown". Lovecraft, H. P. (1927, 1933–1935). *Supernatural Horror in Literature.* Disponível em: http://www.yankeeclassic.com/miskatonic/library/stacks/literature/lovecraft/essays/supernat/supern01.htm. Último acesso em 19 jan. 2021).
2 "If there is anything which is certain it is that certainty is wrong". Bion, W. R. (1977). *Bion in New York and Sao Paulo.* F. Bion (Ed.). London: Roland Harris Trust/Clunie, 1980, p. 98.

Conteúdo

Sobre os autores   11

Agradecimentos   17

Nota dos editores   19
    Por Ana de Staal e Howard B. Levine

PARTE I — O pano de fundo/O contexto   25

Os insatisfeitos na civilização   27
    Christopher Bollas (Santa Barbara, EUA/Londres, Inglaterra)

A pandemia da Covid e seus sentidos   53
    Michael Rustin (Londres, Inglaterra)

PARTE II — Viver e pensar em tempos de pandemia   71

A quebra de uma recusa que faz pensar   73
    Bernard Chervet (Lyon/Paris, França)

Paisagens da vida mental sob a Covid-19   103
    Alberto Rocha Barros, Elias Mallet da Rocha Barros
    (São Paulo, Brasil)

A catástrofe e seus destinos: os negacionismos e o efeito
vivificante do "bom ar"   143
    Daniel Kupermann (São Paulo, Brasil)

Parte III — O *setting* sob pressão   **161**

Estar na linha: qual elasticidade e qual invariância
para o *setting* psicanalítico?   163

   Antonino Ferro (Pavia, Itália)

A cabine queimada, ou a psicanálise sem divã   173

   Ana de Staal (Paris, França)

Desamparos individuais, desamparo das instituições
psicanalíticas   195

   Serge Frisch (Luxemburgo/Bruxelas, Bélgica)

Parte IV — Reconfigurações e mudanças na prática   **215**

Corpo e alma na análise à distância: contratransferência
angustiada, pânico pandêmico e limites do
espaço-tempo   217

   Riccardo Lombardi (Roma, Itália)

Cortes de energia no processo analítico   243

   François Lévy (Paris, França)

Para além do todo-traumático: a imaginação narrativa
e as novas temporalidades da sessão   267

   Jean-Jacques Tyszler (Paris, França)

Parte V — Diários clínicos   **293**

Catábase, anábase: o trabalho em pós-UTI da Covid-19
em um hospital público   295

Steven Jaron (Paris, França)

Onde mora o analista? Sobre o manejo do enquadre
na análise on-line de uma menina de três anos
com autismo   319

Patricia Cardoso de Mello (São Paulo, Brasil)

Onde mora a Covid? Ansiedades osmóticas/difusas,
isolamento e continência em tempos de peste   349

Joshua Durban (Tel Aviv, Israel)

Parte VI — Conclusão   **373**

Vida covidiana   375

Howard B. Levine (Cambridge, Mass., USA)

Sobre os autores

Alberto Rocha Barros é psicanalista membro filiado ao Instituto "Durval Marcondes" da Sociedade Brasileira de Psicanálise de São Paulo (SBPSP) e membro-coordenador do Núcleo de Psicanálise do IPq-HCFMUSP. Vive e trabalha em São Paulo.

Ana de Staal é psicanalista e psicossomatista, membro da *Société de Psychanalyse Freudienne* (SPF). Ex-chefe de edição da revista *Chimères,* fundada por G. Deleuze e F. Guattari, dirige atualmente a Ithaque, editora parisiense especializada em psicanálise e filosofia. Traduziu e publicou em francês a maior parte dos seminários de W. R. Bion, assim como o trabalho de autores contemporâneos importantes como Christopher Bollas, Thomas Ogden, e André Green. Com Fernando Urribarri e Litza G. Green, é responsável pela publicação das obras póstumas de André Green em francês. Vive e trabalha em Paris.

Antonino Ferro é analista didata e supervisor na *Società Psicoanalitica Italiana,* da qual foi presidente, é membro da *American Psychoanalytic Associatione* e da *International Psychoanalytic*

Association. É autor de numerosos livros e artigos, traduzidos em diferentes línguas. Suas publicações incluem: *Evitar as emoções, viver as Emoções* (Artmed); *Tormentos de Almas: paixões, sintomas, sonhos;* e *Na Sala de análise: emoções, relatos, transformações* (ambos pela Blucher). É presidente do Centro Psicanalítico de Pavia e ex-presidente da Sociedade Psicanalítica Italiana. Recebeu o Prêmio Sigourney em 2007. Nascido em Palermo, em 1947, vive atualmente em Pavia e mantém um consultório em Pavia e em Milão.

Bernard Chervet é psiquiatra, psicanalista, membro titular formador e ex-presidente da *Société Psychanalytique de Paris* (SPP). É membro do conselho da *Insternational Psychoanalytical Association* (IPA); diretor do *Congrès des Psychanalystes de Langue Française* (CPLF), fundador da SPP-*Éditions*; participou de mais de 230 publicações e organizou mais de uma dezena de coletâneas. Recebeu o Prêmio Bouvet em 2018. Escreveu o relatório do CPLF de 2009: "O *après-coup*", e contribuiu com este item no *Dicionário enciclopédico* da IPA. Mora em Lyon, França.

Christopher Bollas é psicanalista, membro honorário do *Institute for Psychoanalytic Training and Research* (IPTAR) em Nova Iorque, da *British Psychoanalytic Society* (BPS) e do Los Angeles Institute and *Society for Psychoanalytic Studies* (LAISPS). Inspirado pelas contribuições de Winnicott e de Bion mantém-se, no entanto, um pensador ferozmente independente, que foi descrito por André Green como "autônomo". É autor de uma obra importante, com destaque para os livros *The Shadow of the Object* (1987), *Meaning and Melancholia: Life in the Age of Bewilderment* (2018), e *The Infinite Question* (2009). De nacionalidade americana e britânica, vive e trabalha em Santa Bárbara (EUA) e em Londres.

Daniel Kupermann é psicanalista e professor livre-docente do Instituto de Psicologia da Universidade de São Paulo. Atualmente é presidente do Grupo Brasileiro de Pesquisas Sándor Ferenczi e membro do *board* da *International Sándor Ferenczi Network*. É autor de diversos livros e de artigos publicados em francês, inglês, espanhol, italiano e português.

Elias Mallet da Rocha Barros é psicanalista, membro efetivo e didata da Sociedade Brasileira de Psicanálise de São Paulo (SBPSP) e *fellow* da Sociedade Britânica de Psicanálise (BPS). Vive e trabalha em São Paulo.

François Lévy é psicanalista, vice-presidente da *Société de Psychanalyse Freudienne* (SPF). Antigo secretário do comitê de redação da revista *Les Lettres de la SPF*, é autor de muitos artigos, entre os quais o prefácio francês dos *Séminaires cliniques* de Wilfred R. Bion. Sua obra, *A psicanálise com Wilfred R. Bion* (Blucher, 2021), foi traduzida para várias línguas. Coordena, há mais de vinte anos, um seminário sobre a obra de Bion, espaço de verdadeiras reflexões e trocas. Atende em consultório particular em Paris.

Howard B. Levine é psicanalista, membro da APSA, do PINE, e da *Société freudienne contemporaine*. É professor no Programa de Pós-doutorado do Departamento de Estudos Freudianos da *New York University*. É membro dos conselhos editoriais do *International Journal of Psychoanalysis* e do *Psychoanalytic Inquiry*. Atualmente dirige na editora Routledge uma coleção de ensaios consagrados às pesquisas bionianas. É autor de inúmeros trabalhos sobre técnica psicanalítica e sobre o tratamento de distúrbios da personalidade primitiva. Dentre seus livros destacam-se *On Freud's Screen Memories* (2014); *The Wilfred Bion Tradition* (2016), e *Andre Green Revisited: Representation and the Work of the Negative* (2018). É também autor de *Transformations de l'irreprésentable* (Ithaque, 2019), e de *Between the Silence and the Cry* (Routledge, 2021). Vive e trabalha em Cambridge, Massachussetts.

Jean-Jacques Tyszler é psiquiatra e psicanalista, médico diretor do *Centre médico-psychopédagogique* (CMPP) *de la Mutuelle générale de l'éducation nationale* (MGEN), em Paris; ex-presidente da *Association lacanienne internationale* (ALI); membro da *Fondation européenne pour la psychanalyse* (FEP), da *École psychnalytique de Sainte-Anne* e da *École de Ville-Évrard* (formação para uma abordagem psicanalítica em psiquiatria). Autor de numerosos artigos publicados em inglês, francês e português, publicou *As metamorfoses do objeto* (Tempo Freudiano, 2011); *As depressões, o luto e a melancolia* (Espaço Moebius, 2017); *À la rencontre de Sigmund Freud* (2013) e *Actualité du fantasme dans la psychanalyse* (2019). Vive e trabalha em Paris.

Joshua Durban é psicanalista didata, professor e supervisor de análises de crianças e adultos na *Israeli Psychoanalytic Society and Institute*, em Jerusalém; é professor da *Sackler School of Medicine* no Programa de psicoterapia da *Tel Aviv University*; atua como psicanalista em consultório particular em Tel Aviv dedicando-se, sobretudo, ao transtorno do espectro autista e às crianças e adultos psicóticos. Foi fundador da *Israeli Psychoanalytic Inter-Disciplinary Forum for the Study of ASD*.

Michael Rustin é professor de sociologia na *University of East London*; professor visitante na *Tavistock Clinic* e associado da *British Psychoanalytical Society*. Escreveu amplamente sobre as interconexões entre psicanálise, sociedade e política, em livros incluindo *The Good Society and the Inner World* (1991) e *Reason and Unreason* (2001). Entre seus livros mais recentes estão *Society Defenses against Anxiety: Explorations in a Paradigm* (editado com David Armstrong, 2015); *Reading Klein* (com Margaret Rustin, 2017), *Researching the Unconscious: Findings from Qualitative Research* (editado com Margaret Rustin, 2019). É editor da *Soundings, a Journal of Politics and Culture*.

Patricia Cardoso de Mello éé membro filiado da Sociedade Brasileira de Psicanálise de São Paulo. Atende adultos e crianças em consultório. Há quase 30 anos, trabalha com crianças graves e suas famílias. Fez mestrado e doutorado em Psicopatologia fundamental e Psicanálise na Universidade de Paris VII. Vive e trabalha em São Paulo.

Riccardo Lombardi é psiquiatra, psicanalista, didata e supervisor da Società Psicoanalitica Italiana, e membro do conselho editorial do *Journal of the American Psychoanalytic Association*. É autor de vários trabalhos sobre a relação corpo-mente, o tempo, a psicose e outros distúrbios mentais graves, que foram publicados nos principais periódicos psicanalíticos. É autor dos livros *Formless Infinity: Clinical Explorations of Matte Blanco and Bion* (London, Routledge, 2015), *Body-Mind Dissociation in Psychoanalysis. Development after Bion* (London, Routledge, 2017) e co-editor of *Psychoanalysis of the Psychoses: Current Developments in Theory and Practise* (London, Routledge, 2019). Atua em clínica privada em tempo integral em Roma, Itália.

Serge Frisch é psicanalista e supervisor clínico, ex-presidente da Societé Belge de Psychanalyse, membro titular e didata da Deutsche Psychoanalytische Vereinigung, ex-presidente da Fédération Psychanalytique Européenne (EPF-FEP), membro do conselho de administração da International Psychoanalytical Association. Vive e trabalha em Bruxelas (Bélgica) e em Luxemburgo.

Steven Jaron formou-se psicanalista na *Société Psychanalytique de Recherche et de Formation* (SPRF). Compõe a equipe do *Hôpital des Quinze-Vingts* e trabalha em consultório particular em Paris. Possui doutorado em Literatura francesa e comparada pela *Columbia University* e é autor de *Edmond Jabès: The Hazard of Exile* (2003) e *Zoran Music: voir jusqu'au coeur des choses* (2008). Publicou ensaios em *Libres Cahiers pour la psychanalyse*.

Agradecimentos

Gostaríamos de agradecer aos editores Kate Pearce, da Phoenix Publishing House (Oxford), e a Eduardo Blucher, da Editora Blucher (São Paulo), pelo entusiasmo com que acolheram a ideia desta publicação trilíngue; nossa gratidão também vai, é claro, aos quatorze autores, eminentes colegas psicanalistas – italianos, franceses, brasileiros, americanos, ingleses, israelenses – que aceitaram dedicar uma parte importante de seu tempo para atender a nossa solicitação, permitindo-nos assim criar com eles esta obra.

Gostaríamos também de agradecer a Daniel Conrod, que sussurrou em nossos ouvidos a bela expressão "vida covidiana" e que nos ajudou a encontrar o título do livro; a Véronique Mamelli, da agência fotográfica da Réunion des Musées Nationaux (França), que tornou possível usar a pintura de Edward Hopper nas capas das três edições internacionais do livro; a Gillian Jarvis por sua disponibilidade, simpatia e grande ajuda durante a pesquisa bibliográfica; e, claro, a todos os nossos dedicados e eficientes tradutores.

Por fim, um agradecimento muito especial ao colega Daniel Kupermann, que valentemente coordenou a tradução do livro para o português, gerindo uma equipe poliglota de onze tradutores-analistas, a quem agradecemos calorosamente por seu envolvimento, expertise e generosidade. Mais de trinta pessoas se mobilizaram para levar a bom termo este trabalho, com o desejo de oferecer uma humilde contribuição à apaixonante reflexão acerca dos desafios da psicanálise contemporânea que, esperamos, esteja sempre à altura da sua época.

A. de S. e H. B. L.

Nota dos editores

Por Ana de Staal e Howard B. Levine

> *Gostamos de pensar que nossas ideias são nossa propriedade, mas ao menos que possamos colocar nossa contribuição à disposição do restante do grupo, não há chance de mobilizar a sabedoria coletiva do grupo que poderia levar a mais progresso e desenvolvimento (W. R. Bion, 1980, p. 26).*

A ideia, para não dizer a necessidade, de organizar um livro sobre os efeitos da pandemia na prática psicanalítica nos surgiu por volta de abril de 2020. Ainda estávamos em *lockdown* total, perplexos com o que estava acontecendo.

Para muitos de nós, a passagem rápida e quase imposta do divã para a tela levantou questões legítimas sobre o impacto desses eventos sem precedentes em nossa prática. Não que a questão da psicanálise remota fosse um assunto novo. Alguns de nós já a praticavam ocasionalmente, durante as supervisões por exemplo, ou para continuar a trabalhar com um analisando expatriado. Nos últimos dez anos, mais ou menos, vários livros foram publicados regularmente sobre o assunto, sob diversos ângulos.[1]

Com a pandemia, no entanto, nos encontramos em uma situação muito nova, não apenas por causa de seu caráter universal e imperioso (fomos todos mais ou menos obrigados a fechar nossos consultórios e reorganizar nossas sessões, ou mesmo interrompê-las), mas também porque parecia ter o potencial de influenciar nossa prática de forma mais radical. Com efeito, até que ponto poderia o *setting*, esse continente de realidade psíquica sem o qual o processo psicanalítico não tem lugar, suportar o peso de uma realidade tão brutal, inoportuna e traumática? Parecia óbvio que o *setting* não lhe seria impermeável, e talvez fosse melhor que não o fosse. Mas, e aí...?

Quando começamos a reunir alguns autores em torno dessa reflexão, dirigimos a eles um argumento inicial:

> Com o fechamento de nossas práticas por conta da pandemia, muitos de nós foram "transpondo" para a tela não apenas o dispositivo analítico clássico, mas também os *settings* psicoterapêuticos específicos (a consulta psicossomática, por exemplo). Esta experiência, ao mesmo tempo difícil e complexa, parece nos fornecer hoje elementos suficientes para uma primeira reflexão sobre a resiliência do dispositivo

---

[1] Por exemplo: Alessandra Lemma, 2017. *The Digital Age on the Couch: Psychoanalytic Practice and New Media,* New York-Abingdon, Routledge; Jill Savage Scharff, 2013-2018. *Psychoanalysis online, mental Health, Teletherapy and Training,* New York-Abingdon, Routledge, vol. 1 - vol. 4; Serge Tisseron, *Rêver, fantasmer, virtualiser: du virtuel psychique au virtuel numérique,* Paris, Dunod, 2012; Frédéric Tordo & Elisabeth Darchis (dir.), *La cure analytique à distance, Le skype sur le divan,* Paris, Harmattan, 2017.

analítico, que foi submetido a vários tipos de extensões e de cargas desde meados do século XX. Até que ponto a psicanálise depende de seu dispositivo concreto? As bases do enquadre são realmente inegociáveis, inadaptáveis? Ou ao contrário, esse sistema é passível de transposição? Mas a que preço? O que acontece na situação analítica quando o campo de visão é enquadrado pelo olho de uma câmera? E a ida do analisando até o consultório (o devaneio no caminho, considerado por alguns como parte integrante da sessão)? O que acontece com a "atmosfera" do tratamento, tão cara a Theodor Reik? Como situar o corpo, a presença/ausência nas sessões de telefone e vídeo? ...

Como o leitor verá, as respostas a esse argumento foram muito diversas, muitas vezes indo além do problema inicial do enquadre. Alguns queriam pensar mais amplamente (e psicanaliticamente) sobre o contexto político e social do evento, outros sobre suas implicações teóricas ou institucionais, e ainda outros optaram por se ocupar da especificidade da experiência clínica remota.

Na época em que embarcamos neste projeto, nosso desejo era promover uma primeira abordagem da questão e, diante da pandemia que tomava de assalto corpos e mentes em todos os lugares ao mesmo tempo, queríamos quebrar as barreiras linguísticas e as diferenças entre as escolas, convocando analistas de todo o mundo e com as mais diversas sensibilidades: dos freudianos aos lacanianos, dos ferenczianos aos bionianos e aos kleinianos. Acolhemos assim todas as inspirações, não em nome de um ecletismo obrigatório e provavelmente infértil, mas no espírito da *sabedoria coletiva* da qual falava Bion.

Essa vontade internacionalista e descompartimentada, por assim dizer, era antípoda de um desejo de doutrinação, ou de exaustão das questões. Não queríamos um manual de atitudes técnicas a serem seguidas, nem um discurso pseudoconsensual (e, portanto, necessariamente pretensioso) sobre o que deveria se tornar o padrão de prática na vida covidiana. Nossa intenção foi antes de tudo significar que a psicanálise vive e pensa em sua época – certamente, levando tempo para elaborar suas profundas modificações, mas sempre de acordo com o que constitui sua própria essência e finalidade: o desenvolvimento de nossa capacidade de pensar a vida e a morte sem negociar nossa parcela de humanidade. E precisamente, aceitando as contribuições de todos com a maior abertura de espírito, tentamos simplesmente fotografar num dado momento – entre agosto e dezembro de 2020 – a forma como cada um de nós tentava enfrentar a morte provocada pela pandemia, refletindo sobre seu impacto mais imediato em nossos pacientes, na nossa prática e em nós mesmos. Pois não é possível se lançar na perlaboração do trauma quando estamos no cerne do evento traumático; portanto, este livro é apenas um primeiro passo de uma longa reflexão que apenas começou.

Na época em que este projeto foi lançado, tínhamos certeza de que as coisas "voltariam ao normal" alguns meses depois, talvez no outono de 2020, e que nossas rotinas habituais seriam retomadas. Com o passar dos meses, percebemos o óbvio – nada poderia ser menos garantido. No momento em que escrevemos, os hospitais ainda não se esvaziam, a segunda onda é oficialmente declarada em todos os lugares, uma terceira onda é esperada, a fadiga geral está crescendo e até os mais firmes entre nós estão começando a sentir o golpe. Percebemos que, desde os mais altos níveis de decisão governamental até os mais modestos níveis de intervenção, as respostas vão sendo elaboradas, para não dizer improvisadas, dia após dia, sem que ninguém seja capaz de imaginar com exatidão uma espécie de futuro. Um "deficit de figuração", por assim dizer, passa a contaminar as pessoas, ao mesmo tempo que o coronavírus.

O trabalho incansável dos biólogos em busca de vacinas poderia ser uma metáfora para a nossa própria situação hoje: nós também estamos no meio de uma pesquisa, e precisaremos de tempo para melhor observar e teorizar acerca dos danos causados pela pandemia em nossos pacientes e em nós mesmos, e das transformações provocadas em nossa maneira de praticar e compreender a psicanálise. A pandemia tornou a morte muito visível, muito óbvia, ao mesmo tempo que enterrou tudo o que sempre nos ajudou a "viver" com a morte – nossos laços familiares e sociais, nossas celebrações, nossos ritos fúnebres, nossas artes e produções culturais, nossos parques e nossas viagens; ela nos deixou estupefatos perante a luz azulada das telas, evidenciando a nossa necessidade de sentido, de sublimação, de um mundo interno habitado e de um mundo externo aberto a ligações e futuros possíveis.

Esperamos que essas contribuições possam dar ao leitor, como nos deu, matéria para reflexão, bem como um pouco de consolo.

A. de S. e H. B. L.

Traduzido do inglês por Bartholomeu de Aguiar Vieira

Referências

Bion, W. R. (1980). *Bion à New York et à São Paulo*, Paris, Ithaque, 2006.

Bleger, J. (1967). Psychoanalysis of the psychoanalytic frame, *International Journal of Psychoanalysis* 48. pp. 511-519.

Bleger, J. (1979). Psychanalyse du cadre psychanalytique, *in* R. Kaës (dir.), Crise, rupture et dépassement, Paris, Dunod. pp. 255-285; en ligne: http://www.psychanalyse.lu/articles/BlegerPsychanalyseCadre.htm.

Etchegoyen, R. H. (2005). *Fondements de la technique psychanalytique*, Paris, Hermann.

Parte I
O pano de fundo/O contexto

Os insatisfeitos na civilização

Christopher Bollas
Santa Barbara, EUA/Londres, Inglaterra

I

Os movimentos populistas nos Estados Unidos, Brasil, Reino Unido, Hungria, Filipinas e demais lugares revelam o quanto os processos democráticos são vulneráveis quando um grupo outrora racional – como uma nação – abandona suas estruturas ordinárias de governo, enquanto um número significativo da população sucumbe a processos psicologicamente perturbados de pensamento e ação.

Mesmo que saibamos muito sobre nossos processos de pensamento e comportamento em grupos pequenos ou médios, ainda não refletimos o suficiente sobre os processos mentais em grupos grandes, como aqueles que chamamos de nação. Considerarei aqui como podemos começar a pensar sobre nossa psicologia atual como uma nação[1], especialmente quando nos tornamos perturbados, como é o caso agora. O foco será principalmente no exemplo dos Estados Unidos e, em particular, sua psicologia de grupo em 2020.

Enquanto o presidente fermentava o nacionalismo branco e a extrema direita, angariando o apoio de seus fãs, a palavra "vírus" tornou-se um significante que se bifurcou para identificar dois fenômenos aparentemente não correlacionados: a transmissão de um vírus biológico e a transmissão de notícias falsas. A Covid entrou no corpo americano e matou pessoas, enquanto Trump criava um vírus social, uma mutação maligna de estruturas sociais até então adequadas, espalhando comunicações psiquicamente destrutivas que intencionavam adentrar no corpo político e na mente política da América. A convergência de ambas as formas virais de comunicação criou um patógeno que causava confusão mental. Enquanto viajavam pelo país, ambos foram psiquicamente invasivos, semeando o medo em uma escala que a comunidade americana ainda não havia experimentado.

Nessa situação, houve o que os psicanalistas chamam de uma "sobredeterminação" de sentidos. Covid, insanidade presidencial, matanças policiais, desemprego maciço e desordem civil imiscuíram-se em uma condensação maligna para produzir uma realidade mental impensável. A matriz que descrevi, apesar de muitas vezes tratar-se de um fenômeno psicológico, não é um sonho. É um evento no real: um pesadelo social movido por uma realidade social psicótica. Como Frantz Fanon escreveu, podemos "ser sobredeterminados pela exterioridade".[2]

---

[1] Aqui utilizo o termo "nação" ao invés de "estado-nação", como é mais comumente utilizado hoje.
[2] Ver Franz Fanon, *Black Skin, White Masks,* New York, Grove Press, 2008, p. 95.

Ao testemunharem o desmantelamento das instituições incumbidas de proteger as terras e o meio ambiente (tal como a EPA – a *Environmental Protection Agency*), os norte-americanos viram a implosão social: o colapso das estruturas cruciais para o funcionamento de grandes grupos. A implosão retrocedeu a nação para um mundo feudal no qual milhões de pessoas deveriam "seguir o líder", um processo que devo discutir mais à frente.

Porém, comecemos por pensar sobre alguns aspectos da psicologia de grupos.

Nosso primeiro grupo é nossa família de origem, uma assembleia oligárquica *ad hoc* dirigida pelos adultos e tendo os filhos como subordinados. Ao internalizarmos os conhecidos não-pensados[3] de nosso grupo familiar, formamos axiomas que irão influenciar, ou talvez até governar, nossos comportamentos para o resto de nossas vidas.

Na família suficientemente boa, experienciamos e absorvemos o amor e a lei. Amamos e somos amados pela mãe, pelo pai e por outros, mas não porque conquistamos isso; somos simplesmente amados, como se este fosse o predicado fundamental da existência. Juntamente ao amor, a lei nos é ensinada. Desde o princípio, a mãe tem seu conjunto claro de regras de comportamento, comunicado através de interações que constituem leis não ditas (que eu chamo de "ordem materna"), e mais tarde aprendemos leis sociais comunicadas através da linguagem (o que chamo de "ordem paterna", seguindo a teoria lacaniana da ordem simbólica), as quais são requeridas para nossa futura participação em todos os outros grupos.

---

3   Os leitores não familiarizados com minha obra e alguns dos termos que uso – "conhecido não-pensado", "ordem materna" etc. – e que desejem ter uma compreensão melhor dos mesmos estão aconselhados a lerem *The Metapsychology of Christopher Bollas: An Introduction* (London, Routledge, 2017), de Sarah Nettleton.

Se tudo correr bem, o amor incondicional gradual e incessantemente dá lugar ao amor condicional. A experiência do amor, do amar e do ser amado nunca desaparece. Porém, sua limitação pode ser perturbadora.

Nosso próximo grupo significativo será a escola, na qual somos tutorados em relações grupais por professores que frisam a importância do bom comportamento no grupo. Novas formas de amor e lei são transmitidas e integradas nas assunções da vida grupal. Precisamos ser amados e estarmos apaixonados e, não obstante precisamos também da lei, e a lei precisa de nós.

Os bebês oferecem às mães o gosto de sua comida e reagem aos seus estados de mente; eles são naturalmente empáticos. Isso é enfatizado por professores e outros, o que por sua vez leva ao desenvolvimento de outra capacidade psíquica: o senso ético – a habilidade de considerar o mundo interno ou as circunstâncias de outrem. Os sensos empáticos e éticos evoluem naturalmente do amor e da lei. Estamos começando a tornarmo-nos generativamente estruturados.

Conforme enfatizado por Daniel Stern,[4] as crianças são muito interessadas por objetos novos. Normalmente, depois daquele que Winnicott denominou como "período de hesitação", elas buscarão novos objetos para explorar, incluindo outras pessoas. Crianças abraçarão estranhos porque o outro é interessante. Isso leva ao desenvolvimento de uma capacidade além da empatia, a qual podemos chamar de "alteridade".[5] Isso envolve uma parte de nossa vida mental estruturada para receber os outros e desfrutar da diferença.

---

4 Ver *The Interpersonal World of the Infant: A View from Psychoanalysis and Development* (Basic Books, 1985).
5 Krishnamurti referiu-se à "alteridade" em todo o seu trabalho, e enquanto usamos o termo diferenciadamente aqui, há também pontos de convergência. Ver J. Krishnamurti. *Krishnamurti's Notebook* (New York, Krishnamurti Publications of America, 2003).

A infância é denominada como *anos formativos* por uma boa razão. Nossa personalidade enquanto forma será moldada por nossa integração de qualidades que se provarão essenciais a nosso interesse em nosso *self*, nossa dedicação aos outros e nossa contribuição para o mundo ao longo de nossas vidas. As estruturas que compreendem o amor, a lei, a empatia, o sentimento ético e a alteridade são cruciais para nosso devir enquanto entes sociais civilizados. Essas capacidades permitem a participação criativa nos vários grupos em nossas vidas: nossa família de origem, a família que talvez geremos, nosso espaço de trabalho e participação em nossa comunidade.

Em *O mal-estar na civilização*, Freud defendeu que a formação do Supereu mitiga a força de nossos instintos – a agressividade e a sexualidade. Já que não podemos simplesmente satisfazer qualquer urgência que talvez nos seja prazerosa, trocamos tal prazer por outra relação intrassubjetiva. Uma parte de nossa personalidade (o Supereu) ama e admira outra parte (o Eu) por abrir mão de instintos vorazes, ou por pelo menos modificá-los. Essa relação de amor interna é o que, em parte, nos faz sentirmos bem com nós mesmos, ou pelo menos leva a um sentimento de honestidade e de comportamento consciencioso. Profissionais da saúde mental têm sido compreensivamente hesitantes ao não oferecerem seus juízos clínicos sobre figuras perturbadas envolvidas na política nacional. Normalmente, para um profissional diagnosticar um indivíduo, ele ou ela deve encontrar pessoalmente o sujeito em questão e realizar um exame detalhado. Todavia, pode haver exceções para essa avaliação privada quando um indivíduo demonstra abertamente um estado mental altamente perturbado em público, em transmissão radiofônica, televisão ou redes sociais. Se o sujeito oferece "material" o suficiente dessa maneira, então é possível para um clínico realizar um diagnóstico não acerca da personalidade, mas sobre o processo. Então, enquanto eu não identificaria um *político* como paranoico ou borderline, pode ser apropriado identificar um *processo de pensamento* dessa maneira, na medida em que as justificativas para tal mirada sejam justificadas.

Pessoas envolvidas em políticas extremistas – à extrema direita ou à extrema esquerda – normalmente derivam suas posições ora de um estado mental ativamente perturbado, ora de uma ideologia que sustenta uma perturbação em seu seio, o que permite que seu representante seja calmo ou mesmo sereno. Quer dizer, uma ideologia pode ser bastante louca – e com efeito contendo o pensamento psicótico de um grupo –, e apesar disso deixar seus defensores relativamente calmos.

II

A ameaça à democracia nos Estados Unidos e alhures, em 2020, emergiu de processos grupais psicóticos que foram cultivados pela chamada "direita alternativa" (*alt-right*) por décadas. (É desnecessário dizer que se as ameaças viessem da extrema esquerda, estaríamos agora examinando sua psicologia).

Todos os grupos e indivíduos entram e saem de estados de mente tóxicos. Os processos neuróticos e psicóticos do pensamento são ambos parte da vida normal. O processo neurótico envolve o conflito entre os conteúdos da mente. O processo psicótico envolve o conflito entre as partes da mente, por exemplo, entre nossa consciência e nossos impulsos.

Em estados grupais neuróticos, os membros irão manter e expressar partes distintas de uma dinâmica ideacional complexa, mudando de posições enquanto as questões circulam entre eles. Em estados grupais psicóticos, as pessoas lidam com a complexidade ideacional livrando-se das partes da mente que normalmente ajudariam no manejo de pensamentos perturbadores.

O processo neurótico nos obriga a um refreamento, força-nos a pensar e repensar ideias que emergem na consciência. Pode também nos deprimir, porque mesmo que saibamos que o raciocínio é valioso, descobrimos que não há lugar de descanso final no qual podemos serenamente avaliar a paisagem da mente e sentir que está tudo bem. O *self* ordinário compreende que uma fonte comum de perturbação é a própria vida mental. Precisamos de ajuda para desenrolar os emaranhados da ideação e do afeto, fatos históricos e passados imaginados e os vetores do pensamento desejoso e da promessa do prazer versus o sentido de realidade que compromete a realização do desejo.

O processo psicótico, por outro lado, pretende eliminar o conflito intrapsíquico – o conflito entre as partes do *self*. Isso é realizado pela recusa (*denying*) de conflitos mentais e pela cisão da personalidade, de modo que as partes indesejadas da vida mental são banidas da consciência ao serem projetadas nos outros. O ódio das partes expulsas do *self* produzem um medo globalizado do outro, o qual foi vítima dessa violência mental e virá atrás de vingança, o que leva a uma retirada paranoica em enclaves de apoiadores para garantir o suporte e para contrabalancear o isolamento.

Quando Trump, por exemplo, anunciou que os mexicanos e centro-americanos amontoados nas fronteiras estadunidenses eram "criminosos" e "predadores sexuais", ele projetou suas próprias perturbações sexuais e criminosas nos latinos e nos outros. Quando ele invocou a nação a construir um muro – um muro grandão – ele projetou o muro psicológico que há muito havia construído dentro de si, e que o protegia de perceber sua responsabilidade em suas próprias transgressões.

Todos encontramo-nos, por vezes, em momentos de funcionamento mental psicótico e neurótico. O enquadramento mental da extrema direita deve ser visto, portanto, menos como uma desordem de personalidade e mais como um modo de pensar que qualquer um de nós poderia adentrar ocasionalmente. Em nossa vida cotidiana, entramos e saímos de processos de pensamentos psicóticos sem pestanejar.

III

Durante a crise da Covid nos Estados Unidos, o fracasso em lidar com a crise de forma eficiente e rápida derivou amplamente de meio século de oposição cada vez mais efetiva ao governo federal. Antes mesmo da convenção Constitucional, depois da guerra civil e desde então, um número significativo de norte-americanos sempre se opôs ao governo federal. O liberalismo norte-americano é uma filosofia anarquista. Essa visão de governo competia com os Republicanos conservadores na segunda metade do século XX, e os demoveu no século XXI.

Ao mesmo tempo, o cerne cristão da política norte-americana se deslocava para a direita. O desencantamento quase agnóstico dos teólogos norte-americanos, inspirados em Reinhold Neibhur e Paul Tillich, distanciou-se das mitologias primevas e arcaicas do monoteísmo acerca dos "deuses fundadores", focando-se, por sua vez, nos padrões éticos defendidos pelos cristãos por séculos. O movimento evangélico oferecia uma abordagem muito diferente daquela das reflexões mais acadêmicas dos quietistas, da tradição pastoral do cristianismo progressista. Elas oferecem um processo grupal altamente emocional, oferecendo um renascimento figurativo às pessoas que encontravam sua fé. Seu conceito de ter "nascido de novo" tirou a mãe biológica de cena. Ao mesmo tempo, eles violentamente julgaram as futuras mães biológicas por interromperem suas gravidezes. Enquanto milhões de norte-americanos nasciam de novo, poderíamos achar curioso que, nesse ataque inconsciente à mãe biológica, eles estavam sancionando implicitamente suas próprias formas de aborto. No lugar da mãe e da família de fato, havia agora um grupo de pessoas sorridentes que ofereceriam sustento a todos esses filhos da fé sem terem passado pelo trabalho de parto.

Finalmente, o pensamento baseado na fé tomou o lugar da razão cristã. Para muitos que cresceram em famílias puritanas austeras, os grupos pentecostais divertidos, cantando e dançando suas religiosidades, deve ter representado um alívio. Libertos das restrições puritanas escancaradas, você poderia *sentir* a cura do cristianismo dentro de você.

Ao mesmo tempo, o capitalismo norte-americano, que fora gerido pelos auspícios do governo durante as presidências de FDR e Eisenhower, foi gradualmente libertado da regulação governamental, e ainda mais decisivamente sob Reagan. Tanto o cristianismo evangélico quanto os capitalistas neoliberais – os defensores do capitalismo não regulado – baseavam-se na fé. Certezas tomaram o lugar da argumentação racional. "Deixe as forças do mercado decidir nossas estratégias" combina bastante bem com "Deus vai cuidar disso".

Conforme discuti em *Meaning and Melancholia*,[6] desde o início dos anos 60, houve uma antipatia crescente em relação ao governo federal; na realidade, em relação à ideia mesma de ser governado. A América da "economia do gotejamento" defendida por Reagan significava que o país seria, com efeito, regido pela economia, não

---

6   Ver Christopher Bollas, *Meaning and Melancholia* (London, Routledge, 2018).

pelo governo. De fato, parecia que era melhor reduzir o governo federal até seu quase desaparecimento.

A urgência de se desregular o governo foi alicerçada pelo investimento na suspeita. A regulação era vista como uma tentativa de tomar o país para suprimir o povo. Porém, como acontece com tais processos de pensamento, o objeto de medo (o domínio pelo governo) expressava a ambição do próprio governo de dominar o país e eliminar todas as outras visões. Isso é o que eles intencionavam fazer, e assim o fizeram com êxito.

O processo histórico da desregulação do governo não gratifica simplesmente a pulsão de acumular riquezas. Ele expressa o desejo de se afastar da governança. Um país não regulado é o desejo de um *self* não regulado.

E o que dizer da lei?

A nomeação cínica de William Barr como procurador-geral empoderou um homem do direito religioso (um fanático católico) e promoveu a oposição às leis da terra. Quando as forças federais dispersaram aqueles que se reuniam pacificamente fora da Casa Branca para permitir a passagem do presidente de lá até a Igreja Episcopal de São João, em 1 de junho de 2020, um presidente literalmente pisou sobre a liberdade de reunião e violou a separação entre Igreja e Estado. Esse desmantelamento da estrutura governamental norte-americana ilustra a anomia desse processo grupal. O presidente não disfarça a exploração dos grupos religiosos e do pensamento baseado na fé para o ganho de vantagem política. Isso aconteceu às claras, no grupo amplo que chamamos de nação.

Enquanto celebrava uma série de executivos em seus relatórios de saúde diários em março e abril de 2020, Trump deslocava a responsabilidade governamental para o mundo corporativo. Isso era feito com um brio comparável ao de Mussolini quando transformava a Itália em uma nação corporativa. Quando o secretário do tesouro, Steven Mnuchin, destacou 2,2 trilhões de dólares para estimular a economia, bilhões foram parar nos bolsos da América corporativa. Diga-se de passagem, essa injeção financeira confirmou os Estados Unidos como uma nação que caminha para o nacional socialismo. Os norte-americanos assistiam a grandes transformações na estrutura de seu país. Esses desenvolvimentos – nas mãos de Trump, Barr, Mnuchin e outros – eram pensamentos-ação. A psicanálise identifica a forma em que uma pessoa age como uma maneira de pensar, e ao considerar um processo nacional grupal, é importante vermos como a implementação da política constitui uma forma de pensar sobre o mundo.

IV

Um país desregulado é um viveiro de *selves* desregulados.

Em junho de 2020, alguns governantes suspenderam o distanciamento social nos Estados Unidos (um equívoco repetido em muitos outros países). O resultado? A ressurgência da Covid.

Estranhamente, e voltaremos a esse ponto, a "liberdade" levou a hospitalizações e mortes, enquanto "restrições" permitiram às pessoas seguirem suas vidas sem consequências malignas.

Muitas pessoas ficaram furiosas frente a qualquer regulação governamental de seus direitos de fazerem o que bem quisessem. Recusando a usar máscaras, eles se amontoaram em praias, em bares e restaurantes, e fizeram festas, seguindo o "capitalismo do Id"[7] – só aqui, não se tratava de "lucros acima das pessoas", mas de "prazer acima das pessoas". O que o *self* queria, ele ganhava.

---

7   Um termo que utilizei em *Meaning and Melancholia* para descrever o capitalismo desregulado guiado pela ganância desses investidores e capitães da in-

Para a maioria das pessoas, as estruturas mentais éticas que partem de nossos anos formativos, são responsáveis por uma parte importante da vida. O tempo todo podemos empregar mecanismos psicóticos, porém, a não ser que uma pessoa seja um psicopata, os impulsos positivos derivados do amor relacional, da lei, do sentimento ético, da empatia e da alteridade servirão como um recurso para mitigar esses estados de mente malignos que de outro modo destruiriam o que poderíamos chamar de "uma pessoa consciente". Nesse contexto, me refiro a uma pessoa estabelecida em qualidades psíquicas, que faz uso delas em sua vida, e que reconhece que essas estruturas formativas podem ser destruídas.

Quando norte-americanos (e povos de outras nações) desafiam o distanciamento e o isolamento social, sabendo que suas festas na praia poderiam levar a Covid a suas casas e infectar outras pessoas, isso ofereceu uma espécie de pesquisa – uma demografia – do estado de mente grupal.

As máscaras podem ser recomendadas, mas não foram declaradas como assunto legal. Essa visão anárquica – que as pessoas deveriam decidir, e não o Estado – dividiu a nação entre aqueles que usavam máscaras e aqueles que não as usavam. A bandeira dos confederados pode ter caído, porém, a face sem máscara estava em firme evidência.

Com esse ataque bem-sucedido no benefício regulatório do governo, vimos a anarquia social e as mortes por Covid em números extraordinários. Elas emergiram de uma forma de psicopatia: uma estratégia inconsciente de ganhos imediatos sem consideração pelas consequências. Isso se tornou o novo normal, algo que só poderia acontecer através da aniquilação do *self* consciencioso. É essa matança que mais profundamente desencorajou aquelas

---

dústria que colocam o lucro acima das pessoas.

milhões de pessoas que têm uma consciência, que têm consideração pela democracia social e os direitos humanos, e que querem seguir melhorando seus mundos.

O anarcocapitalismo, porém, arranca das pessoas as qualidades humanas. Enquanto o *self* perde essas capacidades, depois de algum tempo, um cinismo depressivo emerge para prover um novo *ethos*. Alguns o chamam de "realismo". Seja qual for a racionalização para o abandono das estruturas que formam a consciência, a resultante será um *self* desnudo. Ao perdermos nossa humanidade, somos reduzidos a axiomas primitivos do viver.

Com a ejeção da consciência, o *self* é finalmente desregulado. Agora é cada um por si. O sonho americano originou-se no desejo simples dos imigrantes norte-americanos de criar uma família e dar a ela a educação que eles próprios não haviam recebido. Em outras palavras, era o desejo de viver uma vida suficientemente boa. Gradualmente, porém, esse propósito ético transformou-se em um sonho que virou Las Vegas. Ao final do século XXI, o sonho americano tornou-se a estrada para a gulodice sem limites. E esse enquadre mental contribuiu para a psicologia que subscreve ao neoliberalismo.

V

Expressando esse fanatismo direitista, Trump deslocou a percepção da realidade com uma abordagem da realidade do tipo "vale tudo". Para ele, não havia diferença entre notícias baseadas em fatos e asserções fantasiosas. Ele poderia dizer qualquer coisa sem nenhum medo das consequências, porque ninguém poderia provar o contrário. (Não podemos provar a evidência de que a cidadania de Obama foi uma invenção feita por golpistas). Vivendo no luxo de sua lógica negativamente baseada, o direito estabeleceu que elas poderiam criar qualquer narrativa que desejassem. E suas habilidades de fazer isso eram psicologicamente contagiosas; foi um convite para que todo mundo abandonasse o ônus de lidar com a realidade e se banhasse nos deleites da fantasia.

Não é difícil ver como, através dessa forma de pensamento, a direita "preparou" muitos na comunidade cristã, entre outros monoteístas. A crença em Deus é, evidentemente, "baseada na fé". Uma vez que as notícias se tornaram estruturadas da mesma maneira, aqueles que as criaram e transmitiram tornaram-se deuses em suas próprias narrativas, facilmente adquirindo muitos seguidores. Afinal, se podemos nascer de novo: por que não podem as notícias? O que há de errado em se dar uma nova vida aos fatos pouco inspiradores da vida por meio de um processo de gênese do pensamento totalmente distinto?

Um grupo pode ser influenciado por diversos fatores que alterarão seus axiomas ou sua cultura. Mesmo que um grupo grande se mantenha calmo e eficiente por longos períodos, nas circunstâncias certas, sua psicologia pode se tornar subitamente vulcânica. Assunções conhecidas (estruturas mentais grupais) podem ser aniquiladas sem pestanejar, especialmente se o grupo se encontra em um enquadre mental psicótico.

Um processo psicótico sempre envolve a destruição de funções mentais importantes, tal como a capacidade de perceber a realidade, de formar juízos razoáveis, de filtrar sentimentos fortes e de ser socialmente adaptável. Enquanto o processo psicótico cinde o *self*, isso envolve a perda de partes de outro modo valiosas para a vida mental – o sentimento ético, a capacidade para a empatia, para a alteridade, entre outras. Quando começamos a erradicar aspectos que sabemos ser cruciais para o lado humano do ser humano, algo estranho acontece no processo psicótico. Experimentamos a perda dessas partes do *self* como evidência de termos sido invadidos e diminuídos por um inimigo.

A mentira do presidente foi deplorada por muitos no país, mas ela é raramente compreendida como estando em um espectro psicótico. Na medida em que Trump constantemente inventa e reinventa a realidade, sem nenhuma preocupação com a base factual do que ele diz, o efeito cumulativo dessa revisão constante da percepção da realidade, é que o sentido que dão as pessoas para o que pode ou não pode ser verdadeiro se esvai em uma névoa de fanatismos. Essa degradação criou uma atmosfera psicótica: fez com que fosse muito difícil, tanto para apoiadores quanto adversários, pensar, falar abertamente, e chegar em um juízo estabilizado sobre o que é real.

Ao criar a realidade para nós, o presidente se oferece como o líder que irá salvar seu povo do feitiço caótico que suas múltiplas personalidades criaram. Mesmo que dificilmente seja um cristão, ele astutamente entendeu como funciona a mente embasada na fé. Ele compreendeu como o predicado de certos mitos cristãos podem ser esticados aos tempos modernos de maneira que ter fé em algo se torna muito mais significativo que o juízo baseado em fatos.

Para alguns, isso afirma simplesmente que ele é um deus: um ser que existe acima da vida de pobres mortais, que pode ver além do que percebemos, que sabe tudo que há para se saber. Se você anda como um salvador, fala como um salvador, é perseguido como um salvador (CNN: a emissora de Pôncio Pilatos), e é também a pessoa mais poderosa no mundo, o que há mais para se dizer? Para milhões de norte-americanos, o que Trump diz é um evangelho.

Enquanto norte-americanos são sugados pelos processos mentais do presidente, a política se torna a arte de congregar pessoas por trás de falsas realidades geradas por uma mitopoética psicótica.

Teorias conspiratórias são pseudocomplexidades que buscam deslocar os desafios mentais genuínos da vida moderna. Esquivando-se do engajamento com as complexidades no mundo real, a mente da extrema direita, ao invés disso, fabrica a realidade precisamente porque ela coloca de imediato o *self* no controle daquilo que parece ser um estado de coisas surpreendentemente complexo. A teoria conspiratória é uma ilusão. Uma ilusão é uma alucinação narrativamente organizada (e, portanto, coerente).

VI

Então, o que pode ser feito acerca da situação em que os norte-americanos e cidadãos de muitos países agora se encontram?

Para ser parte de um grupo nacional – algo crucialmente dependente de nossa participação – as pessoas firmam um compromisso. O grupo ao qual nos referimos como nação é muito grande, e é também uma abstração; é difícil para cidadãos estarem pessoalmente envolvidos, sentirem que têm uma ideia clara de como participar de um grupo e saber qual é o idioma desse grupo.

Para aqueles que elegemos como representantes, é bastante difícil representar verdadeiramente os interesses da nação, mesmo que tentem. Nos Estados Unidos, décadas de desprezo pelo Congresso – "o Congresso que não faz nada" – indica uma fadiga acerca da vida em uma democracia que erodiu a crença das pessoas, tanto no governo quanto nelas mesmas.

Seja o Congresso, o executivo ou o judiciário, os norte-americanos têm uma visão cínica sobre suas instituições. Juízos ríspidos podem ser comuns, mas e se a verdadeira causa dessa degradação for estrutural? E se parte do problema for a falta de qualquer estrutura no governo que seja capaz de processar a perturbação social?

E mesmo que as questões – econômicas, políticas e existenciais – sejam importantes, e se a perda de confiança no governo, por parte dos norte-americanos, tenha uma base psicológica? E se o caso for de eles não confiarem em suas psicologias para governar?

Se pensarmos positivamente, podemos nos inspirar na coragem de milhões de pessoas ao redor do mundo que estão protestando contra a mudança climática, injustiça social, abuso de poder e o capitalismo maligno. Temos modelos de ação. Podemos lembrar o quanto nossa comunidade mundial isolou a África do Sul ao protestar contra o apartheid, como a pressão externa em um governo libertou aqueles em uma nação para acumular liberdade o suficiente para lutar contra a corrupção e apontar seu país para a direção correta.

Esse modelo aponta para a eficácia da "ajuda externa". Para um psicanalista, isso incorpora o conceito de "triangulação". Quando duas forças opositivas travam batalha, a presença de um terceiro pode criar um outro espaço de pensamento que não esteja sujeito às influências malignas dos grupos de poder que corromperam uma nação. Podemos ver, por exemplo, como isso mudou a política na Irlanda do Norte. Porém, essa aproximação do tipo "socorrista" para questões nacionais e internacionais – ajuda externa que aparece em uma emergência – é inadequada para lidar com as necessidades complexas do mundo contemporâneo. No século XX, vimos a formação da Liga das Nações (1920), das Nações Unidas (1948) e da União Europeia (1993). Essas foram iniciativas sérias que deram às nações um terceiro espaço, e ao fazê-lo, enfatizaram o potencial de uma comunidade internacional.

Todos vivemos em um mundo pontuado – e por vezes ocupado – pelo racismo, misoginia e outros patógenos sociais. Porém, apesar de nossas piores características, também vivemos em um mundo de melhorias sociais progressivas. O que aprendemos do colapso de governos é que se abandonarmos as instituições dirigidas a responsabilizar-nos, podemos regredir para formas de comportamento primitivas ou mesmo letais. Na ausência do funcionamento robusto da OMS, das Nações Unidas, da Corte Internacional de Justiça e de outros órgãos, é possível que nossos *selves* sociopatas capitalizem qualquer oportunidade sem nenhuma consideração pelas consequências.

Porém, para que progridamos, precisamos estar em uma posição de avaliar a realidade. Os membros de um governo representativo devem incluir entre seus pares muitas pessoas habilitadas a identificar e encontrar estados de mente patogênicos no processo político ordinário.

Na psicologia psicanalítica, nos esforçamos para identificar questões inconscientes para que possam ser consideradas pela consciência. Um dos processos psicóticos mais comuns é a alucinação negativa: não enxergar um objeto ou situação que está bem na nossa frente. O famoso "elefante na sala": A alucinação negativa é uma forma de diminuir a complexidade da governança. De fato, todos os governantes – o parlamento ou o congresso e seus constituintes – sabem o quanto e como estão engajados em comportamentos corruptos. Porém, se eles não querem ter suas ações e comportamentos examinados, eles irão escolher manter o desconforto fora da consciência, terceirizada por um "submundo". Eles não irão encorajar os psicólogos a discutir o não dito.

Alucinar negativamente realidades importantes – nossa participação no comércio de armas, por exemplo – significa que abandonamos o contato mental com aquelas partes da realidade que de fato precisam de nossa atenção diligente. A distração pode deixar a vida mais fácil. Porém, uma parte de nós sabe que o fazemos em detrimento da responsabilidade social. Ao nos estupidificarmos, adquirindo uma ignorância cultivada, sabemos que a desconexão de conteúdos mentais perturbadores (a mudança climática catastrófica, o dilema das pessoas fugindo do genocídio) não nos livra simplesmente de pensamentos desconfortáveis. Isso eventualmente compromete nossa habilidade de pensar sobre a realidade. Esta fuga de nossas obrigações mentais – a diminuição mental – pode deixar-nos vazios, procurando algum deus para pensar por nós. Um deus como Trump.

Mesmo que a alucinação mental seja normalmente inconsciente, todos temos momentos em que ignoramos coisas que sabemos ser perturbadoras. Infelizmente, porém, quando escolhemos eliminar formas evidentes de injustiça social, negando o desconfortável e eventualmente cegando-nos frente a ele, autorizamos a corrupção pessoal. Falhamos ao ver a injustiça que está bem em nossas frentes, ou de outro modo a enxergamos, mas anestesiamos nossa resposta emocional. Assim, é fácil compactuar com práticas malignas na companhia que nos emprega, ou se engajar na perseguição daqueles dentro ou fora de casa. No grupo mais amplo, é mais fácil tornar-se sociopata quando as demandas feitas à nossa empatia são sentidas como impossíveis. Prestarmos atenção a todas as injustiças presentes na sociedade seria doloroso ao extremo para a mente. De fato, ninguém poderia pensar todo o dia sobre isso, já que a mente individual não consegue conter a mente do grupo. Aqueles que são altamente empáticos podem se conectar mais que a maioria à dor sofrida por tantos, mas isso pode levar a perturbações mentais intoleráveis. Tal receptividade é mentalmente perigosa. Negamos a realidade porque pensar sobre ela pode ser bastante opressor.

Mesmo que haja claros sinais de consciência nos Estados Unidos – como evidenciado pelo *Black Lives Matter* ou pela crescente oposição à acumulação de fortunas por uma pequena minoria – a oposição da extrema direita a aderir à complexidade do grupo mais amplo bloqueia a eficácia da consciência social. Desde abril de 2020, Trump demitiu cinco inspetores gerais: o da Inteligência, Transportes, Defesa, Saúde e Serviços Humanos e do Departamento de Estado. Ao livrar o governo daqueles que o responsabilizariam, ele lobotomizou a capacidade da nação de exercer a governança consciencioza. Não haveria supervisão, nem prestação de contas.

O ódio ao governo começou a crescer nos anos 50, com a *John Birch Society* e depois aumentou ainda mais na era conservadora pós-Goldwater. A riqueza da classe média da era Eisenhower minguou e chegou o tempo de alguns semearem o descontentamento dentro da nação. Conforme Jill Lepore aponta em *These Truths*, a decisão de Nixon de empregar truques sujos contra seus oponentes democráticos instituiu um processo que buscava distorcer a verdade e bagunçar nosso senso de realidade. Kevin Phillips, um de seus conselheiros, disse que o alvo da estratégia de Nixon era fazer uma pessoa odiar a outra. De fato, o vice-presidente Spiro Agnew escreveu: "Dividir o povo norte-americano foi minha maior contribuição para a cena política nacional... eu não apenas me declaro culpado frente a essa acusação, mas me sinto de algum modo lisonjeado por ela (p. 639)".[8]

Como podemos entender a emergência do ódio expressamente aberto de colegas membros de uma democracia? Quem tenta destruir a própria nação?

Um grande grupo é vulnerável a políticas destrutivas e dirigidas pelo ódio cujo objetivo é desativar o governo mesmo. Trata-se menos de opor-se a políticas particulares (mesmo que isso aconteça) do que de se fazer o governo parecer impossível. Ao se desativar o governo, o alinhamento entre as forças corporativas, do

---

8 Jill Lepore (2018). *These Truths: a history of the United States*. New York: WW Norton.

mercado e do capital estão livres para lubrificar os trilhos para que sociopatas ganhem ainda mais poder e dinheiro.

Conforme argumentei, desativar o governo ajuda seus defensores porque a frustração complexa e arraigada (como a da democracia norte-americana moderna) é nulificada através do desenvolvimento de uma mente nova, que não carrega o fardo de ter que considerar questões – desigualdade financeira, sexismo, racismo – que exigem reflexão. Se, em tempos melhores, as democracias dependem de uma forma de linguagem em que o argumento é sustentado por seu significado (o que é dito significa algo e leva logicamente a outros pensamentos significativos), na constrição da democracia imposta pelo direito, signos substituem significados. Ao invés de usar a linguagem para pensar, agora é suficiente simplificar a linguagem e transformá-la em uma arma. "Liberal" significa mau. "Pró-vida" é o signo de bondade, mesmo que muitos nesse movimento sejam favoráveis ao assassinato de membros do movimento pró-escolha.

Se queremos enfrentar essa situação, devemos confrontar sua dimensão psicológica. Nações – e relações internacionais – são experimentadas por todos nós como algo muito complexo. Pensadores da extrema direita lidam com isso via alucinação negativa e positiva. Eles não veem aquilo que não gostam de ver e inventam aquilo que não existe. Pensadores de esquerda lidam com isso atomizando a complexidade em pequenos segmentos de grupos de interesses menores: políticas identitárias. A esquerda irá escolher suas efemérides favoritas, falar sobre elas, organizar-se em torno delas, mas não irá encarar a tarefa de tornar funcional a democracia do grupo mais amplo.

Em algum momento no final do século XIX, tornava-se inconscientemente claro às pessoas de toda a Europa que o Estado-nação era um campo aberto para normas sociopatas. As estruturas mentais internas sociogenerativas (consciência, empatia, entre outras) que funcionavam em grupos sociais menores, como os vilarejos ou municípios, eram afrouxadas e uma nova forma de personalidade emergia. Este era o sociopata "necessário", a quem era permitido navegar, prosperar e se empoderar quando o grupo mais amplo operava a partir do enquadre de um processo psicótico.

Faço uma diferenciação entre um psicopata e um sociopata – um tópico complexo – que só menciono brevemente para auxiliar nossas considerações aqui. Um psicopata é uma pessoa severamente comprometida, sem consciência efetiva, pouco controle do Ego sobre seus impulsos e sem apelo interpessoal. Um sociopata é altamente habilidoso em manipular as pessoas e ocasiões para ganhar vantagem pessoal a quase qualquer custo. É uma pessoa sedutora, capaz de imitar a consciência e empatia, mas todos os atributos positivos e comportamentos aprendidos são facilmente descartados se a ocasião pedir. É um oportunista impiedoso que pode, não obstante, agregar as pessoas, iniciar uma troca e ponderar as coisas, porém, opera sob a lei do *quid pro quo*: qualquer favor feito a ele serve de desculpas para sua expectativa de que o outro irá devolver o favor feito. Com efeito, ao longo do tempo, o sociopata pode acumular uma base poderosa de poder a partir daqueles que lhe devem.

Uma questão que surge da "mente" populista é se essa é uma resposta à impossibilidade da governança em uma grande nação democrática. As nações estão simplesmente a um passo além da capacidade do *self* individual para ser um participante genuíno neste processo grupal?

Talvez a Revolução americana tenha parecido promissora porque os Pais Fundadores se mantinham como figuras transicionais entre a formação do governo nacional e suas funções ao longo das décadas que se seguiram à constituição. Os primeiros cinco presidentes (Washington, John Adams, Jefferson, Madison e Monroe) estiveram envolvidos nas convenções constitucionais que formaram o governo. Ocuparam o executivo desde 1789 até 1825: um período crucial de trinta e seis anos em que, através da governança, implementaram sua teoria do governar. A geração seguinte de presidentes – outro período de trinta e seis anos – envolveu nada menos que dez presidentes. Era uma nova geração, e particularmente destacada do elo de custódia que ligava o conceito de país (a constituição) e a governança. E com a guerra civil, os Estados Unidos não apenas atuaram divisões profundas, mas também serviram como monumento aos perigos de tentar aplicar a democracia àqueles que não deram muita bola a ela.

De fato, a guerra civil expressou muitas coisas, mas não teria sinalizado também à população o fato de que o povo não poderia sustentar o pensamento consciencioso em um grupo tão grande? Em 1774, a população era de 2,5 milhões. Em 1861, era de 31 milhões.

As figuras em governos democraticamente eleitos supostamente deveriam ser *elos* entre indivíduos e a nação ou o corpo político, mas como poderiam ser, se os constituintes somam dezenas de milhares? Ou, no caso da União Europeia, será que as nações consideram que os Membros do Parlamento Europeu os representam?

Eu uso o termo "elos" tanto no sentido comum – neste caso, o de conectar as pessoas com seus governos – e no sentido que Wilfred Bion usa para se referir à conexão psíquica. Os Pais Fundadores criaram um elo entre suas teorias de governo e a prática, e ao fazê-lo perceberam preconcepções sobre o governo que poderiam ser posteriormente conceitualizadas. Isso poderia levar à mudança constitucional ou a atos de Congresso, mas notavelmente, muitas dessas pessoas estavam psicologicamente conectadas com suas obrigações e tarefas.

Todavia, ao diminuírem a responsabilidade ética de seus governos nacionais (a desregulação, por exemplo) – incluindo a marginalização sustentada das Nações Unidas, do Tribunal Penal Internacional e outras organizações –, os políticos, ao invés de facilitarem um envolvimento maior dos cidadãos nesses grupos mais amplos, removeram cada vez mais as instituições dos Estados-nação e das Nações Unidas das populações.

Com efeito, os líderes abandonaram a responsabilidade de garantir a presença representativa nesses grupos cada vez maiores. Ao fazê-lo, eles involuntariamente minguaram nossa compreensão de como esses grupos funcionavam e excluíram o envolvimento dos cidadãos nessas entidades mais amplas.

Parte do problema que enfrentamos no mundo moderno é a possibilidade de que o Estado-nação seja um grupo grande demais para o *self* conscencioso, sendo assim mais adequado ao nosso lado sociopata. Esses grupos grandes não são apenas atraentes à sociopatia, mas devem também precisar de nossas habilidades de alucinar negativamente nossos crimes para mobilizar o Estado moderno.

Se for assim, então esta é uma crise psicológica profunda. Culpar as forças econômicas, ou a corrupção, ou qualquer outra coisa pelo declínio da democracia erra o alvo. Em grupos pequenos ou médios, isso pode funcionar. Na sociedade de massas, a democracia será ocupada por sociopatas, a não ser que responsabilizemos as pessoas por suas ações no plano nacional ou internacional.

De fato, as portas giratórias da política – como aquela do CEO no mundo corporativo – significa que os sociopatas que causaram estragos em uma nação vêm e vão – através da eleição ou simplesmente da renúncia –, sem precisar serem responsabilizados por suas ações.

O que nos deixa presos no vácuo sociopático é a falta de responsabilização de líderes de grandes grupos por suas ações: um vácuo que suga a vida ética para fora de nossos *selves* enquanto nos torna profundamente arraigados em crimes conhecidos no plano nacional e internacional.

Estse ensaio dirigiu o foco à convergência perturbadora entre processos psicóticos e a sociopatia que estão, agora, colocando grandes países e as relações entre eles em perigo. Isso deve ser uma questão de revisão judicial, mas meu argumento está baseado no fato de que esses processos também são temas de saúde mental e que devemos considerar como reformar nossas democracias para preservar a necessidade da liberdade de pensamento e de expressão. Um movimento de protesto de rua não irá, a meu ver, gerar um apoio suficientemente sustentado para que as reformas aconteçam. Ao contrário, deve haver uma discussão pública profunda acerca de algumas transformações-chave.

Devemos discutir e abordar as psicopatologias dos grandes grupos.

Por exemplo, quando funcionários públicos conscientemente mentem ao povo, podemos encarar isso como a política de sempre, ou algo que se passa dentro das margens da prática de se adequar a verdade para caber dentro dos interesses de alguns, e por aí vai. No entanto, devemos ser capazes de distinguir esse tipo de formação falsa de algo diferente, a mentira serial, quando uma pessoa sabidamente produz informações falsas para impedir que o público perceba a verdade.

A razão para a responsabilização aqui proposta não jaz em solo ético (mesmo que isso possa ser defendido por alguém), mas no solo da saúde mental. Lutar contra a mentira serial que desabilita uma população de perceber, avaliar e julgar a realidade é uma questão de saúde mental! Sem padrões de responsabilização não podemos nem pensar em navegar nos desafios psicológicos, sociológicos e políticos do futuro. Conforme argumentei, porém, não podemos esperar que isso seja feito se nos mantivermos no interior de uma compreensão psicológica do comportamento grupal. Já passou do tempo para que as nações democráticas se voltem à teoria e à ciência política, para que incluam pessoas com habilidades em relações grupais que auxiliarão os grupos a identificar, entender e resolver processos de pensamentos psicóticos e sociopáticos. A tarefa seria libertar o grupo para chegar a soluções mais ponderadas e sãs.

Para ecoar o maior psicólogo político do século XX – Erich Fromm –, chegou a hora de renovarmos a busca por uma sociedade sã.

14 de agosto de 2020

C. B.

Traduzido do inglês por Lucas Charafeddine Bulamah

A pandemia da Covid e seus sentidos

Michael Rustin
Londres, Inglaterra

Para começo de conversa, devo dizer que mesmo que eu acredite que aspectos significativos da pandemia de coronavírus possam ser iluminados através das ideias da psicanálise, acredito também que haja muitos aspectos que precisam ser explicados por outros meios. Então, antes de refletir sobre como um paradigma psicanalítico pode abordar esta tragédia em andamento, gostaria de esboçar um entendimento sobre suas dimensões políticas e sociais mais amplas.

Surpreendentemente, um modelo teórico que esclarece a situação atual é aquele desenhado por Leon Trotsky, em sua história da Revolução Russa (1932), no qual ele explicou seu caráter histórico. Esta era sua "Teoria do desenvolvimento desigual e combinado". Seu argumento era o de que o que fez a revolução possível foi a presença, em uma sociedade russa essencialmente retrógrada, de alguns setores excepcionalmente "modernos" e desenvolvidos. Entre estes estava um capitalismo industrial que florescia, uma classe trabalhadora organizada e uma *intelligentsia* avançada, da qual os

Bolcheviques e outros comunistas, socialistas e anarquistas constituíam um elemento. Porém, o que condenou a revolução a dificuldades extremas, em sua opinião, foi o fato de que esse segmento "moderno" existia dentro de um sistema que consistia em meios semifeudais de produção agrícola (a servidão tinha sido abolida apenas em 1861), um campesinato iletrado, religiosidade e superstição generalizada e uma forma de governo autocrática e brutal exercida pelo estado Czarista. Isso foi, mesmo quando publicado em 1932, uma análise presciente da situação que os revolucionários enfrentaram e que levou ao colapso de seu projeto modernizador, além das catástrofes que ocorreram na medida em que a revolução avançava.[1]

Como poderia esse modelo teórico de mudança ajudar a explicar uma crise tão completamente diferente da revolução política e social quanto uma pandemia global? A explicação repousa nas conjunções dos efeitos de alguns aspectos altamente avançados e outros mais "incipientes" e retrógrados do desenvolvimento social e econômico, ambos relevantes para esses fenômenos tão diferentes. Parece provável que o coronavírus é biologicamente originário de mercados alimentícios em Wuhan, na China, em que animais capturados da natureza são abatidos e vendidos sem qualquer medida de higiene preventiva nos mercados, aliado à venda de animais domésticos e muitos outros produtos. Foi possível que em tais condições (como na epidemia anterior de SARS) um vírus atravessasse as espécies, talvez com um vetor animal como os morcegos. Este é o elemento "pré-moderno" da situação.[2]

---

1   Justin Rosenberg, professor de Relações Internacionais da Universidade de Sussex, revisou o modelo teórico do desenvolvimento desigual e combinado para explicar os desenvolvimentos geopolíticos contemporâneos (Rosenberg, 2013).

2   Infelizmente, parece que por razões políticas, alguns na China estão colocando em questão o que parece ser a explicação mais provável da origem do vírus.

Sobreposta a esse contato íntimo em mercados entre os órgãos e doenças de espécies de animais silvestres e seus comerciantes humanos (que eu descrevo como uma forma de comércio "pré-moderna") está a velocidade de transmissão, altamente moderna, da doença. Isso aconteceu devido ao fluxo rápido de seres humanos através do globo, que ocorre em nossos ambientes de comunicação. Tal fato foi descrito por um sociólogo da globalização como um "espaço de fluxos", um conceito desenvolvido dentro da elaboração da teoria da globalização por muitos acadêmicos (*cf.* Beck, 2000; Castells, 1998; Giddens, 1991; Harvey, 1989; Massey, 2002; e Urry, 2007) em décadas recentes. Muitas características componentes da globalização foram previstas com esse modelo, incluindo a escalada do comércio global, fluxos vastos e quase instantâneos de capital financeiro e o papel central da tecnologia da informação entre seus elementos. E, como suas resistências ou "feedbacks" negativos, a emergência de resistências fundamentalistas à modernização, fluxos numerosos de refugiados e o terrorismo global.

Uma consequência dessa situação de subdesenvolvimento e superdesenvolvimento combinados foi a exposição de toda a população mundial, em um espaço de apenas 12 meses, ao vírus da Covid-19, mediante a qual sistemas de saúde e sociais em grande parte das nações se mostraram incapazes de suprimir.

Há outros aspectos de "desenvolvimento desigual" relevantes para a pandemia. Seu impacto está revelando grandes diferenças na vulnerabilidade das populações ao vírus, e nas capacidades dos sistemas sociais o conterem. Essas diferenças se dão em parte em função de relativa riqueza material, como sempre foi o caso com a incidência de epidemias. É muito mais possível aos grupos sociais privilegiados isolarem-se, ou optarem por afastamento relativo, do que aos grupos mais pobres. (Era comum que, durante o Renascimento, elites europeias se refugiarem em retiros rurais de forma semelhante).³ Estas diferenças são também a consequência da qualidade e quantidade de recursos investidos nos sistemas de saúde pública – a disponibilidade de médicos, leitos, instalações de testagem e rastreio, dados confiáveis etc. Porém, níveis de riqueza material – renda per capita média – não são de forma alguma a única causa de variações nos danos causados pelos vírus. Parece que diferenças nas ideologias e estruturas de poder que subjazem aos sistemas sociais também são decisivas em determinar seus efeitos.

É surpreendente, por exemplo, que nações europeias tenham atingido em sua maioria melhores resultados que os Estados Unidos no manejo da Covid-19. Na Europa ocidental, de alguma forma o Reino Unido se saiu pior que seus equivalentes europeus, depois de um período em que a Espanha e partes do norte da Itália foram assolados pelo primeiro impacto do vírus. A China e outras nações do sudeste asiático foram, porém, substancialmente mais eficientes em suas ações de contenção do que a maior parte das outras áreas do mundo.

Parece que diferenças nos fundamentos morais e crenças dentro dos sistemas sociais fazem a diferença na resposta das sociedades ao vírus. É evidente que em algumas sociedades, o valor destacado para a proteção de vidas, todas as vidas, é maior que qualquer outro propósito, e molda a prioridade dada à supressão do vírus. Mas em outras sociedades, ou entre suas elites dominantes, esse não foi o caso. Algumas nações e seus governos parecem estar dispostos a tolerar a incidência da infecção e da mortalidade do vírus, que eles concebem supostamente como um "dado da natureza" inalterável, muito mais que qualquer outro. Eles normalmente colocam o

---

3   A coleção de histórias do século XIV de Boccaccio, o *Decamerão*, é tida como contada por um grupo de nobres abrigados da Peste Negra nos arredores de Florença.

crescimento de suas economias e a liberdade dos indivíduos como prioridades contra o papel dos governos de proteger vidas. Muitas sociedades acreditam que elas podem eliminar o vírus totalmente, ou pelo menos para todos os propósitos práticos, enquanto outros parecem preparados para tolerar as taxas de infecção aos milhares para que a vida econômica possa continuar com o mínimo de danos.[4] Uma explicação ulterior para essa diferença repousa no fato de que algumas sociedades têm a inclinação e a capacidade de compensar o prejuízo econômico sofrido pelos indivíduos quando os mercados são suprimidos, através de medidas coletivas de compensação ou de criação de empregos, enquanto para outros isso é ideologicamente repugnante. A diferença definitiva entre esses sistemas normativos parece estar no valor que eles dispensam à liberdade individual, comparado ao valor dispensado à saúde e ao bem-estar de todas as pessoas sob o argumento de que a liberdade de alguns indivíduos deve por vezes ser subordinada. Tais diferenças em conceitos fundamentais da "solidariedade social" evidentemente também são reveladas em outras áreas da vida social.

Essas diferenças não são mapeadas de maneira simples em um espectro político ou na divisão entre esquerda e direita, mesmo que por vezes elas coincidam. Algumas nações asiáticas que estão longe de ser socialistas, como Taiwan, Japão e Coréia do Sul, adotaram posições de proteção social em suas respostas ao coronavírus, como o fez a China, que é regida por um Partido Comunista, mas possui uma economia substancialmente capitalista.

Muitos tipos específicos de fratura social emergiram nessas sociedades nas quais esteve ausente o comprometimento com a

---

4 Membros do *Independent Sage*, um grupo de cientistas separados do governo do *Sage* da Grã-Bretanha (*Scientific Advisory Group for Emergencies*) defendeu que esta é uma falsa escolha e que aquelas nações que suprimiram o vírus de forma mais efetiva também sofreram menos impactos econômicos. Tal comparação pode ser feita entre a Alemanha e o Reino Unido.

proteção universal e ao bem-estar em resposta ao vírus. No Reino Unido, duas subpopulações revelaram-se especialmente vulneráveis ao vírus. Uma delas foram os mais velhos e enfermos em casas de repouso, nas quais a incidência da infecção e de morte foi altíssima – alguns estimam algo na casa das 20,000 mortes frente a 45,000 no Reino Unido no início de junho de 2020. O outro grupo foi a de negros e populações étnicas minoritárias, que também foram atingidas em quantidades desproporcionais. Negros e minorias étnicas que trabalham no Serviço Nacional de Saúde (NHS, na sigla inglesa) foram vítimas excepcionalmente vulneráveis do vírus, por razões que ainda não são totalmente compreendidas. Mais amplamente, a severidade do impacto da Covid-19 na Grã-Bretanha é correlacionada com índices de bem-estar e de privação social e econômica. Através de tais fatores, tais como casas mais densamente ocupadas e obrigações inescapáveis de trabalhar fora de casa, os membros mais pobres da sociedade foram os que mais sofreram com o vírus (Dorling, 2020).

Deve haver recurso a explicações em termos de processos inconscientes de negação (*denial*) de realidades sociais e da necessidade das pessoas, além da projeção de vulnerabilidade e do valor entre grupos sociais para abordar tais fenômenos. O impacto desproporcional do vírus em populações negras e minorias étnicas foi vinculado às preocupações com o movimento *Black Lives Matter*, o que se evidenciou no período em que houve maus tratos policiais à população negra, na sequência do assassinato de George Floyd por um policial no dia 25 de março, em Minneapolis. Houve reações coléricas a esses eventos, que nos Estados Unidos levaram a contrarreações violentas nas ruas, criando o ambiente político polarizado e por vezes violento no qual as eleições presidenciais tiveram lugar.

Aspectos psicodinâmicos da crise

Até o momento, discuti primordialmente explicações à crise atual levando em conta o domínio das estruturas e processos sociais, ao invés das esferas que são de interesse específico da psicanálise. A razão para isso é minha crença de que as explicações principais para esta crise devem ser buscadas na dinâmica das sociedades, ao invés de primordialmente na disposição psicológica dos atores individuais. Todavia, processos inconscientes existem em grupos sociais e comunidades tanto quanto em indivíduos. Afirmo que medos, angústias e atuações nos e por indivíduos em situações como a atual, mesmo que reais, são amplamente moldadas pelos ambientes sociais nos quais são formados, apesar de eu já ter dito que esses ambientes sociais possuem uma dimensão inconsciente. São diferenças entre as sociedades que causam e explicam mais completamente o que acontece com seus membros individuais, e não diferenças entre indivíduos que causam e explicam o que acontece às sociedades. As disposições e personalidades de figuras como Trump, Bolsonaro e Johnson evidentemente possuem consequências significativas para suas sociedades (e para todos nós). Todavia, seus atributos e tipos característicos de ação são melhor compreendidos como os efeitos de suas geografias sociais do que como suas causas. Freud (e outros, como Adorno (1951), que desenvolveu uma análise freudiana do fascismo) viram que os "líderes" eram produzidos pelas necessidades sociopsicológicas e transferências coletivas de seus seguidores, e não eram as causas principais de seus comportamentos. As interações dinâmicas entre Donald Trump e os comícios de massas que ele continuamente usou para reenergizar seus afetos de ressentimento e raiva são exemplos contemporâneos desse processo interativo.

Porém, devemos questionar qual seria a contribuição de uma perspectiva psicanalítica para a compreensão da crise e da conjuntura atual. Haveria uma concepção de processo mental inconsciente, dado que estas funções seriam compartilhadas, além de estratos coletivos da mente, que iluminem estas análises e devam ser incorporadas no enquadre de uma análise sociopolítica? Aqui está o problema mais amplo de como alguém poderia dispor de uma integração teórica das compreensões psicanalíticas e sociológicas, um tópico que explorei em outra publicação (Rustin, 2016).

Creio que o conceito psicanalítico mais valioso para a compreensão da crise atual é a ideia de Bion a respeito da "continência" (Bion, 1975) e o que surge de sua presença ou ausência, sua força ou fraqueza. O que a crise atual, com suas dimensões sobrepostas e interseccionadas está trazendo é o colapso de muitas estruturas de "continência", além dos hábitos de pensamento e capacidades que dependem delas. O que está "contido", na visão psicanalítica, pelas estruturas de continência são angústias (*anxieties*), tanto reconhecidas quanto não reconhecidas e tanto inconscientes quanto conscientes (que não são as mesmas coisas). O que emerge quando da ausência da continência é frequentemente algumas formas extremas de angústia, tais como a cisão (*splitting*) e a negação (*denial*), a projeção do temor de ameaças e males em outrem e a reversão para estados de mente esquizopanóides e narcísicos. Melanie Klein e Wilfred Bion acreditavam que a capacidade para a reflexão e o pensamento, e para a sustentação mental da percepção de disposições para o amor e para o ódio tinham suas precondições no desenvolvimento mental e emocional de uma pessoa. Klein via nisso a obtenção de capacidades "depressivas", ou a "posição depressiva" (Segal, 1973; Rustin & Rustin, 2017). Bion via nisso a presença de relações seguras entre "continente e contido". Tais experiências de continência ocorrem inicialmente nos primeiros meses e anos de vida, no contexto da família íntima. Isto é, em um relacionamento entre mãe e bebê, mas também entre mãe e pai, pai e criança e entre os membros da família mais ampla, incluindo os filhos. Esta é a localização primária ou o incubador da capacidade de formar e manter relacionamentos, que uma vez constituída normalmente se estende além da esfera da família em direção a ambientes mais amplos, em comunidades e locais de trabalho. Bem como o estabelecimento de relacionamentos, que têm em comum uma dimensão interna e externa, com outros tipos de "objetos" que podem ter significados simbólicos e emocionais, como vocações, lugares, formas de arte e ciência, bens culturais ou sociais. Experiências precoces de continência são os *microssettings* nos quais as capacidades para a vida em sociedade são desenvolvidas e possibilitadas.

Tais *microssettings* dependem, para suas existências, de contextos ambientais mais amplos de segurança e bem-estar. Em sociedades bem-ajustadas, essas podem ser tomadas como certas, em maior ou menor grau, como os contextos suficientemente bons para que vidas possam ser vividas e para que o desenvolvimento pessoal possa se desvelar, e mesmo as aventuras pelo desconhecido podem ser realizadas. O que acontece quando ocorrem múltiplas crises graves, tais como as atuais, é que os contextos ambientais ou as condições de existência se tornam profundamente perturbados e rompidos. Em relação à doença da Covid-19, vemos a erosão da confiança nos outros e nos governos, assim como o crescimento dos perigos e riscos aos indivíduos e às famílias. Vemos agora muitos governos se preocuparem com a erosão de reservas de confiança pública e da cooperação da qual dependem as medidas práticas de contenção dessa doença (por exemplo as quarentenas, o uso de máscaras, distanciamento social, vacinação, cuidado no uso de espaços públicos). Essa quebra da confiança já está acontecendo em muitos lugares, e por razões compreensíveis.

Outro nível de perturbação ocorre quando grupos sociais particulares (por exemplo, os negros) acreditam que a sociedade em que vivem, e especialmente os que estão no poder os negligenciam, destratam e mesmo os brutalizam. Angústias adicionais surgem quando o material básico da segurança se torna ameaçado, como através da recessão econômica e do desemprego. Formas ulteriores de ameaça são experimentadas no nível da identidade cultural quando se sente que o valor simbólico de toda a "comunidade imaginada" de um grupo é posto na berlinda, por exemplo, através do insulto perpetrado por outros ou pela sensação de captura do poder e do privilégio por outros. O livro de Arlie Hochschild, *Strangers in their Own Land* (2016), localizou as origens do ressentimento dos eleitores republicanos no sul norte-americano na sensação de terem sido excluídos das oportunidades oferecidas pelo "sonho americano" por meio do privilégio de grupos sociais rivais, localizados, segundo eles, principalmente em cidades do norte. Fintan O'Toole (2018) descreveu o cerne emocional da campanha do *Brexit* na Inglaterra como algo feito da combinação de onipotência triunfalista com vitimismo masoquista e autopiedade. O ressentimento em relação aos "outros", percebidos como estando em ascensão, e a construção de animosidade em relação a tais grupos são o principal recurso de nacionalistas e populistas como Trump, por sustentarem, frequentemente por meios demagógicos, as bases de seu apoio político.

A crise do "desenvolvimento desigual e combinado" que caracterizei tanto revelou quando intensificou muitas formas de desigualdades estruturais *dentro das* e *entre* as nações. Esta crise está dando o ensejo a demandas compreensíveis e de fato justificáveis para sua reparação. Alguns nesta situação se encontram aderindo a posições radicais ou mesmo utópicas dizendo o que deve ser feito. Alguns acreditam que todo o sistema social deve ser desmantelado e recomeçado do zero, mesmo que seja difícil dar um significado específico a essa ideia. O que sabemos, porém, é que as demandas feitas à sociedade por aqueles privados de reconhecimento e poder podem provocar demandas compensatórias e reações daqueles que possuem reconhecimento e poder. Redistribuições e ajustes de poder e privilégio para resolver reivindicações opostas e conflitantes são normalmente difíceis de conseguir. Conflitos derivados de tais lutas podem terminar no risco de violência organizada e rompimento social, conforme vimos no passado. Estratégias para reforma e reparação de desigualdades e injustiças devem, em minha opinião, levar em conta a probabilidade de tais contra-ataques e encontrar maneiras de limitarem sua gravidade e destrutividade.

Estou inclinado a acreditar que na presente crise, a restauração de uma medida de governo "continente", que pode começar a endereçar e resolver problemas críticos imediatos (como aqueles causados pelo coronavírus e pelo aquecimento global), é um pré-requisito para possibilitar as muitas mudanças fundamentais que a condição geral do "desenvolvimento desigual e combinado" faz serem desejáveis e necessárias. Parece provável que o presidente eleito Biden tentará fazer isso agora nos Estados Unidos.

Todavia, deve ser notado que uma preocupação com estados de "continência" não é a única preocupação psicanalítica com a condição social que deve ser relevante. Em uma observação astuta sobre os escritos de Freud, o sociólogo Zigmunt Bauman (2009) percebeu que as principais angústias que preocupam uma sociedade eram sujeitas a mudanças, até mesmo em distintas épocas. A maior preocupação de Freud, escreveu Bauman, era com a excessiva repressão de desejos e com os constrangimentos impostos à ação e ao pensamento em seu tempo, especialmente na esfera sexual. Isso foi antes dos significativos efeitos libertários de seus ensinamentos na cultura.[5] A repressão excessiva também foi uma preocupação de Melanie Klein, conforme vemos em seu foco nos efeitos

---

5 Ernest Gellner, que anteriormente (1985) foi um crítico severo de Freud, escreveu mais recentemente (1995) sobre a grande dívida que a sociedade tinha

destrutivos da personalidade causados por um Superego persecutório. Porém, em tempos modernos, de acordo com Bauman, o pêndulo balançou para a direção oposta, de maneira que angústias sociais dominantes hoje advêm do que se percebe como liberdades excessivas de expressão e ação sexual. Com efeito, temos angústias quase fóbicas em relação à segurança sexual de crianças e a respeito de se iniciativas sexuais na vida interpessoal serão experimentadas como agressivas ou abusivas, ou reconhecidas meramente como aberturas e abordagens sem as quais nenhum relacionamento sexual poderia jamais acontecer (evidentemente, ambas são possíveis). Na esfera mais ampla, o escopo adicional para expressão e comunicação, por exemplo através da "trollagem", que foi permitida pela expansão das redes sociais, dá lugar a angústias referentes ao abuso da liberdade de expressão. O abuso destemperado e por vezes as ameaças violentas são reportadas como sendo características comuns da comunicação de figuras públicas através dessas mídias, deslocando e degradando o ambiente em que essas ideias e opiniões podem ser trocadas e sem dúvida impedindo muitas pessoas de participar dessas trocas. Parece que as formas de regulação que de algum modo detinham as formas de comunicação violenta e antissocial através da mídia convencional impressa podem ser completamente evadidas no uso da mídia social. Nos tempos presentes, a adoção dessas restrições não é apenas desejável, mas também urgente. Alguma reação contra esta situação de fato está ocorrendo agora, em que "plataformas" como o Facebook e o Twitter são demandadas a exercer vigilância maior sobre o conteúdo que promovem. É nesse cenário cultural que eu acredito que seja relevante um foco psicanalítico no aspecto "continente" do espectro entre liberdade e controle. Os tempos se distinguem, e o que

---

com Freud, em virtude de seu propósito de diminuir a repressão social e, com efeito, possibilitar maiores experiências de prazer e gozo.

é psicanaliticamente indicado como sendo desejável e apropriado para tais tempos também pode diferir.

Um aspecto mais benigno do "desenvolvimento desigual e combinado" que sugeri como sendo o contexto da pandemia agora emergiu (conforme foi de fato antecipado desde cedo) na descoberta e na esperada manufatura e distribuição em massa de vacinas contra a doença. Se isso ocorrer conforme o planejado, como agora parece provável, tal fato resultará em uma conquista notável da ciência e dos sistemas públicos de saúde que oferecem suas descobertas ao uso humano. Instituições e práticas da "modernidade" (é claro que são parcialmente distintas) que permitiram o espalhamento global do vírus no período de um ano, parecem agora capazes de aliviar ou até suprimir seus efeitos em um período similar.

É provável que as desigualdades sociais e as divisões ideológicas que moldaram o impacto social do vírus continuarão a se fazer presentes na distribuição das vacinas, tanto dentro das nações quanto entre elas. Algumas nações se comprometerão com a distribuição universal e gratuita da vacina, outras irão permitir que desigualdades no acesso econômico aos cuidados médicos influenciem também o acesso à vacina. Em algumas nações, como nos Estados Unidos, parece que a antipatia e a suspeita em relação aos governos é tanta que mesmo a vacinação é percebida como uma afronta à liberdade individual, com consequências óbvias para a saúde pública. Porém, existem vozes influentes, como as da Organização Mundial de Saúde, que estão comprometidas em garantir o acesso igualitário à vacina entre países ricos e pobres, no Norte e no Sul, e parece que essas vozes terão algum efeito.

Alguns dos que estão no poder, como os membros da administração de Donald Trump, têm buscado frear os processos de globalização e seus instrumentos, e consequentemente se aferrar às vantagens que eles creem já possuir. Essa posição ideológica sofreu uma grande derrota na eleição presidencial norte-americana, e parece que algumas boas consequências irão derivar disso. Minha visão pessoal é a de que a solução aos efeitos danosos que a globalização sem dúvidas causou não repousa na paralisia ou na reversão de seu desenvolvimento, mas antes na possibilidade de se expandir alguns de seus aspectos em uma direção mais universal e compreensiva. Imaginei isso em outra publicação como "modernização progressiva" (Rustin, 2019):

Isto serve para imaginar uma ordem mundial na qual, por exemplo:

- As metas da boa saúde pública e os meios para obtê-las tornem-se universais.
- Na qual a detenção do aquecimento global se torne uma tarefa humana comum. Tanto quanto da ciência proveio a chave para resolver os problemas dados pela pandemia, é claro que seu papel é também central na solução dos problemas da mudança climática. Estas vitórias da ciência no domínio da saúde pública devem agora ser uma fonte de esperança em relação a esta crise maior.
- Na qual os problemas percebidos do fluxo inadministrável de refugiados de países pobres e assolados por guerras seja abordado não pela construção de barreiras e "lindos muros", mas possibilitando que os problemas da pobreza e desordem sejam encaminhados nas regiões das quais provêm os refugiados.
- Na qual as metas do desenvolvimento econômico sejam dadas para todo o mundo, e não para as nações individualmente.
- A emergência de governos capazes de "conter" as angústias de seus cidadãos – ao invés de as fomentarem e as

provocarem através de sua irresponsabilidade manifesta e do fomento de divisões – é uma condição necessária do desenvolvimento positivo.[6]

É apenas, obviamente, através da ação de governos competentes e bem-sustentados, trabalhando juntos uns dos outros, que tal processo benigno poderia ser possível, em cooperação com outros atores sociais, econômicos e culturais. Este pode parecer um prospecto impossível, mas não necessariamente, quando se observa o que a Europa conquistou nos anos seguintes à Segunda Guerra Mundial, ou mesmo o que os chineses têm conseguido em relação à pobreza e aos padrões de vida, dentro de seu território nacional.

É claro que tais metas não estão muito distantes daquelas já desenhadas por muitas agências internacionais e por teóricos visionários do desenvolvimento e do "florescimento" humano, como Martha Nussbaum e Amartya Sem (1993), que ganharam corpo nos Relatórios Anuais do Desenvolvimento Humano das Nações Unidas.

E depois de tudo, que alternativas temos à catástrofe global?

M. R.

Traduzido do inglês por Lucas Charafeddine Bulamah

---

6 Supus que os governos disfuncionais e indignos de confiança dos EUA e do Reino Unido inconscientemente difundiram e transmitiram seus estados perturbados de mente aos níveis de liderança em níveis mais baixos da sociedade, mesmo em instituições específicas. Segue-se que maior responsabilidade e capacidades reflexivas em níveis mais altos, tais como as que se pode ver ao menos nos EUA, podem também ser transmitidas para baixo e lateralmente. Esta é uma hipótese que pode ser agora testada.

Referências

Adorno, T. (1951/1978). Freudian Theory and the Pattern of Fascist Propaganda, reprinted, *in* A. Arato and E. Gebhardt (EDS) *THE Essential Frankfurt School Reader*, Oxford: Blackwell (1978). pp. 118-137.

Bauman, Z. (2009). Freudian Civilisation Revisited: or Whatever hapened to the reality principle? *Journal of Anthropological Psychology* No. 21, 2009, Department of Psychology Aarhus University, p 1-9. thy https://psy.au.dk/fileadmin/Psykologi/Forskning/Forskningsenheder/Journal_of_Anthropological_Psychology/Volume_21/target.pdf.

Beck, U. (2000). *What is Globalisation?* Cambridge: Polity Pres.

Bion, W. R. (1975). *Attention and Interpretation.* London: Tavistock Publications.

Castells, M. (1998). *The Information Age: Economy Society and Culture, Vols 1, 2 and 3.* Oxford: Blackwell.

Dorling, D. (2020). Want to understand the Covid map? Look at where we live and how we work. *Guardian* Nov. 29. https://www.theguardian.com/commentisfree/2020/nov/29/want-to-understand-the-covid-map-look-at-where-we-live-and-how-we-work.

Gellner, E. (1985). *The Psychoanalytic Movement.* London: Paladin.

Gellner, E. (1995). Freud's Social Contract, *in Anthropology and Politics.* Oxford: Blackwell. pp. 62-93.

Giddens, A. (1991). *The Consequences of Modernity.* Cambridge: Polity Press.

Harvey, D. (1989). *The Condition of Modernity* Oxford: Blackwell.

Hochschild, A. R. (2016). *Strangers in Their Own Land: Anger and Mourning on the American Right.* New York: New Press.

Massey, D. (2002). 'Globalisation: what does it mean for geography?', *Geography*, 87, 4, 293-6 https://think-global.org.uk/wp-content/uploads/dea/documents/dej_9_2_massey.pdf.

Nussbaum, M. and Sen. A. (ed.) (1993). *The Quality of Life.* Oxford: Oxford University Press.|

O'Toole, F. (2019) *Heroic Failure: Brexit and the Politics of Pain.* London: Apollo.

Rosenberg, J. (2013). The 'Philosophical Premises' of Uneven and Combined Development. *Review of International Studies*, 39 (3). pp. 569-597.

Rustin, M. J. (2016). Sociology and Psychoanalysis, *in* A. Elliott and J. Prager (ed) *The Routledge Handbook of Psychoanalysis in the Social Sciences and Humanities.* London: Routledge. p 259-277.

Rustin, M. J. (2019). Is there an alternative to reactionary modernisation? *Soundings* 71, p 116-127.

Rustin, M. E. and M. J. (2017). *Reading Klein.* London: Routledge.

Segal, H. (1973/1988). *Introduction to the Thought of Melanie Klein.* London: Karnac Books.

Trotsky, L. (1932). *The Russian Revolution.* New York: Simon Schuster.

Urry, J. (2007). *Mobilities,* Cambridge: Polity Press.

Williams, R. (1977). *Marxism and Literature.* Oxford: Oxford University Press, pp. 128-136.

Parte II

Viver e pensar em tempos de pandemia

A quebra de uma recusa que faz pensar[1]

Bernard Chervet
Lyon/Paris, França

Nossa reflexividade – ou, se nós preferirmos, o reconhecimento das implicações da nossa vida psíquica inconsciente em nossos pensamentos e nossos atos –, é solicitada sempre que experienciamos sentimentos de fracasso e de falta, sejam quais forem suas origens; e, mais particularmente, quando estas são ligadas a um sintoma ou quando são provocadas por perturbações de nosso ambiente, o que implica na perda dos nossos hábitos e do nosso entorno cotidiano, a nossa segunda natureza. A partir disso, podemos deduzir que havíamos atribuído à fatia perdida da realidade externa uma função que devia ter sido garantida por um Supereu advindo de uma elaboração pessoal, e não de um Supereu de empréstimo, resultante de uma delegação. Essa fatia de realidade fazia, portanto, parte de nós.

---

1 N.T.: Traduzimos, ao longo do texto, o vocábulo francês *déni* por recusa, tradução consagrada no Brasil para o termo *Verleugnung* utilizado por Freud em alemão.

Essa delegação para o exterior de uma parte das funções de nosso narcisismo está no princípio do desenvolvimento da criança e do tratamento analítico, enquanto transferência de autoridade e transferência de aspirações referentes a um ideal. O genitor e o analista, enquanto *seres humanos próximos* – leia-se psiquicamente e fisicamente próximos; no caso próximos na atualidade e próximos também daquilo em cuja direção o sujeito deve se direcionar –, representam o funcionamento mental ideal que presumimos poder atingir. Eles são objeto de uma transposição das potencialidades psíquicas a serem instaladas. No melhor dos casos, trata-se de uma transposição de apoio.

A partir de 1895, Sigmund Freud nomeia esse *outro* da transposição, o *Nebenmensch*, e reconhece nele três qualidades: a de ser o objeto de satisfação, o objeto da hostilidade e uma potência que ajuda (Freud, 1950, p. 639). Em 1921, quando ele se dá conta do impacto da tendência à extinção das pulsões por meio da compulsão de repetição, das neuroses de destino e da reação terapêutica negativa, Freud se refere de novo a esse *outro* e indica que ele intervém "como modelo, como objeto, como ajuda e como adversário" (Freud, 1921c, p. 5).

Essa transposição de apoio ao exterior de funções psíquicas potenciais à espera de se tornarem eficientes, alivia nosso trabalho psíquico pela adoção momentânea das soluções aportadas por um outro, tornando-nos muito dependentes deste elemento exterior. É assim que se forma o *Supereu cultural* a partir de soluções pré-fabricadas, encontradas na família, nos grupos e na cultura. Esse Supereu cultural coletivo tem como função principal atenuar as provações que emanam do núcleo traumático presente no interior de cada um, e nos fornece visões de mundo (*Weltanschauungen*), definições saturantes da verdade, da realidade, da pesquisa, da ciência, da vida.

O pensamento psicológico nasce dos testes de ambivalência descobertos ao longo do luto que tais perdas convocam. Em 1915, em plena Primeira Guerra Mundial, Freud faz nascer a psicologia do conflito de sentimentos vivenciados na ocasião do falecimento de uma pessoa amada e, ao mesmo tempo, estrangeira e odiada.

Contextualização

Todos os psicanalistas do mundo tiveram que viver tais modificações e perdas quanto às suas práticas cotidianas por conta das perturbações às quais a pandemia de Covid-19 do SARS-CoV-2 nos submeteu.

Um conflito de sentimentos quanto à nossa prática se revelou. Ele já estava ali, antes ignorado parcialmente. Tivemos que inventar e utilizar novas modalidades de trabalho.

Essa adaptação exigiu de nós um trabalho psíquico suplementar, na origem de um reforço dessa ambivalência. Certos pacientes e analistas preferiram suspender os tratamentos. Também apareceu uma tendência a transformar as sessões em conversações banais e em renunciar à sustentação da assimetria propícia à transferência. Essa última passou a focalizar a própria psicanálise, que foi investida de nostalgia ou, contrariamente, de decepção e de raiva.

Visto que o contágio não se desenvolveu ao mesmo tempo por todo mundo, convém contextualizar temporalmente as reflexões que virão a seguir. Na França, a inquietude pela saúde ligada a esse vírus surgiu no início de março de 2020, e a perturbação da nossa prática em meados de março. O confinamento durou dois meses e meio e a retomada da nossa prática no consultório em meados de maio, com a busca por algumas modificações reunidas sob os vocábulos de *distanciamento* e de *medidas de contenção*.

No momento em que escrevo, as perturbações da vida cotidiana e as modificações de nossa prática já duram seis meses e perduram enquanto o número de mortos e de hospitalizados apresenta um decréscimo importante, sendo muito baixo atualmente. Por outro lado, o número de testes aumentou, e o número de exames com resultado positivo também. A maioria é assintomática. Porém, desde o início dessa pandemia, observamos uma utilização muito particular dos números.[2] Apenas os números em crescimento têm o direito de serem citados. Os objetos aos quais eles se referem passam ao segundo plano, se tornando equivalentes. Isso contribui para manter uma pressão traumática deletéria, fonte de conflitos que têm por finalidade um deslocamento da tensão assim criada. Essa utilização dos números permitiu a amplificação do distanciamento físico, das medidas de contenção e da utilização da máscara. Longe de serem recomendações de prudência, que fazem apelo à responsabilidade cívica de cada um diante do risco da disseminação do vírus, essas diretivas se tornaram prescrições obrigatórias, e o não respeito destas é objeto de medidas coercitivas.

Esta pandemia nos faz lembrar do que foi enunciado há muito tempo "Uma epidemia é um fenômeno social que comporta alguns aspectos médicos" (Rudolf Virchow, 1821-1902, médico e político alemão).

Psicanaliticamente falando, os números são utilizados pela psique para afastar as vivências de falta. O efeito apotropaico da cabeça de Medusa diante da percepção da castração consiste em inserir uma multidão onde há falta, para atenuá-la assim como as experiências na qual ela implica. Essa medida antitraumática pode ser utilizada por todos, mas a psicologia de massa se apoderou dela preferencialmente.

---

2 N.T.: Em francês "*chiffre*", neste caso números referentes a dados estatísticos.

Deve-se evidentemente reconhecer que essa utilização dos números a fim de saturar a população desesperada demanda interpretação. É possível vislumbrar que essa saturação, ainda mais garantida quando se utiliza de efeitos altamente desprazerosos, serve para dissimular outras fontes de falta, dentre as quais algumas são menos palpáveis, como um mal-estar difuso de nossa civilização ocidental, que chega aos limites de suas capacidades evolutivas após um século de progressos muito notáveis. As inquietações climáticas, pautadas no esgotamento dos recursos do nosso planeta, ligadas ao princípio extensivo – e, portanto, consumidor de recursos – de nossa sociedade ocidental são certamente mais delicadas de serem abordadas do que aquelas provocadas pelo vírus, as quais certamente são difusas, mas mais palpáveis. O fato de o vírus ser novo e de necessitarmos de um certo tempo para que uma forma de o bloquear seja encontrada oferece uma facilidade de deslocamento de certas inquietações mais fundamentais quanto ao futuro da nossa civilização, para as quais não temos resposta.

Não há dúvidas de que nossa época, dominada pelas noções de fatos alternativos e de pós-verdade (eleita a palavra do ano em 2016), é propícia à desordem, às contradições conflitivas e às declarações peremptórias. Essa transferência sobre a palavra permite confundir os fatos e os atos de palavra, portanto as opiniões, com fatos e atos referidos às coisas. Enquanto fatos e atos, eles podem ser considerados como sendo equivalentes; já do ponto de vista da sua referência às coisas, eles não o são. Uma necessidade de confusão domina este início de século XXI, que expressa a vontade de criar o mundo com palavras.

Em um primeiro tempo, os fatores da perturbação Covid-19 pereciam ter apenas uma origem externa, um vírus vindo de alhures. A dimensão traumática que foi despertada solicitou uma resposta imediata, recorrendo aos meios antitraumáticos clássicos tais como: a atrelagem[3] à percepção sensorial de realidades externas tangíveis, aptas a fornecer conteúdos mentais (vide a espera ansiosa, repetitiva, ou até mesmo lancinante e macabra por conteúdos referentes ao vírus, à doença e ao número de mortos); mas também à curiosidade e à necessidade de conhecimento quanto a este vírus, às doenças infecciosas contagiosas, seu tratamento etc.; assim como uma rememoração mais pessoal das doenças infantis contagiosas, das respostas familiares e grupais (as evasões escolares) de nossa infância; e, igualmente, um apelo à história, aquela dos prejuízos gerados pelas grandes epidemias e pandemias do passado. Nos foi necessário reconhecer que uma amnésia específica pesa sobre as pandemias, com uma recusa quanto às suas eventuais aparições no Ocidente. As epidemias antigas se destacam na literatura histórica das pragas, enquanto as mais recentes são esquecidas: 1957 e 1969. Mesmo que a gripe espanhola de 1917-1919 tenha se tornado mítica, ela faz parte de um patrimônio mnésico coletivo que permanece impreciso quanto ao número de mortes real por ela engendrado. A comparação com o número de mortes devido à Primeira Guerra Mundial (8 a 10 milhões) é totalmente negligenciada, assim como com as gripes sazonais anuais (por volta de 600.000 mortes). A gripe espanhola deixou ao menos 50 milhões de mortos (a OMS evoca 100 milhões), ou seja, 2,5% da população da época (que era de cerca de 2 bilhões de habitantes no planeta; hoje ela se aproxima dos 8 bilhões). A gripe asiática de 1957 deixou 2 milhões de mortos; a gripe de Hong Kong de 1969, 1 milhão (entre 32.000 e 40.000 na França). Quem se lembra delas?

De modo semelhante, para os psicanalistas, o luto pudicamente vivido por Freud quanto à sua filha Sophie, levada pela praga em

---

3   N.T.: No texto original "accrochage à la perception", termo frequentemente utilizado no vocabulário da psicossomática psicanalítica francesa. Costumamos optar por traduzi-lo como "atrelagem à percepção", no sentido de "prender-se", "apoiar-se", "permanecer rente a".

5 dias em janeiro de 1920, também é ignorado, ou talvez seja levado em consideração para pessoalizar certos aportes teóricos. Uma falsa determinação lhe é atribuída quanto à introdução da pulsão de morte na teoria psicanalítica. Quando Fritz Wittels, o primeiro biógrafo de Freud, lhe comunica essa construção, ele responde que certamente teria estabelecido a mesma conexão, mas que "Além do princípio do prazer" havia sido redigido em setembro de 1919, enquanto Sophie estava com uma "saúde próspera". E acrescenta, em resguardo à aplicação da psicanálise à biografia de um autor: "o verossímil nem é sempre verdadeiro" (Freud, 1924, p. 363). Em algumas cartas pessoais, Freud fala de seu sofrimento, e da ausência de causalidade a acusar: "não tenho ninguém para acusar e não há nenhum lugar ao qual eu possa direcionar uma acusação" (Freud, carta a Ferenczi do dia 4 de fevereiro de 1920).

Essa frase expressa claramente de que maneira os eventos que se correlacionam com a qualidade traumática intrapsíquica convocam a busca por uma etiologia, uma causalidade, uma teoria explicativa, uma necessidade de atribuir uma responsabilidade a um outro ou a si mesmo, uma necessidade de acusar e de se autoacusar; tudo isso sobre um fundo de impotência.

Após uma primeira ambivalência a reconhecer a existência e a periculosidade do vírus, todos os meios de proteção e de refúgio foram convocados, assim como os métodos de causalidade – e até mesmo de acusação – de tal ou qual fator de perturbação, mas também o apelo a algum salvador, no caso o conhecimento médico esperado dos especialistas supostos-saber e supostamente detentores do medicamento adequado. Toda palavra evolutiva lhes foi retirada. Eles deviam saber.

Ao desespero traumático inicial foi acrescentada uma teorização causal que acompanha as vivências de desamparo de nosso narcisismo destituído. Desde a nossa infância, a teorização responde a tal necessidade de causalidade, que se desdobra em uma cena que dramatiza a supressão de acordo com as teorias sexuais infantis, todas remetendo à fantasia de castração pelo pai, àquilo que permite fazer apelo ao pai.

Essa perturbação traumática nos relembrou que nossa prática está ordinariamente inserida em um contexto social e político global cujas incidências geralmente não são aparentes, o que, por vezes, facilita sua proximidade com o método psicanalítico ideal. Esse último é, na verdade, teórico, e serve de referência a toda reflexão quanto à prática analítica.

Uma verdadeira reflexão pôde ocorrer quando a existência de uma recusa – privada e coletiva – foi reconhecida, anterior ao evento externo traumático e referente a uma ameaça à saúde de todos. Uma recusa atual pode ter a finalidade de sustentar uma recusa do passado ou uma outra preocupação, diante da qual nós estaríamos muito mais indefesos. A quebra de uma recusa referente às epidemias veio a revelar e potencializar a qualidade traumática interna despertada pela ameaça externa ligada à doença contagiosa. O ruído intrapsíquico provocado por essa quebra foi utilizado para garantir outras recusas. Desde então, o contágio se revelou ser duplo: infeccioso e psíquico, convocando as lógicas da psicologia de massa na origem da amnésia grupal ativa nos países ocidentais.

A reflexão induzida diz respeito tanto à psicologia individual quanto à psicologia de massa presente no interior de nossa vida psíquica.

Quando o contágio foi anunciado, ele inicialmente foi minimizado, depois houve medidas de contenção, e em seguida, o confinamento. Cidades, ruas, praças, estações: todos os lugares foram esvaziados. Bistrôs, restaurantes, lojas, bibliotecas, teatros: todos os locais de encontro e de cultura foram fechados. Um sentimento de estranhamento reinou em meio a um questionamento lancinante:

onde foram parar as pessoas, os carros, os movimentos, os barulhos? Uma imobilidade silenciosa ansiogênica recaiu sobre o mundo.

Na sequência apareceram sentimentos de ignorância, de paradoxo, de contradição e de perseguição, e até mesmo de falta de sentido. As vivências traumáticas não cessaram de ser realimentadas. A neurose traumática continuou seu caminho discretamente. O sentimento de um *"sem fim"* começou a se instalar junto da resignação e da raiva. A ameaça era inidentificável; as vivências de pestífero e de contaminação possíveis pela proximidade alimentaram as agorafobias e a misantropia contra os vizinhos. O puritanismo foi despertado para muito além do que os riscos da doença exigiam. A aproximação e o tocar foram proscritos. Proximidade e promiscuidade se tornaram sinônimos.

Paralelamente, a necessidade de partilhar, de ser solidário, a preocupação com o outro e a generosidade originaram entreajudas inesperadas. A invenção de uma nova forma de viver e de trabalhar caminhava ao lado da esperança em reinstalar a vida de antes e em acabar rapidamente com essa praga externa. Mas a psique havia sido sacudida quanto a seus confortos, seus hábitos e suas recusas. O trabalho psíquico é então colocado em movimento; e mesmo que tentativas de reinstalar uma recusa o acompanhem, existe também uma preocupação em substituir aos poucos as respostas antitraumáticas de urgência por uma mentalização liberadora dos nossos investimentos objetais.

O desespero ligado à ameaça difusa e à ignorância provocou reações conhecidas há muito tempo, mas exacerbadas pelo contexto das redes sociais. Aristóteles já afirmava "O ignorante afirma, o sábio duvida, o sensato reflete". Mais tarde, Darwin: "A ignorância gera mais frequentemente a confiança que o conhecimento".

No século XXI esse princípio foi denominado ultracrepidanismo ou efeito Funning-Kruger. As pessoas menos qualificadas ou competentes para emitir uma opinião são aquelas que superestimam sua competência e o valor de sua opinião, visto que não possuem meios para avaliá-la!

O contexto de incerteza e de ausência de uma antecipação possível solicitou particularmente o complexo de castração em nome da culpabilidade de cada um, com seus dois tempos: o da *ameaça* (o escutado) e o da *realidade percebida* (o visto); daí surgem as soluções que emanam da psicologia das massas, com a emissão de opiniões de todos os tipos e a busca por teorias causais que garantiriam por saturação uma convicção e uma credulidade estáveis. Intensas polêmicas insensíveis aos argumentos racionais vieram para reforçar essa necessidade de lutar contra o desespero.

Outras soluções genéricas apareceram, como a introdução de novas palavras, de neologismos (desconfinamento, presencial, distancial[4]), ou de modificações do sentido de palavras ("distanciamento social" para não dizer "físico") na esperança de conter esse *outro do trauma*. Ainda mais soluções foram buscadas, como o apelo ao fator traumático na necessidade de encontrar cenários de dramatização que nos abrissem um teatro no qual seria possível transpor nossas inquietudes. As obras que oferecem metáforas para doenças contagiosas tiveram vendas excepcionais. Foi o caso de *A peste*, de Camus, metaforizando o clima dos tempos de guerra e os nazistas pela peste e pelos ratos. Mas também certas obras de ficção-científica, a literatura fantástica e até mesmo a literatura dita de terror. Ecos existem entre os contos dos irmãos Grimm, os contos fantásticos de Poe, de Hoffmann, os romances góticos (*Frankenstein*, de Mary Shelley), as novelas e filmes de terror (*Drácula*, de Bram Stoker), as obras de ficção-científica com

---

4 N.T.: No original, "*distantiel*".

valor premonitório (Huxley, Orwell), assim como diversos outros relatos que apresentam mundos distópicos.

Para os psicanalistas, a evocação do fenômeno do contágio psíquico por meio do vetor bestiário da praga não pode deixar de evocar *O Édipo-rei* de Sófocles e a lógica punitiva que acompanha as transgressões de regras psíquicas; sem que esqueçamos da referência do próprio Freud à peste, metáfora da psicanálise indo contaminar os Estados Unidos!

Em nome da culpabilidade inconsciente ativa em cada um, o contágio viral foi facilmente apreendido de modo animista pelo complexo de castração e seu destino implacável, a castração. O retorno das almas errantes dos antepassados se inscreve sob a forma de uma desconfiança entre as gerações. A doença toma a face de Erínias vingativas.

O discurso social transmite inúmeros sinais que evocam as relações do psiquismo às pulsões e convoca interpretações psicanalíticas refusadas pelas lógicas de massa. Essa transposição do desespero para as obras de metaforização serve à mentalização exigida pela qualidade traumática continuamente interpelada. Esse desvio pela literatura e pelas obras de arte nos ajuda a tratar da verdadeira origem endógena dessa qualidade traumática, a qual, em um primeiro tempo, foi recoberta pelo trauma externo e pelo apelo às teorias causais.

A prática analítica

Todo esse contexto intrapsíquico e ambiental que foi projetado brutalmente em nossa prática teve como consequência imediata deixar nossos consultórios esvaziados da presença concreta e carnal de nossos pacientes, solicitando métodos a distância.

Continuamos a trabalhar ao lado de nossos divãs vazios, privilegiando a via sonora, remotamente. As tecnologias atuais felizmente nos ajudaram.

Algumas questões acerca da nossa prática como analistas decorrem das reflexões apresentadas precedentemente. Quais são as reminiscências transferenciais suscitadas pelas mudanças do protocolo? Como a regra fundamental continua a sustentar o trabalho de mentalização e, portanto, o método analítico, mesmo levando em conta essas variações? O que essa mudança nos revela quanto ao que estava oculto no protocolo precedente sob abrigo de um Supereu cultural partilhado coletivamente pelos analistas? Quais efeitos têm as novas condições que instalam a fobia da proximidade, a interdição de tocar e a prescrição da distância física? Como a redução dessa presença física a apenas uma sonoridade distante e a redução das solicitações sensoriais pela presença concreta dos corpos na sessão influenciam o pensamento e a utilização das percepções pelo psiquismo a fim de tratar as tendências pulsionais à extinção e de transformá-las em promoção de desejo? A mentalização não corre o risco de se limitar à enunciação sem renúncia e nem luto?

Esse trabalho a distância nos foi imposto, o que impede a comparação direta com a técnica da análise a distância (*remote analysis*). Convém diferenciar a análise a distância, método que depende de uma escolha desde o início da análise, das sessões a distância impostas pelo contexto descrito, quando não há possibilidade alguma de trabalhar em nossos consultórios e se trata, temporariamente, do "pior dos casos",[5] na espera da retomada das sessões no consultório, em presença do corpo físico.

---

5 N.T.: No texto "*pis-aller*".

O amálgama e a confusão se aproveitam de certas diferenciações que nos pareciam adquiridas: dentro-fora, individual-coletivo, singular-de massa. Elas se revelaram menos asseguradas do que gostaríamos de acreditar.

A assimetria analista-analisando vacilou em nome da partilha de afeto e da ameaça comum, o dispositivo divã-poltrona tornou-se uma referência incerta e, sobretudo, a dupla representação-percepção se revelou muito mais implicada na nossa prática cotidiana do que acreditávamos ser, assim como a idealização do analista que, frequentemente mascarado, apareceu à luz do dia por meio de uma transferência positiva idealizante ou de seu avesso, o ódio de transferência em nome da não fiabilidade, ou até mesmo da traição das promessas depositadas na análise.

Outra das dificuldades principais para o analista reside na constatação, em sessão, da disparidade entre as velocidades: a da epidemia, a da corrida pela divulgação de informações contraditórias que se anulam umas às outras assim que são emitidas, e a do trabalho psíquico, que necessita de um entre-dois-tempos de latência para se realizar segundo as leis psíquicas do processo do *après-coup*.[6] A importância da dinâmica entre-dois-tempos desse processo deve ser respeitada pelo analista.

A situação de neurose traumática confronta os analistas mais fortemente que o habitual à obrigação de formular interpretações quanto à vontade de colocar em latência esse traumático cotidiano, de esquecê-lo, de descansar desses temores continuamente suscitados, de voltar ao mundo de antes, de dormir e de sonhar com um outro mundo, o de um "após" isento da qualidade traumática, um

---

6 N.T.: Temporalidade própria do inconsciente segundo Freud, usualmente traduzido em português por "*a posteriori*", ou "só depois". Optamos por manter o termo em francês, também bastante utilizado por comentadores entre nós no Brasil.

mundo de recusa. A situação de recusa que precedeu sua quebra traumática, se torna um objeto de desejo.

É nesse contexto transferencial que o analista se encontrou confrontado a seu dever de não se esquivar desse tipo de transferência e de sustentar o trabalho que ele demanda. Esse conflito entre uma invulnerabilidade por idealização e a degradação da situação analítica a uma relação corriqueira convocam reminiscências da infância: as do momento no qual uma criança pensa na perda efetiva e definitiva de seus pais. Eles passam a ser mortais. Esse pensamento é acompanhado de um afeto de dor moral, o que o diferencia dos pensamentos edipianos de assassinato apoiados no ódio. É também assim que, nesse momento, a criança constrói seu romance familiar a fim de salvar sua idealização. Para não renunciar a ela, a criança troca de pais.

A fim de identificar o que todas essas perturbações aportaram à nossa reflexão, a fim de comparar a prática a nós imposta àquela que chamaríamos de habitual e de poder fazer um retorno reflexivo sobre os efeitos de reverberação e de *après coup* que essas perturbações tiveram sobre ela, devemos percorrer esquematicamente os traços principais da teoria da prática psicanalítica.

Sessão, protocolo e enquadre

O método analítico repousa sobre um tripé: a associação livre e a atenção livremente flutuante, ambos induzidos pela regra fundamental (Chervet, 2014). Ele é constituído por um *protocolo,* que apresenta variantes, e um *enquadre*, constituído pelos processos de pensamento do paciente e do analista, promotores da livre associação e da atenção livremente flutuante, ambos induzidos pela regra fundamental tal como formulou Freud em 1938: "de um lado, completa sinceridade, do outro, rigorosa discrição" (Freud, 1940a,

p. 267). A delegação transferencial sinalizada anteriormente ocorre também quanto ao protocolo do analista, que temporariamente substitui o enquadre de pensamento. Protocolo e enquadre por vezes se sobrepõem. Isso explica o avivamento do traumático quando o protocolo é brutalmente colocado em xeque, o paciente sendo então pego de surpresa. O que havia sido recusado retorna então do exterior por meio de um conteúdo ligado ao recusado, de uma forma que nem sempre é facilmente identificável.

Essa função do protocolo, a de servir de enquadre temporário, aparece brutalmente quando uma recusa é suspensa, enquanto, na verdade, essa função deveria idealmente ser substituída progressivamente por um trabalho psíquico fundado no pré-consciente e nos autoerotismos psíquicos. A suspensão brutal da recusa tem valor de interpretação selvagem.

Um efeito de investigação é induzido por esse retorno do exterior sob a forma de um *outro do perigo*, cuja ação se revela inopinada, aleatória e incontrolável. Se atualiza uma reminiscência da *investigação infantil* com suas teorias sexuais de mesmo nome. Apavorado, o pensamento se torna teorizante antes mesmo de ser doloroso. Uma busca por causalidade utiliza a transposição dos eventos intrapsíquicos sobre a realidade externa percebida e atribui o efeito traumático a esta, sob forma da noção de perigo.

Por meio de uma regressão formal linguageira, a associação livre torna possível a proximidade do paciente com seu inconsciente, resultando nos pensamentos incidentes, nos sonhos e na palavra de incidência específica das sessões. A atenção livremente flutuante favoriza também a proximidade com o inconsciente, mas mantém um vínculo com a teoria do funcionamento psíquico, vínculo graças ao qual podem emergir as interpretações e as construções.

Essas duas modalidades de pensamento só puderam ser teorizadas após a integração da passividade na prática analítica. Elas só se desenvolvem nos dois participantes quando há uma disposição de passividade. O *"deixar vir"* é essencial, assim como o *"deixar-se levar"*[7] *pelas* incidências internas e pela palavra do outro. Elas pertencem às *atividades psíquicas regressivas da passividade*, como o sonho, o jogo e o erotismo, os quais se revelam referências necessárias para a elaboração de uma teoria da prática analítica.

Sessão, sonho, jogo

Sem recapitular as premissas do método analítico, a tina do magnetismo de Mesmer, a hipnose de Charcot, a sugestão de Bernheim, a retrogressão de Breuer, a pressão das mãos, e a confissão cristã e as práticas diversas dos percursos iniciáticos, lembremo-nos que, em um primeiro tempo, essa teorização encontra inspiração na doutrina do sonho. A livre associação se revela uma regressão formal linguageira e uma realização de desejo inconsciente alcançada sob abrigo do tornar-se consciente; já a interpretação, um convite a empreender – graças ao aporte de um superinvestimento portado pela linguagem – uma renúncia diurna ao princípio do prazer ao qual pertence a realização alucinatória; uma tomada de consciência, portanto.

Em seguida, foi a referência ao brincar infantil que aportou uma contribuição à teoria da prática. A repetição própria ao "jogo do *fort-da*" das sessões e aquela implicada na associação livre têm como objetivo a instalação dos processos cíclicos, necessários às separações e às perdas. A interpretação ajuda a completar a construção dos processos psíquicos indispensáveis à tomada de

---

7   N.T.: No texto original *"se laisser faire"*.

consciência inerente à resolução do complexo de Édipo e dos lutos futuros.

Essas duas primeiras referências, o sonho e o brincar, demonstram o modelo de um funcionamento psíquico organizado segundo o processo do *après-coup*, portanto em dois tempos (Chervet, 2009). Sonho e brincar são cenas do entre-dois-tempos, no decorrer das quais um trabalho psíquico inconsciente é realizado. As sessões cumprem essa mesma finalidade, utilizando o suporte da linguagem. O sonho utiliza as imagens e o brincar utiliza os objetos materiais sobre os quais são transpostos os processos psíquicos inconscientes, conferindo, assim, um valor animista a alguns objetos do brincar. Assim, na sessão, realizam-se desejos inconscientes e são construídos processos de pensamento a serviço do princípio de prazer e da manutenção do distanciamento das experiências desprazerosas. Mas a repetição pode tornar-se compulsão de repetição, o que justifica a necessidade de reconhecer a presença ativa de outros fatores nas sessões.

A clínica das neuroses de guerra, as neuroses traumáticas e os sonhos repetitivos desenvolvidos por soldados após retornarem da guerra (sobretudo os soldados que não foram feridos fisicamente), assim como as resistências observadas no decorrer dos tratamentos, que se manifestam por uma compulsão de redução e uma atrelagem à percepção, estão na origem de "Além do princípio de prazer".

Esses elementos clínicos permitem um acréscimo à teoria da prática, visto que obrigam a teoria a incluir uma nova qualidade das pulsões: sua tendência a reestabelecer o estado anterior chegando até mesmo ao inorgânico, o sem-vida. A partir de então, as pulsões são portadoras de uma qualidade traumática pelo seu caráter de *regressividade extintiva*.[8] Essa última pode ser despertada por eventos e percepções sensoriais externas, mas também se manifesta espontaneamente desde o interior, pela via de todos os tipos de sensações e de mal-estar, de afetos de pavor, de vivências de ameaça, de angústia, de desespero, de desamparo e de dor. A verdadeira fonte passa então a ser interna, mas o tratamento dessa tendência extintiva necessita sua transposição para cenas externas às quais uma origem traumática é atribuída. Essa transposição se faz sob a égide de um *imperativo de inscrição*. É assim que todas as fobias banais da infância se constroem, as quais se opõem à tendência extintiva por meio de um vínculo com as percepções sensoriais e os traços perceptivos. Assim, estabelece-se a primeira retenção psíquica, graças ao desenvolvimento das sensações[9] e das representações. Esse tempo de retenção constitui o primeiro tempo da mentalização. Ele inclui o corpo e suas experiências afetivas e erógenas. É instalada uma tensão de retenção, fundadora do masoquismo primário a partir do qual se desenvolvem o pensamento e o desejo. Trata-se do masoquismo de renúncia: a retenção renuncia à extinção.

Presença física e regressão sensual

A cena que pode servir de referência para que compreendamos a implicação dessa nova qualidade das pulsões na prática analítica é a cena erótica. É ela que realiza um tipo de regressão que vai até a experimentação da extinção. O sonho se opõe a ela por suas imagens e a livre associação pelo uso da linguagem. A

---

8 N.T.: No original, "*régressivité extinctive*", conceito original do autor, amplamente discutido em seu relatório para o Congresso de Psicanalistas de Língua Francesa em 2009 (Chervet, 2009).
9 N.T.: No texto "*ressentis*".

cena erótica realiza um trabalho psíquico regressivo pela regressão sensual que define as preliminares. A sensualidade erógena regride até o sexual de órgão. Ao longo dessa regressão sensual, existe um conflito entre a tendência a reduzir a tensão e a tendência que consiste em buscar uma assunção do desejo para além de toda tensão, pela união das duas regressões sensuais que se potencializam mutuamente. Esse conflito se resolve pela dupla gozo-orgasmo. A tendência à extinção permanece ativa tanto na redução quanto na assunção, ela se expressa pela via refratária, que é, em última instância, a regressão. A qualidade refratária (Chervet, 2020) é a mais próxima da excitação, mas ela assinala seu limite, um bloqueio, e é uma base a partir da qual podem renascer o desejo e a sensibilidade erógena. A regressão ao refratário é a retenção limite que permite que o processo de coexcitação libidinal se desenrole e resulte em uma regeneração libidinal, até a promoção de uma gratificação de desejo aberta ao mundo (Chervet, 2011).

Isso também ocorre nas sessões sob a forma da regressão linguageira. A regressão sensual vivida sobre o divã é influenciada pela presença carnal dos corpos e pela frustração que é própria à abstinência da análise. Essa regressão sensual está implicada no conteúdo do discurso associativo, mas também na associatividade em si, em seu estilo enquanto fonte da associatividade. As diversas partes do corpo e sua erogeneidade mais ou menos livre a constituem. São enunciadas cenas que não podem se realizar na sessão senão pela via de uma enunciação que limita seu desenrolar. A psicanálise permite, assim, uma modificação da erogeneidade do corpo do paciente e, portanto, de sua vida sexual fora da sessão. Essa situação repete aquela por meio da qual a sensualidade emergiu na proximidade e no contato com corpo dos pais, depois da resolução do complexo de Édipo na infância. O assassinato fundador do luto edipiano só pode ser feito *in absentia*.

Consolidando a enunciação linguageira e a vinculação à consciência (tornar consciente, tornar-se consciente, tomar consciência) das atrações transgressivas que levam à extinção, o trabalho de sessão intervém no processo de coexcitação libidinal que não pode ser concluído a menos que o princípio da renúncia seja eficiente no Supereu via o investimento que lhe é específico, o superinvestimento. A regeneração libidinal produzida pelo processo de coexcitação depende totalmente da eficiência do superinvestimento. É assim que, consolidando a implicação da linguagem, a sessão contribui para tornar possível tanto o sonho quanto o brincar e o erotismo.

A atração extintiva certamente tentará se impor sob a forma daquilo que chamamos de sintomas e resistências, no interior do sonho, do brincar, da cena erótica e da situação analítica; daí as modalidades de trabalho psíquico específicas a cada umas dessas cenas que se completam e se reforçam mutuamente. Isso explica também todos os deslizes, todas as tentações e eventuais transgressões. Impondo a enunciação dessas cenas no decorrer das sessões, a regra fundamental transmite a mensagem segundo a qual elas têm seus lugares específicos fora das sessões, mas seu enunciado em sessão contribui para tornar possível a gênese e a liberação da gratificação de desejo.

Sessão, Supereu cultural coletivo e linguagem

Lembramos que o contágio infeccioso se conecta com facilidade ao fenômeno de contágio psíquico e à psicologia das massas. A partir disso é possível refletir quanto ao impacto do Supereu coletivo sobre o trabalho da sessão. A intimidade permitida pelo trabalho da sessão se relaciona à diferenciação entre uma intimidade singular, que leva em conta as atrações e tentações transgressoras do ponto de vista do psiquismo, e aquela que é conforme as mentalidades de grupo, cujos protagonistas herdaram por suas identificações inconscientes. A regressão de sessão favorece a atualização de todas essas variedades de intimidade. A quebra da recusa de massa revela o peso do cultural coletivo sobre a psicanálise; este transmite, sem o saber, alienações, ideologias e sistemas de recusa que são ativos no interior das instituições e escolas psicanalíticas. O vínculo entre a tendência extintiva das pulsões e a organização das soluções próprias à psicologia de massa também determinou o processo de teorização. Foi apenas após ter escrito "Além do princípio de prazer" (Freud, 1920g) que Freud redigiu "Psicologia das massas e análise do eu" (Freud, 1921c). A psicologia coletiva de massa é uma reação às experiências traumáticas endógenas.

Mesmo a linguagem foi influenciada. Novas palavras foram criadas, mesmo que outras já estivessem disponíveis. Esses termos foram imediatamente adotados e partilhados por toda a população e pelos nossos pacientes, testemunhando a necessidade de reorganizar um novo Supereu cultural coletivo nas próprias sessões quando o Supereu cultural analítico foi sentido como vacilante. Isso nos revela, por reverberação, que em nossa prática anterior à pandemia nós já utilizávamos termos portadores de um Supereu coletivo. Na verdade, por definição, a linguagem transmite um Supereu cultural coletivo, pois ela não é da mesma natureza que a tendência extintiva. Ela expressa um imperativo de inscrição mesmo quando ela fala das atrações à extinção. Pela sua própria natureza, a linguagem sustenta uma recusa dessa realidade pulsional.

Sessão, recusa e psicose

Essas quatro cenas (sonho, brincar, erotismo e sessão) têm como ponto comum o fato de serem atividades psíquicas regressivas que, para se realizarem de maneira ótima, necessitam da participação da passividade e do investimento linguageiro. Todas são desencadeadas pelo recurso a uma recusa de uma parte da realidade sensorial, não dando lugar aos traços e às representações, a realidade da falta. Essa recusa inaugural serve para limitar o despertar da tendência extintiva solicitada pela percepção de perigos externos, para melhor levar em consideração a origem interna das angústias e modificá-las. Esse aspecto é muito claro com a diferença dos sexos, que articula duas diferenças: a do corpo masculino-feminino e a do provido-desprovido, um outro par.

Essas quatro atividades mantêm, assim, uma relação com a psicose. Elas correspondem a momentos de psicose normal, temporária, reversível e até mesmo útil.

Sob a fachada de uma tal recusa, o primeiro tempo do trabalho de sessão instala uma saturação da consciência dos dois protagonistas a fim de manter à distância as experiências endógenas de falta, e de consolidar o trabalho psíquico da latência, o que permite, em um segundo tempo, se confrontar com esta parte de realidade recusada, a percepção sensorial da falta (Chervet, 2017). Tal recusa reversível se apoia em certas qualidades do ambiente que constituem as condições dessas cenas: fazem parte delas o isolamento mais ou menos rígido e a estabilidade mais ou menos maleável. A manutenção em latência dos vínculos sociais e de uma parte do processo secundário faz parte dos critérios comuns. De todo modo, esse trabalho psíquico se inscreve no cerne do entre-dois-tempos do processo do *après-coup*.

Pelo regime alucinatório, o sonho fabrica identidades de percepção que permitem impor que exista um mundo apenas. O brincar das crianças também visa à criação de um neomundo. A regressão sensual do erotismo conduz igualmente a uma exacerbação saturante do sexual de órgão. Os amantes permanecem fora do mundo.

Todas essas atividades regressivas têm como objetivo facilitar o trabalho de latência, cujo âmago é o processo de coexcitação e de regeneração libidinal. Trata-se da utilização das tendências extintivas a fim de inscrever as pulsões no interior do psiquismo, não deixando de manter nestas inscrições uma sensibilidade quanto às aspirações regressivas e àquelas que são orientadas em direção aos objetos do mundo. Essas atrações regressivas se expressam de duas formas: por uma tendência a reduzir as tensões dolorosas criadas pelas renúncias e por outra tendência, a ultrapassá-las pela assunção de um ideal. No melhor dos casos, esse conflito se resolve em uma promoção de investimentos libidinais, assim gerados e liberados. A sessão se abre sobre o objeto pelo desejo de objeto portador de renúncias que participaram do seu estabelecimento.

Outras reverberações teóricas

A teoria do traumático

A pandemia à qual estamos submetidos nos obriga a retornar a outros pontos da teoria, em particular a *teoria do traumático*, tal como foi modificada por Freud há cem anos, em "Além do princípio de prazer". Nesse texto, ele apresenta o conceito de pulsão de morte e, sobretudo, considera uma nova definição de todas as pulsões apoiada em uma qualidade antes ignorada: sua tendência regressiva a reestabelecer um estado anterior até o inorgânico, o sem-vida. Isso induziu uma revisão do conjunto da metapsicologia precedente, a qual não se torna incorreta, mas passa a ter seu significado modificado. Ela tinha como função a dissimulação da origem endógena traumática.

"Além do princípio de prazer" interioriza a qualidade traumática que até então era concebida como o efeito de traumas vindos da realidade externa, da percepção sensorial da realidade da falta, tanto diretamente, nas ausências, perdas e desaparições, quanto indiretamente, quando os estímulos são excessivos diante da capacidade do psiquismo de integrá-los. A falta percebida é então aquela de um psiquismo desprovido de meios adequados.

Com esse texto, revela-se que o traumático emana de uma qualidade das pulsões, sua regressividade extintiva (Chervet, 2014). Essa mudança de ponto de vista produziu desespero nos analistas da época, e continua sendo objeto de críticas, e até mesmo de repúdio.[10]

A pandemia atualizou os desafios teóricos quanto à percepção, sua utilização na sessão, a diferença entre as percepções de realidades tangíveis que dão lugar aos traços e àquelas referentes à falta que não deixam traços, o impacto do traço faltante, e as modificações do jogo entre percepção e representação nos diversos dispositivos.

Amnésia e apagamento

A questão da amnésia associada à tendência à extinção suscita o problema teórico da conservação dos traços do passado no inconsciente. A possibilidade de um apagamento de traços ou de sua não escritura passa a ser uma questão teórica – que antes havia sido resolvida pelo axioma de uma conservação temporal, tal

---

10 N.T.: "*désaveu*", no original, que também pode ser traduzido como "desmentido".

como concebida em 1900 –, fazendo aparecer um novo conflito interno no psiquismo, um conflito de apagamento que se manifesta pela compulsão de repetição. O inconsciente enquanto memória atemporal não é mais dado de antemão, ele deve ser instalado, assim como o princípio de prazer. O papel da amnésia infantil é o de criar um espaço psíquico conservador, uma memória viva, uma memória de remanejamentos que se opõe às tendências de apagamento.

Da mesma forma, uma confusão entre morte e pulsão de morte emerge em inúmeros escritos psicanalíticos; semelhante à confusão entre pulsão de vida e vida, mesmo que Freud não tenha cessado de afirmar que a vida é resultante de duas tendências, denominadas pulsão de vida e pulsão de morte, que não podem se regular senão conjuntamente (homeostase), sendo as duas submetidas à égide de um imperativo de inscrição psíquica, o Supereu. A *inclinação ao conflito* descrita por Freud em 1937 (Freud, 1937c) situa esse conflito elementar entre as tendências pulsionais extintivas e esse imperativo de inscrição como sendo ligado ao Supereu, portanto entre apagamento e inscrição. O medo de tal amnésia foi emitido com frequência no que diz respeito às últimas guerras mundiais e ao esquecimento dos assassinatos cometidos pelos homens contra outros homens. Inúmeras vozes se levantaram contra essa tendência ao esquecimento para defender o *dever de memória*, particularmente no que se refere à Segunda Guerra mundial, ao holocausto e à Shoah. No Ocidente, a recusa se reportou às epidemias e pandemias, em um esquecimento sem precedentes. Isso explica a ausência de antecipação, de comparação e de perspectiva.

Percepções, representações, diferenças e traço faltante

As modificações impostas ao dispositivo de análise induzem uma reflexão quanto às funções, à repartição e à distribuição das percepções e das representações na sessão. A estabilidade protocolar permite que esses fatores quase não sejam considerados, enquanto as variações das condições habituais das sessões chamam a atenção quanto a eles.

A privação das percepções habituais plurais no consultório e a focalização exclusiva da percepção sonora conduzem a modificações do percebido e do representado, tanto para o analista quanto para o analisando.

O paciente imagina seu analista na poltrona de seu consultório, mesmo que ele possa imaginar que o analista esteja em outro lugar, desconhecido. Ele utiliza, então, as representações de seu analista construídas na ocasião das sessões habituais. Mas ele é privado das percepções diretas do consultório e do analista.

Quanto ao analista, ele é obrigado a imaginar seu paciente sem possuir representações oriundas da sua percepção. Ele fabrica representações imaginárias relacionadas à forma como o paciente se acomoda para suas sessões. Ele é privado da presença carnal de seu paciente. O divã permanece vazio.

Para ambos, a influência de suas presenças carnais e da abstinência exigida pela regra analítica se encontra modificada. As questões referentes à exclusão relativas à presença-ausência do outro e as questões da cena primitiva relativa à disponibilidade do outro são convocadas de forma distinta.

Questões referentes a essa desaparição da percepção da proximidade se expressam por manifestações clínicas que as dissimulam.

A coexcitação libidinal ligada à falta de perceber¹¹ pode induzir uma erotização desta falta. A regressão ao infantil e aos autoerotismos está na origem do "telefone rosa".¹² Mas as aspirações à exx citação também se utilizam do telefone e da voz pela via da castração. O telefone volta a se tornar escuro. Fobias aparecem, mais ou menos incapacitantes. Jean Cocteau nos oferece algumas palavras: "Os espelhos são as portas através das quais a morte vai e vem" (*Les Mariés de la tour Eiffel*). Para nós, são as palavras telefonadas que são carregadas de ameaça e de pavor. Os sons da voz são as portas através das quais a castração vai e vem, retorna.

As representações oriundas das percepções aptas a deixar traços facilitam uma parte do trabalho psíquico por conta de sua maleabilidade, mas não substituem aquilo que a percepção direta permite e exige. Existe, efetivamente, percepções sem traço, justamente aquelas solicitadas pelas experiências traumáticas. A falta, a ausência e a desaparição não são representações enquanto tais. Um apelo a uma teoria causal se opõe à tendência extintiva pela configuração¹³ de cenários representáveis, que fazem da falta o resultado de uma delimitação. As sensações e experiências se ligam assim a representações no interior de tais cenas representadas.

Um objeto representável é utilizado a fim de fazer da falta um objeto ausente. É assim que é abordada a diferença dos sexos. A falta inerente à percepção da diferença provido-desprovido convoca a teoria sexual fantasmática da castração pelo pai. A outra diferença, entre masculino e feminino, ambos tangíveis, o primeiro pela representação e o segundo pela sensualidade, é utilizada para responder à primeira diferença, esta sem traço. A psique se

---

11 N.T.: "*manque à percevoir*", no original.
12 N.T.: "*téléphone 'rose'*", no original. Serviço telefônico a partir do qual é possível estabelecer conversações eróticas com um atendente.
13 N.T.: "*mise en scène*", no original.

utiliza de percepções aptas a dar representações a fim de responder à qualidade traumática que, por definição, não dá lugar a nenhum traço específico, mas se expressa por vivências e afetos. O reconhecimento dessa função antitraumática da percepção de realidades tangíveis é um dos maiores avanços de "Além do princípio do prazer", prolongado em "O Ego e o Id". Mas convém completá-lo pelo reconhecimento de que toda percepção desperta a qualidade extintiva das pulsões por meio da percepção das diferenças. Essa percepção se transpõe também muito espontaneamente nas percepções sensoriais de falta. A correlação entre atração à extinção e a percepção sensorial das faltas está na origem do efeito traumático. Um traço é faltante. A falta da presença carnal torna difícil a transferência antitraumática de atrelagem à percepção, assim como o trabalho psíquico referente ao traço faltante, trabalho que utiliza as representações construídas a partir de percepções de realidade tangíveis para responder à tendência à excitação inerente ao desejo de viver.

B. C
Traduzido do francês por Pedro Marky-Sobral

Referências

Chervet, B. (2009). L'après coup ; la tentative d'inscrire ce qui tend à disparaître, *Revue française de psychanalyse* 73(5), pp. 1361-1441.

Chervet, B. (2011). "Faire l'amour", la régression sensuelle et les loquets du corps. *Revue française de psychosomatique* 2(40), pp. 9-19.

Chervet, B. (2014). Pulsions avez-vous une vie ?, *Revue française de psychosomatique* 1(45), pp. 103-128.

Chervet, B. & Donnet, J.-L. (2014). *Pourquoi la règle ? Méthode analytique et règle fondamentale*, Paris, Puf.

Chervet, B. (2017). La saturation de la conscience dans les rêves, les séances, les sciences, *Revue française de psychanalyse* 81(4), pp. 1177-1194.

Chervet, B. (2020). Le rêve et l'épreuve du réfractaire, *Revue française de psychosomatique* 57, pp. 11-34.

Cocteau, J. (1927). *Les Mariés de la tour Eiffel*, Paris, Gallimard.

Freud, S. (1920g). Au-delà du principe de plaisir, *OCF XV*, pp. 273-338.

Freud, S. (1921c). Psychologie des masses et analyse du moi, *OCF XVI*, pp. 1-83.

Freud, S. (1924g/1923). Lettre à Fritz Wittels, *OCF XVI*, pp. 353-363.

Freud, S. (1940a/1938). Abrégé de psychanalyse, *OCF XX*, pp. 225-305.

Freud, S. (1950c/1895). Projet d'une psychologie, *in Lettres à Wilhelm Fliess*, Paris, Puf, pp. 593-693.

Virchow, R. (1995). *Collected Essays on Public Health & Epidemiology*, Science History Pubns, isbn 088135077X.

Paisagens da vida mental sob a Covid-19

Alberto Rocha Barros
Elias Mallet da Rocha Barros
São Paulo, Brasil

Introdução

Frank Snowden, professor emérito de História e História da medicina na universidade de Yale (EUA), publicou seu tratado *Epidemias e Sociedades: da peste negra aos dias atuais* em outubro de 2019. Nele, argumentou que:

> *epidemias são uma parte significativa do 'grande quadro' do desenvolvimento e mudanças históricas, (...) em outras palavras, doenças infeciosas (...) são tão importantes para se compreender o desenvolvimento social quanto crises econômicas, guerras revoluções e mudanças demográficas* (Snowden, 2019, p. 2).

A tese, colocada nesses termos amplos, não é exatamente nova, já que havia sido aventada em livros de microbiologistas como *Vírus, Pestes e História*, de Michael Oldstone (1998; 2ª edição 2020), e *Companheiros Mortíferos: Como Micróbios Influenciaram a História*, de Dorothy Crawford (2007). O livro de Snowden, contudo, busca examinar o impacto de epidemias e pandemias num quadro particularmente rico e diversificado, recobrindo desde a paisagem cultural ampla da sociedade, até aquilo que se chama "história intelectual", indo das artes e da filosofia a histórias individuais. E, numa daquelas estranhas coincidências históricas, o *Epidemias e Sociedades* veio à lume um pouco *antes* da pandemia global da Covid-19 atingir o mundo com força total. Diante disso, sua editora correu para lançar em 2020 uma versão ilustrada e atualizada do livro, com um novo prefácio que aborda o problema da Covid-19. Talvez possamos imaginar Frank Snowden preparando uma segunda edição de seu trabalho, já que com a Covid-19 o historiador tem um novo estudo de caso, dado que o mundo não havia visto uma pandemia de tamanho impacto em mais de um século, desde o surto da "Gripe Espanhola" de 1918-1920.

Não se pode dizer que o que estamos vivenciando com a pandemia da Covid-19 fosse *imprevisível*. Um número relevante de livros e artigos científicos estavam soando os alarmes sobre os riscos de doenças infeciosas emergentes há alguns anos (Oldstone, 1998; Wolfe, 2011; Quammen, 2012; Khan, 2016), e a Organização Mundial da Saúde (OMS) havia circulado um boletim sobre o assunto em setembro de 2019 com "o pungente título de *Um mundo em risco*" (Snowden, 2020, p. xi). David Quammen, autor do eletrizante e informativo *Contágio: infecções de origem animal e a evolução das pandemias* (Quammen, 2012) escreveu em 2020 um artigo para a revista americana *The New Yorker* intitulado "Por que não estávamos preparados para o coronavírus?". Nesta matéria ele relata:

> *Perguntei a Ali S. Khan (ex-diretor do setor de emergências sanitárias do Centro de Controle de Doenças (C.D.C. na sigla em inglês) dos EUA) a respeito da Covid-19. O que deu tão desastrosamente errado? Onde estava toda a preparação que ele havia supervisionado frente ao C.D.C.? Por que tantos países – e especialmente os Estados Unidos – estavam tão despreparados? Foi falta de conhecimento científico? Ou falta de recursos financeiros? 'O que aconteceu foi falta de imaginação', [Khan] respondeu (Quammen, 2020, grifos nossos).*

O professor Frank Snowden escreve numa direção similar:

> *Quando a COVID-19 iniciou sua propagação global, ela encontrou tanto sucesso em parte porque as sentinelas haviam deixados seus postos e o mundo estava adormecido. (Snowden, 2020, p. xi, grifos nossos).*

Será que *sonambulamos* para dentro dessa situação toda? Será que a pandemia da Covid-19 foi um *fracasso da imaginação*? Depois da crise financeira global de 2008, o psicanalista David Tuckett escreveu um livro interessante sobre como conceitos psicanalíticos podem lançar luz sobre os processos psicossociais envolvidos naquele fiasco econômico (Tuckett, 2011). Esse tipo de exercício pode nos ajudar a delinear modelos e parâmetros para que a psicologia e a psicanálise possam refletir a respeito das tendências sociais de ignorar riscos ou evitar pensar seriamente sobre cenários desconfortantes, inquietantes ou assustadores (crises econômicas, crises sanitárias, crises climáticas, crises políticas etc.). Mas, com relação à Covid-19, essa é uma empreitada para o futuro, uma vez que ainda há muito a se aprender sobre o que ocorreu para que se possa construir hipóteses amparadas em evidências mais sólidas.

É certo que estamos vivenciando uma experiência histórica de enorme significação, com grande potencial de pressão psíquica sobre a mente individual e que pode desencadear emoções, pensamentos e fantasias angustiantes e inquietantes. O impacto psicológico global da pandemia da Covid-19 ainda está sendo acessado por epidemiologistas, mas estudos relevantes de amostras populacionais estão sendo auferidos na China (Wang et al., 2020), Espanha (Ozamiz-Etxebarria et al., 2020), Itália (Mazza et al., 2020) e Reino Unido (Pierce et al., 2020). Esses estudos vêm rastreando incidências elevadas de ansiedade, depressão, hipocondria e outras queixas psicológicas, embora haja vozes dissonantes sugerindo que o "impacto mental da pandemia" talvez seja "mais uma marola que um tsunami" (Carey, 2020). O raciocínio por trás dessa crítica aos estudos que indicam aumento de incidências de sofrimento psíquico é de que se trata de descompensações pontuais, desencadeadas pelo contexto da pandemia, mas que não vão necessariamente deixar marcas duradouras. Como com muitas outras questões, estamos navegando águas incertas e só o tempo revelará os reais legados da pandemia de 2020.

Como *psicanalistas*, e não epidemiologistas ou psiquiatras, temos que privilegiar o recorte específico do trabalho analítico. Observamos na microscopia do enquadre (*setting*) psicanalítico como a pandemia da Covid-19 está afetando nossos analisandos no horizonte da atividade mental inconsciente, da fantasia, da experiência emocional profunda e do funcionamento simbólico. Neste artigo, gostaríamos de tocar em dois temas que notamos emergir nas nossas práticas clínicas e nas nossas reflexões sobre a pandemia da Covid-19. Falaremos de:

1. As *ressonâncias simbólicas* da pandemia na prática clínica. Isto é, as maneiras pelas quais a mente apreende e interpreta a vivência da pandemia e os modos pelos quais os psicanalistas podem fazer uso criativo analítico da pandemia como símbolo do modo de ser e de operar do analisando.

2. O *potencial traumático* da pandemia, um tema que nos permitirá refletir brevemente sobre alguns dos aspectos teóricos do conceito contemporâneo de "trauma". Sugerimos que uma conceptualização moderna e ampla de trauma pode oferecer parâmetros úteis para se compreender como a pandemia nos afeta emocionalmente.

Esses dois temas não pretendem de modo algum representar um inventário exaustivo dos modos psicanaliticamente férteis de se abordar as implicações da pandemia da Covid-19. Representam apenas uma amostra de temáticas que estamos discutindo entre nós e observando nas nossas práticas clínicas. Trata-se de um vislumbre de algumas paisagens da vida mental sob o impacto da Covid-19.

I. As ressonâncias simbólicas da pandemia da Covid-19

Em 1984, o explorador brasileiro Amyr Klink aventurou-se na travessia a remo do Atlântico Sul, da Namíbia à Bahia. Foram "cem dias entre céu e mar", como relatou em seu célebre livro sobre a empreitada (Klink, 1985). Hoje em dia, o minúsculo e apertado barco que o navegador utilizou na ocasião está descansando no quintal da casa dele em Paraty. Em meio a essa centena de dias de quarentena por conta da pandemia da Covid-19, Klink resolveu testar como seria passar uma noite no barco... Quem conta o que sucedeu é o jornalista e escritor Michel Laub, num instigante artigo para o jornal *Valor Econômico*:

> *'Quase fiquei louco lá dentro', diz Amyr, que desceu do barco em menos de seis horas. Não por claustrofobia ou solidão, problemas que ele evidentemente não tem, e sim pela angústia de estar 'parado', conceito familiar a todos os que atravessamos esses também cem dias em que o mundo deixou de ter novidades – ou, pior, nos sufoca com um excesso de notícias trágicas cujo conjunto causa um efeito de anestesia, ou então uma ansiedade tão difusa que não encontramos chão para enfrentá-la (Laub, 2020, p. 30).*

O que aconteceu em termos psicanalíticos? Como é que o velho e conhecido barco de repente se tornou um ambiente tão insuportável? A única coisa que podemos fazer aqui é especular, é claro. Mas como seria uma descrição psicanalítica dos possíveis processos psíquicos em jogo? Podemos sugerir que ocorreu uma transposição simbólica entre os "cem dias em 1984" e os "cem dias em 2020". Permitam-nos descrever mais detalhadamente nossa suposição.

Na aventura da década de 1980, o espaço claustrofóbico do barco era transfigurado pela vitalidade da arriscada peripécia. O que poderia ser um espaço sufocante impregnava-se de um sentido de aventura. Escreve Laub:

"Na travessia de 1984 (...) os eventos que se sucederam – tempestades, perrengues com equipamentos, sprays de baleia, arco-íris de lua – apontavam para um sentido narrativo no tempo e no espaço. (...). 'Eu sentia que estava construindo uma obra, indo para algum lugar, e essa sensação é muito gratificante'" (diz Amyr Klink)" (Laub, 2020, p. 30).

Assim, o espaço enxuto e com potencial ansiogênico do minúsculo barco, era interpretado simbolicamente pela mente de Klink, como signo de vitalidade, movimento e criatividade ("obra em construção"). Poderíamos imaginar que o psiquismo de Klink apagava os estreitos e claustrofóbicos contornos da embarcação, ressignificando-os como, quem sabe, uma "segunda pele" do navegante. Amyr Klink estava em sintonia com aquele minúsculo receptáculo: as paredes do barco estavam lá como uma armadura amistosa para protegê-lo; o barco era seu "lar" no imenso e perigoso mar.

Já em 2020, a base simbólica de apreensão do mesmo espaço é inteiramente outra. Agora, a angústia da pandemia contamina por inteiro aquilo que é provavelmente uma querida relíquia de uma grande aventura. O barco deixa de ser uma lembrança calorosa para se tornar a representação plástica da clausura e da "angústia de estar parado" impostas pela Covid-19. O que era uma "armadura protetora", seu "lar no mar", converte-se em "túmulo vivo", e as dimensões da embarcação perdem todo seu colorido vivaz e se acinzentam com os ecos de paralisa e confinamento que nos rondam nessa pandemia.

É curioso notar como dois outros elementos são reinterpretados quando há um deslocamento de uma base simbólica estruturada em torno da vitalidade-criatividade para uma base simbólica estruturada em torno da paralisia-mortificação. Em primeiro lugar, há a questão dos contratempos e "perrengues". Em 1984, Amyr Klink enfrentou tubarões, tormentas, correntes marítimas e outras situações de risco. Mas essas eram vivenciadas como desafios a serem superados. Klink devia saber que estava correndo perigos muito reais, mas talvez houvesse algo de mentalmente digerível neles. As ameaças da pandemia, por seu turno, são experimentadas como acachapantes e indigestas: as paredes do barco não são fortes o suficiente para impedir a infiltração da toxicidade da atmosfera imposta pela Covid-19 e Amyr "quase enlouquece lá dentro".

Em segundo lugar, há a questão da solidão. Durante os "cem dias de 1984" não havia trégua: é bastante difícil encontrar alguém com quem conversar no meio do Atlântico Sul! Mas podemos supor que Klink iniciara um diálogo interno com ele mesmo, aguçando os sentidos de observação e tomando as notas que culminariam no *Cem dias entre céu e mar*, caracterizado estilisticamente por um tom amigável e íntimo: em meio à travessia, ele já estaria em diálogo com seu futuro leitor, que lhe fazia uma espécie de companhia.

Já o retrato dos "cem dias em 2020" é bem diferente. Supomos que Klink encontra-se quarentando com sua família, num contexto em que picos de solidão podem ser desfeitos com alguma facilidade, ao menos na sua superficialidade material (o suporte da família está à mão, amigos estão disponíveis pelo celular ou internet). Quem sabe se Amyr Klink não foi invadido por uma insidiosa e serpenteante solidão naquelas seis horas de tentativa de retorno ao barco? Uma solidão tingida pela "tinta da melancolia" (na clássica expressão machadiana) muito à espreita nessa quarentena? A mente de Amyr Klink mostrou-se capaz de sustentar/enfrentar a solidão verdadeira e factual da navegação, por mais difícil que fosse, tanto é que ele atravessou os cem dias sem enlouquecer. Já a solidão "falsa", ou fantasmagórica, da quarentena – que poderia ser resolvida quase instantaneamente mediante um chamado a seus entes queridos – assumiu uma concretude simbólica horripilante: por pouco ele não "enlouqueceu" em apenas seis horas.

Essas são apenas precárias especulações, é claro. Seria inaceitável tomá-las ao pé da letra, como se estivéssemos analisando de fato Amyr Klink numa "psicanálise selvagem". São reflexões tecidas a partir da ótima crônica de Michel Laub. Mas acreditamos que essas observações sobre nosso "Amyr Klink ficcional" podem ser ilustrativas dos tipos de processos psíquicos presentes na experiência de um mundo regido pelo vírus SARS-CoV-2.

Queremos apresentar, agora, algumas vinhetas clínicas advindas dos nossos atendimentos durante a pandemia. Foram selecionadas por captarem *alguns* dos conflitos e das aflições que observamos emergir durante essa pandemia global. Falaremos de casos individuais, mas não focaremos tanto nas peculiaridades de cada caso, mas sobretudo em como os casos apresentados são representativos de *certos agrupamentos de fantasias* que observamos surgir nos nossos consultórios. Não temos qualquer pretensão de inventariar *todos* os tipos de angústias emergentes. Selecionamos dois grandes grupos de experiência emocional e de fantasias que temos constatado:

1. Um sentimento viscoso, pegajoso de paralisia e mesmice associado à pandemia e ao isolamento social, muito similar à "angústia de estar parado" que Laub salienta em Amyr Klink.

2. A capacidade da Covid-19 se transmutar em um símbolo apto para fantasias inconscientes persecutórias; a tendência da pandemia a impor à mente um sentimento angustiante e contínuo de vulnerabilidade, perigo e medo da morte.

"A" está com trinta e poucos anos, é muito inteligente, culto e vivaz. Com uma carga de trabalho menos intensa e horários mais flexíveis, acreditou que a pandemia era a oportunidade perfeita para finalmente enfrentar o romance *Guerra e Paz* de Tolstói. Inicialmente tudo correu bem, a leitura era agradável e fluida, e ele falava animadamente sobre o romance em suas sessões, sobre como sempre quisera ler alguns desses clássicos volumosos, sobre querer aprofundar sua cultura geral. Até brincou que, se a quarentena durasse o bastante, talvez desse tempo para arriscar ler outros romances russos pesados, James Joyce ou até mesmo Marcel Proust. Pareceu ao analista que "A" havia encontrado uma maneira criativa e intelectualmente estimulante de fazer uso do ócio imposto pela pandemia e não estava sucumbindo à sedução anestesiante e "zumbificante" de ficar "maratonando" filmes e séries por horas e horas a fio em plataformas de *streaming* como a *Netflix*. "A" havia comprado uma dessas belas edições do *Guerra e Paz*, cheia de notas e glossários e tinha adquirido também alguns guias introdutórios à obra de Tolstói. Estava muito animado com esse "projeto literário para a quarentena", que aparentava ser um modo vitalizado de confrontar a situação e os riscos do tédio de ficar em isolamento social.

Mas, pouco a pouco, uma estranha e desagradável inquietação começava a aparecer nos momentos em que se dedicava à leitura de Tolstói. Esse desconforto foi crescendo até que, surpreendentemente, "A" se percebeu bastante perturbado e ansioso durante suas leituras. Até mesmo a cópia física de *Guerra e Paz* passou a ser um objeto profundamente inquietante e havia algo a respeito do livro que estava "deixando-o maluco". Durante as sessões de análise, os processos mentais em curso foram se aclarando. É sabido que *Guerra e Paz* é um romance longo, correndo por bem mais de mil páginas em muitas edições. "A" lia por horas a fio, mas seu marcador de páginas mal se movia ao longo da sua cópia. Ele sentia que não avançava na leitura, que aquilo era interminável, consumia muito de sua energia e que não levava a lugar algum. O analista apontou os possíveis paralelos com a pandemia, e "A" reconheceu o quão entediado estava de fato: sentia que sua vida "andava em câmera-lenta" ou que estava até mesmo "pausada, congelada, em modo *standby*". E o progresso vagaroso pelos milhares de páginas de *Guerra e Paz* se tornara uma representação plástica justamente disto: o romance sem-fim virou símbolo da pandemia interminável.

Muitos dos nossos analisandos vêm queixando-se daquilo que um deles descreveu como "o aspecto pantanoso da pandemia", uma constelação de fantasias, pensamentos e sentimentos que abarca, dentre outras coisas, uma sensação claustrofóbica de repetição e mesmice; uma percepção de que a vida foi impregnada e dominada por uma "ansiedade difusa" (Laub, 2020) ou por uma melancolia livremente-flutuante; a impressão de uma paralisia pastosa e pegajosa; a sensação de se estar atravessando as águas viscosas de um pântano fétido e tóxico; a angústia da vida suspensa, em pausa, sem uma concepção de futuro pensável e imaginável. Jonah M. Kessel, cineasta e jornalista para o *New York Times* cunhou uma fórmula para descrever essa atmosfera mental: "um purgatório pandêmico sem fim" (Kessel, 2020).

Muitas pessoas assinalam um paradoxo na forma com que vivenciam a passagem do tempo na pandemia. Os dias e as semanas voam e se confundem, ao mesmo tempo, o caráter repetitivo do isolamento social produz a impressão mental que o tempo parou de fluir, ou que estamos presos num *looping*. Há pessoas que sentem que "2020 foi um ano perdido, jogado fora". Um analisando lembrou do filme *Feitiço do tempo* (Harold Ramis, EUA, 1993), em que o personagem de Bill Murray fica preso numa armadilha temporal que o faz reviver o mesmo dia infinitamente. O filme era expressivo de como ele se sentia. Outro analisando relatou sua angústia por ter raros lugares para frequentar e poucos estímulos visuais. Na vida "pré-pandemia" ele circulava bastante (trabalho, casa, bares, cinemas, viagens, casa de amigos etc.), mas agora seus "espaços" estavam reduzidos à sua casa e ao supermercado. Em um dado momento, ele se viu impelido a fazer uma viagem para fora da cidade simplesmente porque precisava de alguma variedade visual, precisava estar exposto a outras paisagens. Mesmo alguns dos analisandos com a sorte de possuírem uma segunda casa (uma casa de veraneio, por exemplo), comentam que a segunda residência também acabou ficando impregnada de uma sensação de mesmice. Com a restrição às possibilidades de se explorar as variadas paisagens do mundo exterior, há pessoas que se sentem aprisionadas dentro de si mesmas.

Enquanto analistas, nós estamos procurando nos manter atentos para como essa impressão de mesmice pode se expressar nas sessões com os analisandos ou dominar o diálogo analítico. Embora muitos de nossos analisandos tenham se adaptado às circunstâncias atuais, com suas análises retomando o fluxo usual, para outros, a pandemia introduziu um desvio de foco e passou a se impor como o tema dominante. Há um perigo aqui em permitir que um diálogo analítico seja reduzido a um rol de queixas e descrições excessivamente concretas de aflições e dos detalhes do dia a dia. Essa seria a manifestação de uma atração gravitacional da mente em direção ao concreto e ao empobrecimento simbólico, uma tendência do psiquismo, por vezes, querer entrar em um "modo de poupar energia". Trata-se do aspecto "Feitiço do tempo" da pandemia: a tendência da atmosfera geral engendrada pela Covid-19 fazer com que a mente se enredeie num modo lamacento e pantanoso de operar, dominado pela repetição e pela concretude. Para tentar fugir desse tipo de armadilha mental e romper com o círculo vicioso desse modo de funcionamento, provou-se útil clinicamente para nós compreender como a vivência angustiante da pandemia se fusionou com fantasias e processos emocionais profundos que já fervilhavam no mundo interno dos nossos analisandos.

Com "A", por exemplo, seu desassossego durante a leitura de *Guerra e Paz* sugeria uma pista sobre certos sentimentos inquietantes que estavam dormentes. Se a pandemia tinha o poder de angustiá-lo de maneira tão pronunciada, será que não haveria algo nele já em lenta ebulição? A angústia em não avançar visivelmente pelas páginas de *Guerra e Paz* abriu a possibilidade de se conversar sobre a sensação da falta de avanços na vida. "A" respondeu a isso de maneira construtiva. De fato, sentir-se sempre preso no mesmo ponto do livro e aprisionado no mesmo lugar pela pandemia o fez pensar e conversar sobre sentir-se estacionado no seu progresso na vida. O curioso era que essa temática já rondava sua análise anteriormente, mas ele nunca conseguira enxergá-la de fato. O isolamento social infindável e o interminável romance russo serviram de símbolos plásticos para fantasias e pensamentos de uma existência um tanto monótona e sem rumo.

Uma variação dessa sensação de estar "paralisado" ou "parado" pode ser vislumbrada em "B", outro analisando. "B" está com vinte e poucos anos e é estudante de letras. Ele é um bom aluno, obtendo ótimas notas em sua faculdade e gosta de escrever poesias e contos. Mas é uma pessoa particularmente sensível, cujo estado de espírito global pode ficar facilmente abalado por quaisquer variações emocionais. Sua capacidade de escrita criativa é um dos índices que utiliza para avaliar como tem estado e como anda se sentindo. Ele tem vivenciado a pandemia e o isolamento social dela decorrente como um "aprisionamento": sente falta da vitalidade das aulas presenciais, do convívio com amigos e colegas, de sair para bares etc. Ele é também um tanto tímido, introvertido, com uma tendência a se recolher para dentro de si, virar um "bicho de concha" (Pereira, 1936, p. 151).

Depois de meses de quarentena, de isolamento social, de um tédio crescente e de uma inabilidade para escrever, ele se lembrou de uma "história fascinante" que ouvira uma vez. Há alguns anos, uma professora contara em sala de aula a história de uma mulher que perdera pai e mãe simultaneamente e herdara o apartamento deles. Desde então, essa pessoa só entrava no apartamento que havia sido dos pais com os olhos fechados e caminhava por ele como se fosse uma cega. "B" não se lembrava da natureza dessa história: a professora contara na classe a trama de alguma obra de ficção ou o relato verídico de alguém? Nunca descobriu. Mas "B" insistia que havia algo nessa história que encapsulava bem a sensação de "aprisionamento" que ele percebia no isolamento social. Ele desconfiava que havia alguma ideia fértil rondando esses pensamentos e impressões, mas não conseguia expressá-la em palavras. Seu analista conversou com ele sobre como a tal "história fascinante" poderia ser simbólica de como sua mente apreendia a atmosfera imposta pela Covid-19. A pandemia estava lançando seu psiquismo para recantos escuros e sufocantes, algo que estava plasmado no modo como ele representava para si o "apartamento" da mulher: imaginava-o opressivo, labiríntico e pouco iluminado. Mas havia também um aspecto *ativo* nessa impressão de estar enclausurado e aprisionamento: assim como a moça da história *optava* por fechar os olhos e fingir-se de cega – talvez para não ter que "encarar" seu luto, uma terrível perda, a sua tristeza –, "B" também empregava estratégias para evitar a digestão das angústias engendradas pela pandemia.

Embora a *realidade fática exterior* tivesse mesmo ficado mais empobrecida, mortificada e reduzida em estímulos (ele sentia falta da vivacidade da vida social e do dia a dia pré-pandemia), ele talvez estivesse "cegando-se" (como a moça da história) para a *realidade interna*, que deveria ser sua fonte de vivacidade, estímulos e criatividade. Se ele se esforçasse para "abrir seus olhos", poderia reencontrar-se com objetos internos bons (análogos aos amados pais falecidos da história) que continuavam "vivos" e "ativos" dentro dele. Compreender que nossa experiência da vida e do mundo não é apenas um processo passivo de recepção de vivências e informações factuais advindas do exterior, mas comporta um aspecto igualmente importante de elaboração interna de realidade e significação (nosso retrato da vida e do mundo é, a um só tempo, *dado* a nós pela realidade externa objetiva e *constituída e colorida* pela vida mental e emocional) é uma das pedras de toque do projeto psicanalítico. E estar atento a isso é um dos instrumentos que temos para encontrar modos de examinar nossas maneiras de apreender a pandemia da Covid-19 e encontrar estratégias para lidar com ela: os espaços confinados aos quais estamos restritos precisam ser contrabalanceados pelas vastas vistas das nossas paisagens internas. Compreender isso foi crucial para "B", e ele foi gradualmente batalhando contra sua passividade, assimilando a ideia que nem todos os aspectos da vida estavam congelados pela pandemia e refletindo criativamente sobre as ressonâncias simbólicas pessoais da história que tanto capturara sua imaginação.

Depois de ter apresentado duas vinhetas clínicas ligadas a sentimentos e fantasias de a vida estar "em suspenso" ou "parada", passemos agora ao segundo agrupamento de processos psíquicos que queremos examinar: as impressões, vivências e fantasias de risco, perigo, fragilidade, persecutoriedade e vulnerabilidade.

"C" tem quarenta e poucos anos e sempre reagiu mal a certos lugares e situações. Ela detesta hospitais, por exemplo, que a fazem pensar na morte, em doenças e a deixam profundamente ansiosa. Tem também um desgosto profundo por filmes de terror, filmes tristes ou livros desse teor. Uma amiga muito próxima passou por uma cirurgia ortopédica séria em 2019 e foi convalescer na sua casa. A amiga estava com muita dor, bastante deprimida, e "C" achou a situação toda angustiante demais, quase intolerável. Tinha medo de ser "contagiada" pela melancolia da amiga e "adoecer" com ela. É um padrão que se repete: contratempos, acontecimentos tristes, vivências complicadas ou obstáculos na vida a atormentam muito e despertam nela uma ansiedade aguda e um estado de espírito fóbico. Ela "não quer nem saber!", tenta evacuar a situação e, ao mesmo tempo, fica ruminando. Vem de uma cidade pequena no interior e se mudou para São Paulo sobretudo para escapar do "confinamento da vida interiorana" e da influência de um pai dominador, agressivo, conservador e pronto para criticar suas escolhas de vida.

O isolamento social e a pandemia estão se provando muito difíceis para ela. Mora perto de um grande hospital e tem a fantasia de que, por conta disso, a Covid-19 pode "pegá-la" a qualquer momento, como se o vírus estivesse "esperando por ela na esquina". Morar tão perto do hospital dispara nela uma sequência de fantasias persecutórias, que por vezes chegam a ser espalhafatosas e engraçadas, mas por vezes soam muito sofridas e fora de seu controle. Sente-se emaranhada em dilemas. Como se proteger de uma doença que, na cabeça dela, virou uma "sentença de morte" e pode "estar à espreita em qualquer canto"? Como garantir que ela mesma não se torne uma "superespalhadora", uma difusora em potencial da doença que vai matar seus entes queridos fazendo dela a responsável por tantas mortes?

Note-se que ela nunca precisou de psicotrópicos em toda sua vida, é pessoa alegre, com círculo social amplo, muitos amigos íntimos e casada há 15 anos. É amigável e divertida, tendo procurado a análise há três anos por conta de um sentimento de fundo quase constante de inquietação, desassossego e de estar correndo riscos constantes. Seu analista sugeriu-lhe por diversas vezes que sua vida emocional talvez estivesse regida por uma fantasia inconsciente de ter um corpo e uma mente porosos, facilmente contamináveis pelas toxinas e pelos patógenos de seu mundo interno e dos ambientes onde habita. Ela parecia sentir-se desprovida de barreiras protetoras contra as intrusões dominadoras de histórias tristes, filmes assustadores, depressão de amigas, um pai controlador e os obstáculos e dificuldades da vida. Tudo teria a força penetrante para se introduzir nuclearmente nela e contaminar todo seu ser. Sentimentos e emoções perturbadoras teriam sempre o poder de colorir todo seu *self* e reduzi-la a um estado de ansiedade descontrolada. "C" tinha enormes dificuldades em apreender esse tipo de proposta interpretativa, tendendo a fazer uma leitura empobrecedora e excessivamente concreta do que estava sendo sugerido.

Inicialmente, suas sessões durante a pandemia estavam ficando sem vida, repetitivas e cansativas para seu analista. Havia um recorrente hiperfoco em temores e aflições ligadas ao risco de contrair a doença e em todas as estratégias e cuidados que ela estava implementando para evitar isso. A conversa analítica não parecia se encaminhar para parte alguma, tornando-se inócua frente ao modo ruminativo com que "C" se entregava a pensamentos e preocupações com a Covid-19.

No entanto, o analista lembrou de como "C" era fã de Harry Potter. Ela cresceu encantada pelos livros e filmes da série. O analista apontou como no mundo mágico de Harry Potter havia um animal fantástico chamado de *boggart* ("bicho-papão" na tradução para o português). Trata-se de uma criatura cuja forma natural é um enigma, mas que tem a habilidade de assumir as feições e os contornos daquilo que mais assusta quem está diante dela:

> *Então o bicho-papão que está sentado no escuro aí dentro ainda não assumiu forma alguma. Ele ainda não sabe o que pode assustar a pessoa que está do lado de fora. Ninguém sabe qual é a aparência de um bicho--papão quando está sozinho, mas quando eu o deixar sair, ele imediatamente se transformará naquilo que cada um de nós mais teme (Rowling, 1999, p. 101).*

Há algo dessa qualidade de "bicho-papão" no modo como alguns de nós apreendemos internamente e interpretamos a experiência da pandemia. A Covid-19 tem o potencial de se converter em um símbolo fértil e catalizador para sentimentos persecutórios e fantasias angustiantes que rondam nossos mundos internos. Há muitas pessoas que estão tomadas e consumidas por temores intensos da doença e que não conseguem se livrar de ruminações mentais sobre a pandemia e seus riscos. O que há de particularmente interessante na analogia com a versão do bicho-papão do universo do Harry Potter, contudo, é que *a forma* que a criatura assume oferece uma *pista* sobre a estrutura e a natureza dos temores pessoais de quem está diante dele: para uma pessoa, ele aparece como uma aranha caranguejeira; para outra, ele se transmuta em uma figuração da morte; para uma terceira, ele vem com as roupagens de uma memória terrífica. O "bicho-papão" ativa aquilo que o escritor de terror Stephen King chamou de "pontos de pressão fóbicos" ou "áreas de desconforto" (King, 1981, p. 20, p. 159): são zonas do psiquismo que estão quase predispostas a se curvarem a certos estímulos ou se romperem quando expostas a certos estressores. E cada um de nós tem seus próprios "pontos de pressão fóbicos" particulares, embora existam muitos que são universais (o medo da morte, por exemplo). Acreditamos que o bicho-papão do Harry Potter pode servir de modelo simbólico para nos ajudar a compreender a natureza profunda e possivelmente inconsciente das nossas angústias com relação à pandemia: a forma que nossas angústias, temores e incertezas assumem lançam luz sobre a natureza de aflições primitivas nossas.

Embora "C" inicialmente tivesse muita dificuldade em compreender a proposta interpretativa de que seu mundo interno, parecia conter uma poderosa fantasia inconsciente de porosidade, de uma mente frágil e facilmente contaminável, a analogia da Covid-19 com o bicho-papão do Harry Potter provou-se muito profícua. Ela começou a compreender essa linguagem metafórica da contaminação. Quem sabe o temor de "infecção" pelo "vírus" fosse simbólico de um modelo de mente que ela havia fabricado a respeito de si mesma regido por uma fantasia de "fraqueza imunológica": um mundo interno que poderia ser facilmente atacado, invadido e contaminado por "patógenos"; isto é, por pensamentos, devaneios, emoções e fantasias "infeciosas" de todo tipo. Com uma conversa analítica que passou a incluir o *bicho-papão* como metáfora para uma paisagem mental assombrada pelo temor da Covid-19, "C" sentiu que finalmente tinha tido um *insight* sobre seu modo de ser e de funcionar. Em certo sentido, a vivência da pandemia da Covid-19 tinha colocado em evidência, e de maneira aguda, tantas fantasias de persecução e fragilidade, que ela teve finalmente a oportunidade de conversar com seu analista num linguajar mais simbólico, metafórico e abstrato sobre a organização e modo de operar de sua vida íntima interior.

A pandemia da Covid-19 dispara em muitos de nós uma série de reações fóbicas, medos primitivos, sentimentos de fragilidade, angústias de morte, aflições sobre como será o futuro, e um sentimento vago e onipresente de incerteza. É algo que gostamos de chamar de *Assembleia Geral de Todos os Medos*, uma convocação súbita de todos os males. Embora muitos desses temores sejam absolutamente naturais e compreensíveis diante do contexto atual, existe a chance deles se tornarem desenfreadamente agudos e ardidos, prejudicando ou impossibilitando a capacidade da mente de metabolizar e elaborar a vivência emocional da pandemia. Compreender o "aspecto bicho-papão" da pandemia, isto é, tentar examinar a forma que o medo assume e qual fantasia interna nossa deu vazão para que a pandemia assumisse essa forma, talvez dê instrumentos para que consigamos entender e conter um pouco melhor nossas angústias e medos íntimos.

O nosso analisando "D" representa uma variação do tipo de angústia que acometia "C". Assim como ela, "D" tem muito medo de adoecer. A fantasia inconsciente que parece organizar seus temores, no entanto, não se estrutura em torno de ideias de porosidade e incapacidade de se manter protegido dos assaltos perniciosos do mundo externo e interno. "D" é consumido por uma angústia de morte (tanatofobia) quase debilitante. Algo que sempre o assombrou, mas que alçou voo durante a pandemia. Em recorrentes sessões, ao longo de seus anos de análise, comentava que gostava de imaginar que um dia acordaria de uma noite de sono para descobrir que o fato da morte era apenas o devaneio de um pesadelo. A fatalidade da morte seria apenas a construção delirante de um sonho ruim.

De fato, observamos que muitos dos nossos analisandos durante a pandemia da Covid-19 mencionam que eles, seus parentes ou amigos estão invadidos por um medo terrível de adoecer gravemente, ficar com sequelas ou mesmo de morrer da doença. Essas angústias se impõem, rondam seus pensamentos e podem levá-los a tomar medidas de proteção que podem soar obsessivas e excessivas para aqueles ao seu redor. Essa é uma área cinzenta de avaliação e cálculo de riscos, uma vez que há, sim, um perigoso e sorrateiro vírus circulando por aí. Como distinguir um manejo saudável e racional de riscos de uma hipocondria ou tanatofobia? É algo como o paradoxo do paranoico que descobre que existem, sim, pessoas atrás dele!

O escritor inglês Daniel Defoe (1660-1731) escreveu um relato, que mistura pesquisa jornalística e ficção, a respeito da epidemia de peste bubônica na Inglaterra em 1665. O relato foi lançado em 1722 com o título *Um Diário do Ano da Peste*. O livro teve uma vendagem expressiva na Inglaterra durante o período da atual pandemia (Pepinster, 2020; Theroux, 2020) e é conhecido pela caracterização acurada da atmosfera de medo e perigo eminente que ronda essas crises sanitárias. Defoe chama essa sensação de "um diálogo íntimo com a Morte" (Defoe, 1722, p. 140). De fato, a pandemia da Covid-19 tem a força de convocar a *Assembleia Geral de Todos os Medos*, de tal modo que fica turva e ambígua a distinção entre bom-senso, racionalismo, realidade e paranoia, fantasia e irracionalidade.

"D" sonha com um mundo sem morte, mas vive como se tivesse em um pesadelo da Morte Triunfante. Uma outra analisanda, "E", tornou-se irritante para todos que a conhecem: os parentes e amigos reclamam de como ela está "muito neurótica", implementando medidas de cuidado obsessivas e rigorosíssimas, submetendo todos a "interrogatórios" sobre seus hábitos de higiene, comportamentos de segurança e estado de saúde. Várias pessoas não a aguentam mais. "E" talvez tenha sucumbido a uma distorção da vida e dos cuidados, passando a habitar mentalmente numa "Ditadura da Morte e da Doença".

Gostaríamos de propor que tanto no caso de "D" quanto no caso de "E" as angústias e frustrações ligadas à Covid-19 assumiram uma função estruturante na mente desses analisandos. A pandemia deixou de ser apenas *um fato do mundo*, um fato entre outros (por mais que seja algo seríssimo e preocupante), para ser assimilado mentalmente como *um princípio régio do mundo*, um *retrato completo do quão perigoso e arriscado é o viver*. A consciência de que a vida *contém* riscos e perigos é bastante diferente da construção de uma imagem mental do mundo onde a vida *é fundamentalmente* perigosa e arriscada. Há uma passagem muito famosa no *Grande Sertão: Veredas* em que Riobaldo reflete sobre os riscos da existência:

> *Viver é muito perigoso... Porque aprender a viver é que é o viver mesmo... Travessia perigosa, mas é a da vida. Sertão que se alteia e abaixa... O mais difícil não é um ser bom e proceder honesto, dificultoso mesmo, é um saber definido o que quer, e ter o poder de ir até o rabo da palavra (Rosa, 1956, p. 26).*

Essa passagem nos faz pensar na distinção entre ser ativamente capaz de pensar, refletir, avaliar, considerar, simbolizar, metabolizar e processar os riscos e perigos do viver e da pandemia ("ir até o rabo da palavra") em contraste com um vivenciar passivo, uma capitulação total e não reflexiva ao Império do Vírus. O mundo está batalhando contra um patógeno que ainda está fora do controle, mas esse agente infeccioso faz parte de processos naturais e riscos aos quais organismos de toda ordem estão submetidos. O SARS-CoV-2 não deve ser reconstruído em fantasia como se fosse um vilão com desígnios próprios (um plano maligno), nem como uma espécie de partícula elementar na constituição da realidade. Para muitas pessoas, a mera "ideia do vírus", já "infectou" sistemicamente todas as camadas do psiquismo e os conteúdos da mente, por vezes ligando-se a fantasias e organizações preexistentes, o que catalisa o aguçamento e aprofundamento de sofrimentos.

Para "D", por exemplo, a experiência da pandemia acirrou seu já antigo "diálogo íntimo com a Morte". O falecimento do ator Chadwick Boseman, protagonista do sucesso de bilheteria *Pantera Negra* (EUA, 2018), em 28 de agosto de 2020, apenas confirmou para ele que a vida é regida pela morte e pela tragédia. Nem precisamos do SARS-CoV-2 para acabar com a gente (Boseman faleceu de complicações de câncer de cólon, não de Covid). Nem mesmo um super-herói como o Pantera Negra é páreo contra o Ceifador de Almas! "D" expressou seu sentimento de um mundo dominado pela morte e pela Covid ao dizer que se sentia como uma espécie de *Aquaman* (outra alusão ao mundo dos quadrinhos) imerso num oceano de SARS-CoV-2. Essa imagem, aos nossos olhos, é ricamente expressiva do modo como muitos de nós vivenciamos a atmosfera imposta pela pandemia. A pandemia pode ser assimilada psicologicamente a um dilúvio universal, que recobriu o mundo como nós o conhecíamos e irá marcar um verdadeiro "divisor de águas": o mundo pós-diluviano (o "novo normal") pouco se assemelhará ao mundo antediluviano. E entreter essa ideia pode ser bastante assustador. A imagem do *Aquaman* também nos parece sugestiva de estratégias que talvez sejamos obrigados a tomar: uma vez imersos sob a pressão das águas escuras dessa temerosa pandemia, talvez a sobrevivência psíquica dependerá de capacidades de adaptar nossa fisiologia mental para poder "respirar" nesse mundo pandêmico (assim como o Aquaman muda sua fisiologia para poder habitar tanto a superfície terrestre quantos as profundezas do oceano).

Colhemos ao longo dessa secção algumas das fantasias e desassossegos que observamos emergir em nossas práticas clínicas durante a pandemia da Covid-19. Selecionamos vinhetas clínicas que exemplificavam agrupamentos de temores que nos parecem recorrentes, mas não almejamos um inventário exaustivo. Na seção II deste artigo, gostaríamos de tocar brevemente em um tópico de ordem um pouco mais teórico: será que podemos compreender a pandemia na chave de um evento traumático? Para tanto, precisaremos repassar sucintamente algumas das abordagens contemporâneas do conceito de trauma em psicanálise.

II. Trauma e o Potencial Traumático da Pandemia da Covid-19

Até agora, examinamos o impacto da pandemia por meio de fragmentos clínicos que tipificavam agrupamentos de fantasias que temos observado nas nossas práticas analíticas. Mas será que existiriam vantagens em tentar compreender o impacto da pandemia por alguma chave teórica mais geral? É importante frisar que não se trata aqui de *afirmar* a existência de *uma* abordagem teórica privilegiada, mas apenas de eleger *metodologicamente* um *possível ângulo de visão* que talvez *ilumine facetas* do impacto da pandemia, de modo a nos permitir construir um modelo teórico geral de compreensão dos processos psíquicos em curso e um modelo de manejo clínico (modelos alternativos poderiam ser delineados utilizando-se outras chaves interpretativas).

Todos nós estamos observando o surgimento de angústias ligadas à pandemia em nossas vidas pessoais, relações sociais, na mídia e em nossos consultórios. Qual será o legado da pandemia? Quem vai sobreviver a essa doença? Quem será devorado por ela? Quais as sequelas relevantes que a Covid deixará entre os recuperados? Vacinas e terapêuticas serão eficientes? Quais as decisões éticas e morais ligadas ao comportamento de manejo dos riscos de contrair e espalhar a doença? Que será do futuro? Estamos entrando em um "novo normal"? O mundo está passando por uma revolução nos hábitos?

Há também repercussões da pandemia na vida comunitária. Brasileiros são expansivos e altamente sociais. Estamos acostumados aos "abraços e beijinhos" e ao contato físico, mesmo com colegas de trabalho. Muitos estão sentindo o impacto da privação desse tipo de interação. Mesmo nosso analisando "B", que já era por constituição uma pessoa mais retraída e sentia que tinha "um perfil bom para aguentar o distanciamento social", acabou por detectar em si uma abespinhada melancolia pela falta dos encontros com os amigos. Será que as mudanças nos rituais sociais ocasionadas pelas recomendações sanitárias poderão deflagrar uma mudança duradoura nos hábitos sociais dos brasileiros? Escutamos de diversas pessoas que, após quase um ano sem se encontrar habitualmente com os amigos ou sair para os programas típicos de lazer (almoços e jantares fora de casa, cinema, teatro, exposições, bares etc.), identificaram em si uma crescente indiferença ou preocupante diminuição de interesse nessas atividades. Temem sair da pandemia desabituados a essas práticas e muito mais "caseiros" e recolhidos.

Existe igualmente um esgotamento com o império da pandemia enquanto tema recorrente das nossas preocupações diárias, um cansaço com o isolamento social, uma "fadiga da pandemia" (Bosman; Mervosh; Santora, 2020). Há uma espécie de sequestro do discurso pela Covid-19. A crise sanitária aprofunda a crise econômica que acelera uma (possível) revolução no mercado de trabalho, sem mencionar crises climáticas, ambientais e políticas que se somam à crise sanitária. Esse baile de tribulações e transformações inevitavelmente se impõe de maneira dominante no discurso midiático e demanda a atenção recorrente de todos nós. O *leitmotiv* do diálogo interno com nós mesmos e com os nossos círculos sociais está impregnado pelo constante ruído de fundo: Covid, Covid, Covid, Covid, Covid. Isso pode ser claustrofóbico e chamejar picos de tristeza e ansiedade. Quando será que o discurso será libertado desse aprisionamento e retomará seu fluxo normal? "Eu não aguento mais pensar e falar na Covid", nos disse uma pessoa.

E como será que nosso psiquismo contabilizará o balanço geral do ano de 2020? Como serão as lembranças do período da pandemia da Covid-19? Para muitos foi "um ano que nunca existiu", "um ano jogado fora", "2020 foi *game over*", "um ano desperdiçado". Com um dinamismo social muitíssimo reduzido e com um ano de vida profissional em que o mote era "apenas sobreviver", um analisando declarou que 2020 "foi um ano sem memória e sem história", um período sem a variação e o colorido da vida habitual, um ano branco, sem brilho. Tratou-se de uma época governada pela destruição e pelo regresso, e não por avanço e construção. Para alguns analisandos, 2020 foi um ano sem progressos psíquicos também, um ano em que se atuou puramente "na defensiva": não ter sucumbido às angústias que estavam rondando pelos ares foi o saldo do trabalho desse "ano maluco, surreal".

E como serão as feições do mundo pós-Covid? Como se desenhará o futuro? Não é impossível que a pandemia seja mais soluço que revolução, e que a vida retome seu "velho normal" quando a doença tiver sido controlada. Mas há uma sensação de que está difícil tecer planos, uma frustração profunda com a dificuldade de se projetar um futuro, elaborar um curso de ação, identificar um percurso a se trilhar. Nossa imagem do que virá pela frente em certo sentido implodiu, e estamos atolados a um presente pastoso, vivendo apenas um dia após o outro, minuto por minuto.

Essa enxurrada avassaladora de incertezas, indefinições e indeterminações exerce uma pressão pesada sobre o psiquismo. Não é de se estranhar que o acúmulo de angústias e aflições possa atingir um "ponto de ruptura" psicológica nas nossas mentes. Como já anunciamos, quem sabe a temática do *trauma* sirva como um fio condutor metodologicamente útil para amarrar e conferir uma estrutura comum a essa pluralidade de inquietações?

O conceito *psicanalítico* de trauma é significativamente distinto do conceito *psiquiátrico* de trauma. Em psiquiatria, o rigor da metodologia científica demanda que o trauma seja apreendido como uma constelação sintomática precisa e investigado neurofisiologicamente. A psicanálise, voltando seu foco para a vivência psicodinâmica (e muitas vezes, privilegiando a vivência absolutamente singular), dá-se o direito de acomodar uma abrangência e imprecisão maior em seu vocabulário conceitual. Quando falamos de trauma em psicanálise, estamos lidando mais com modos psicodinâmicos de processar experiências, formas de pensar e lógicas de funcionamento mental do que com agrupamentos sintomáticos especificáveis. A noção psicanalítica de trauma é mais vaga e abrangente.

A investigação psicanalítica sobre "traumas" atravessa a história da psicanálise e foi formulada e reformulada por autores e escolas distintas. Nós adotaremos um recorte a partir da literatura recente sobre o assunto (Levine, 2014; Viñar, 2017; Scarfone, 2017). Autores como Howard Levine e Marcelo Viñar apontaram o quão difícil é definir o que exatamente a psicanálise entende por "trauma". Howard Levine, escreve:

> *O conceito de trauma (...) continua a ocupar um lugar problemático em psicanálise. (...). Deslizamentos de sentido e usos do termo continuaram a ocorrer depois de Freud até que, em 1967, Anna Freud observou que enquanto termo técnico da psicanálise, trauma estava correndo o risco de ter seu significado esvaziado devido a um uso excessivo e uma superextensão (Levine, 2014, p. 214).*

Marcelo Viñar assinala algo similar:

> *A noção de trauma adquiriu um alcance e uma extensão tão amplas, tanto na diversidade de suas causas quanto na intensidade de seus efeitos, que se tornou*

necessário reconhecer seu caráter heterogêneo para que se possa restaurar alguma precisão e prevenir que se torne um termo-coringa e reduza um problema que demanda reflexão em uma Torre de Babel (Viñar, 2017, p. 40).

Tanto Levine quanto Viñar enfatizam a existência de uma flutuação e variação no emprego psicanalítico do termo:

> ...trauma, por si mesmo, não é uma entidade monolítica. (...). Portanto, talvez seja confuso – quiçá impossível – se falar genericamente de trauma ou categoricamente a respeito de um trauma determinado ou de uma classe de eventos traumáticos, como se estivéssemos falando de um fenômeno unitário com características especificáveis e generalizáveis (Levine, 2014, pp. 215-216).

> A vastidão da questão do trauma nos compele a fragmentá-la em capítulos ou temas que possam ser abarcados por uma perspectiva razoavelmente congruente (Viñar, 2017, pp. 40-41).

O filósofo anglo-austríaco Ludwig Wittgenstein propõe que o campo semântico de certas palavras e conceitos tenha uma unidade mantida apenas por uma "semelhança de família" (Wittgenstein, 1953, 65-67): "nem sempre é possível ou desejável se reduzir conceitos a uma definição unívoca ou fixar um sentido convergente para eles". "É da natureza intrínseca de certas noções que elas comportem zonas de ambiguidade e vagueza" (Baker & Hacker, 1980, pp. 189-208). Demandar ou ansiar por uma definição clara ou rígida de trauma talvez seja contraprodutivo para a psicanálise, uma vez que o termo é empregado de maneira fértil para abarcar um recorte amplo de fenômenos mentais, "do horror ardente da guerra, genocídio e tortura (...) ao terror gélido da marginalização e da exclusão" (Viñar, 2017, p. 45); de um evento pontual circunscrito a um determinado tempo e lugar (um abuso sexual, por exemplo) a fantasias, cadeias associativas de ideias e impressões que são atemporais e livremente flutuantes (uma fantasia persistente de não ter um lugar no mundo, por exemplo); dos traumas de grande magnitude aos microtraumas do dia a dia. Na literatura recente sobre trauma encontramos formulações que nos parecem bastante apropriadas e ricamente sugestivas. Entre proposições de autores contemporâneos e nossas próprias caracterizações, vamos explorar alguns dos ângulos por meio dos quais se pode buscar uma compreensão do que se entende por "traumático" na psicanálise atual.

Marcelo Viñar, por exemplo, escreve como o trauma destrói "o valor metafórico da narrativa" (Viñar, 2005, p. 324), como ele nos lança "a uma região selvagem onde as palavras nos faltam" (Viñar 2005). Nessa abordagem, "trauma" está associado a uma experiência aguda de não se conseguir colocar memórias, experiências e emoções numa forma narrativa; não se encontrar palavras e recursos simbólicos para se captar e plasmar vivências; a sensação de um esgotamento de recursos imagéticos e metafóricos para se aprofundar a reflexão; um pressentimento de que a linguagem e a experiência emocional estejam se empobrecendo em sua plasticidade e vivacidade.

Viñar se utiliza também da metáfora de uma ruptura ou fissura na vida psíquica para capturar os efeitos do trauma: "experiências catastróficas são uma cissura na continuidade representacional inerentes à vida mental" (Viñar, 2017, p. 42); "a experiência do terror (isto é, do trauma) (...) não engendra nem aprendizados nem experiência, mas um vazio representacional" (*idem*, p. 43). Dominique Scarfone se vale de metáforas que seguem na mesma direção:

> *No seu sentido mais geral, trauma é um rasgo, um entalhe (...). Portanto, 'trauma' não descreve simplesmente uma perda da continuidade na superfície do corpo ou da mente, mas instaura variados graus de desorganização naquilo que a superfície contém e mantém operante (Scarfone, 2017, p. 23).*

Howard Levine reflete:

> *Aquilo que adquire a designação trauma é aquilo que excede ou irrompe a capacidade do psiquismo de representação ou mentalização. Aquilo que não pode ser representado ou mentalizado – pensado ou contido pela mente – não é capaz de entrar em nossa subjetividade ou ser aprendido pelo ponto de vista reflexivo de nossa história pessoal. Desprovidos de representação mental, esses fenômenos e eventos são 'históricos' apenas de um ponto de vista de terceira pessoa. Até que possam ser mentalizados, eles se mantêm travados num processo a-histórico e repetitivo, prontos para a atuação, somatização e projeção (Levine, 2014, p. 219).*

Levine toca em dois pontos importantes nessa passagem. Em primeiro lugar, ele sublinha como o trauma renega e desarma a historicidade de eventos e trancafia a pessoa num presente atemporal. A tristeza não pode pertencer ao passado nem se dissipar num futuro: ela existe em absoluto no presente e durará para todo o sempre. Isso nos permite uma associação com o gosto do nosso analisando "D" pelo mundo dos quadrinhos e super-heróis. Na mitologia pop do Super-Homem, os piores bandidos do planeta Krypton eram banidos para a "Zona Fantasma", uma espécie de universo paralelo onde os condenados levariam uma existência espectral. A Zona Fantasma era um grande vazio, desprovido do senso de tempo ou de espaço. Em algumas iterações, os vilões que haviam sido banidos para essa dimensão estavam aprisionados com seus medos, anseios, ressentimentos e mágoas; condenados a uma vacuidade e completo abandono. Talvez um trauma tenha essa capacidade de nos sugar para o vórtice de uma realidade alternativa em nossos mundos internos, um lugar transbordando de dor, nulidade, medo, ansiedade ou melancolia.

Em segundo lugar, o trecho de Levine que apontamos acima toca no tema dos estados representáveis e não representáveis da mente, um assunto que tem produzido investigações interessantes na psicanálise contemporânea (Levine; Reed; Scarfone, 2013). Talvez um dos aspectos mais característicos dos processos traumáticos seja que, neles, a mente é inundada e sobrecarregada por experiências emocionais de difícil digestão, resultando num colapso da capacidade de representação e simbolização. O funcionamento psicodinâmico robusto e saudável precisa perfazer uma série de tarefas: (1) apreender a real dimensão das vivências, contextualizando-as e atribuindo a elas uma carga afetiva apropriada; (2) processar e metabolizar essas experiências, isto é, absorver e consolidar o que há de aprendizado construtivo nelas (o que promove crescimento emocional e progresso psíquico), evacuando aquilo que é inútil ou tóxico; (3) encontrar símbolos expressivos para a experiência, ou seja, não apenas processar passivamente as impressões de vida, mas construir um repertório imagético plástico e maleável que capte de maneira rica e variada as várias facetas e ressonâncias da experiência; (4) inserir a experiência representada e simbolizada em redes simbólicas mais amplas e interconectadas, sintonizando-a com outras experiências de vida e abrindo a possibilidade de revistarmos as nossas histórias internas pessoais por múltiplos ângulos e por meio de diversos parâmetros simbólicos.[1] Talvez seja revelador conceber o trauma como uma falha nesses processos.

Outra função importante da mente é trabalhar com diferentes modelos de mundo, de história pessoal e da realidade. Uma história de vida é caracterizada por experiências variadas, algumas ternas e prazerosas; outras, doloridas e tormentosas. Quando a construção interna do passado é esmagada por uma única visão terrífica, poderíamos imaginar que estamos diante de um processo traumático. O mesmo poderia ser dito do modo de se pensar o presente ou o futuro. O trauma poderia ser concebido então como um colapso dessa maleabilidade na concepção das vivências e antecipação do que o futuro trará.

Portanto, talvez fosse possível dizer também que o *trauma é uma forma de se pensar*, um modo traumatizado de cognição. Sob o signo do trauma, as capacidades do pensamento para a criatividade e a inovação ficam hipertrofiadas. O trauma *se pensa* de um modo repetitivo, sofrido e sem esperança.

Talvez agora possamos inventariar algumas das características de um modelo contemporâneo para se pensar os sentidos de trauma na psicanálise contemporânea:

- Traumas representam uma falha ou uma fenda na linguagem, na capacidade de se captar uma experiência emocional em palavras ou numa estrutura

---

[1] Um dos coautores deste artigo escreveu extensamente sobre a centralidade da expressividade simbólica na constituição da vida psíquica: Rocha Barros, 2000; Rocha Barros & Rocha Barros, 2011; Rocha Barros, 2013; Rocha Barros & Rocha Barros, 2015; Rocha Barros & Rocha Barros, 2016.

narrativa adequada, tornando a experiência pensável e não apenas vivível. No processo traumático, faltam palavras para expressar e narrar a vivência e recursos para pensá-la.

- Traumas não apenas *afetam* o pensamento criativo, mas configuram-se como *formas traumatizadas de pensamento e cognição*: encadeiam ideias de maneira repetitiva e sempre tingidas pelas cores da lógica do trauma.

- Traumas possuem aquela feição de "Zona Fantasma": nos catapultam a um modo de experiência "fora da história" (a-histórico), um eterno presente traumático marcado pela repetição. A historicidade e o fluxo temporal são destruídos e a mente fica condenada a um modo de ser e de funcionar regido incessantemente pelo sofrimento traumático.

- Traumas podem ser concebidos como uma brecha ou rasgo no tecido psíquico; uma lesão emocional que não consegue se saturar ou iniciar um processo de cicatrização; uma fissura na trama mental cuja urdidura não consegue ser refeita.

- Traumas são um declínio, deficiência ou colapso na capacidade da mente de digerir e metabolizar experiências, absorvendo o que é nutritivo/construtivo, rejeitando e evacuando o que é inútil e tóxico. Nos processos traumáticos esse processo se inverte: nutrientes são expelidos e os agentes tóxicos são retidos.

- Traumas indicam uma falência na capacidade da mente de simbolizar vivências. Os recursos imaginativos, plásticos, adaptativos e maleáveis da vida interior ficam congelados, empobrecidos, engessados ou desvitalizados.

- Traumas sugerem uma implosão na proclividade da mente em trabalhar com múltiplos modelos de mundo e de realidade. Nos processos traumáticos, a variância dos modelos se esgota: não há mais a possibilidade de se alterar os diferentes modelos de presente, passado e futuro. A realidade torna-se uma só, há um único modelo de mundo que se torna absoluto, ditatorial, imperioso.

Sentimos que muitos desses aspectos estavam operantes nas fantasias que apareceram nas vinhetas clínicas que usamos para ilustrar este trabalho. O trauma, quando repensado em uma chave mais ampla, permite uma aplicabilidade alargada. E talvez o conceito seja útil para lançar luz sobre a natureza de processos psicodinâmicos que estão colorindo as paisagens interiores de todos nós que estamos atravessando as agruras dessa pandemia da Covid-19.

Por exemplo, quando "D" mencionou que se sentia como se estivesse vivendo no fundo de um oceano de Covid, um mundo aquático em que a pandemia o circundava e o envolvia por completo, ele talvez estivesse nos oferecendo uma poderosa metáfora para ilustrar o aspecto traumático dessa pandemia. A Covid-19 nos devorou, nos engoliu, nos tragou para dentro de seu sistema lógico próprio. O futuro tornou-se incerto, muitos de nós estão sentindo-se dolorosamente restritos em nossas capacidades de conceber como será o mundo nos próximos anos. A Covid impôs drásticas mudanças de hábito, depauperando nossos contatos sociais, algo brutalmente importante para a felicidade e saúde mental:

fomos forçados a viver num "mundo de poucos amigos", de laços sociais empobrecidos. Os cálculos éticos e morais também estão turvos e angustiantes. O quanto de risco estou correndo de fato? O quanto estou expondo os outros a riscos? Qual o peso da minha responsabilidade individual? Em suma, a Covid-19 alterou a lógica da realidade, mudou as regras do jogo. Essa reconfiguração completa da nossa imagem de mundo pode sim ser concebida como um processo traumático coletivo.

Ao longo deste artigo, tentamos explorar duas questões. A primeira delas foi a seguinte: "Por que a pandemia produz tamanho desassossego? Desde uma inquietação leve a angústias mais agudas?" A nossa resposta é que um modelo alargado de trauma pode oferecer parâmetros para compreender a psicodinâmica desses fenômenos e ajudar a delinear estratégias para tornar a vivência da pandemia em algo pensável, narrável e representável. A segunda questão foi esta: "Por que as pessoas responderam de maneira tão variada à pandemia?" A nossa sugestão foi na direção de destacar aquilo que está bem encapsulado na ideia do "aspecto bicho-papão da pandemia". Experiências com potencial traumático podem produzir ressonâncias simbólicas que se fusionam com processos psíquicos latentes nas pessoas: a pandemia é colorida por e colore nosso modelo mental de realidade (nossas paisagens internas) assumindo os contornos daquilo que mais nos desassossega.

Nossa aposta em apresentar os contornos gerais de um modo contemporâneo de se pensar a psicodinâmica profunda do trauma, é que talvez esse modelo psicanalítico sirva para pensarmos em estratégias para apreender acuradamente o que estamos observando clinicamente nesse período e refletir sobre o impacto da experiência da Covid-19 em nós mesmos e em nossos analisandos. Estamos, é claro, navegando em águas incertas. Durante a epidemia de poliomielite em Nova Iorque em 1916, um médico local famosamente declarou: "a respeito das lições dessa pandemia, aprendemos pouco de novo sobre a doença e muito de antigo sobre nós mesmos" (Tilney, 1916, p. 469).

A. R. B. e E. M. R. B.

Referências

Baker, G. P. & Hacker, P. M. S. (1980). *Wittgenstein: Meaning and Understanding* (Essays on the Philosophical Investigations). University of Chicago Press.

Bosman, J.; Mervosh, S.; Santora, M. (2020). As The Coronavirus Surges, a New Culprit Emerges: Pandemic Fatigue. *The New York Times*, October 17, 2020.

Carey, B. (2020). The Pandemic's Mental Toll: More Riple Than Tsunami. *The New York Times*, Mind, June 21, 2020.

Crawford, D. H. (2007). *Deadly Companions*: how microbes shaped our history. Oxford University Press.

Defoe, D. (1772). *A Journal of the Plague Year* (A Norton Critical Edition). W.W. Norton & Company, 1992.

Kessel, J. M. (2020). How to Stop the Next Pandemic. *The New York Times*, September 1, 2020.

Khan, A. (2016). *The Next Pandemic*: On the Front Lines Against Humankind's Gravest Dangers. PublicAffairs.

King, S. (1981). *Dança Macabra*. Rio de Janeiro: Objetiva, 2013.

Klink, A. (1985). *Cem dias entre céu e mar*. São Paulo: Companhia das Letras, 2005.

Laub, M. (2020). "A quarentena de Amyr Klink: cem dias entre os tubarões e o tédio". *Valor*, caderno Eu & Fim de Semana, 26 de junho de 2020: 30-31.

Levine, H. B.; Reed, G.; Scarfone, D. (ed.) (2013). *Unrepresented States of Mind and the Construction of Meaning*: Clinical and Theoretical Contributions. Karnac Books.

Levine, H. B. (2014). Psychoanalysis and Trauma. *Psychoanalytic Inquiry*, 34: 214-224.

Mazza, C. *et al.* (2020). A Nationwide Survey of Psychological Distress among Italian People during the COVID-19 Pandemic: Immediate Psychological Responses and Associated Factors. *International Journal of Environmental Research and Public Health*, 17: 3165.

Oldstone, M. A. (1998). Viruses, Plagues, and History: Past, Present, and Future. Oxford University Press. New revised edition to be published in 2020.

Ozamiz-Etxebarria, N. *et al.* (2020). Stress, anxiety, and depression levels in the initial stage of the COVID-19 outbreak in a population in northern Spain. *CSP*: Cadernos de Saúde Pública (Reports in Public Health), 36 (4): e00054020.

Pepinster, C. (2020). *Daniel Defoe's Journal of the Plague Year* being reprinted after selling out. The Telegraph 21 March 2020.

Pereira, L. M. (1936). *Machado de Assis*: Estudo Crítico e Biográfico. Brasília: Senado Federal, Conselho Editorial (Edições do Senado Federal; v. 236), 2019.

Pierce, M. *et al.* (2020). *Mental health before and during the COVID-19 pandemic:* a longitudinal probability sample survey of the UK population. The Lancet: Psychiatry: published online July 21, 2020.

Quammen, D. (2012). Spillover: Animal Infections and the Next Human Pandemic. W.W. Norton & Company. Edição brasileira: David Quammen, Contágio: infecções de origem animal e a evolução das pandemias (São Paulo: Companhias das letras, 2020).

Quammen, D. (2020). Why Weren't We Ready For The Coronavirus? *The New Yorker*, May 11, 2020 Issue.

Rocha Barros, E. M. (2000). Affect and pictographic image: the constitution of meaning in mental life, *International Journal of Psychoanalysis*, vol. 81 (6): 1087-1099.

Rocha Barros, E. M. & Rocha Barros, E. L. (2011). Reflections on the clinical implications of symbolism. *International Journal of Psychoanalysis*, vol. 92 (n.4): 879-901.

Rocha Barros, E. M. (2013). Dream, Figurability and Symbolic Transformation. *Psychoanalysis in Europe* (The EPF Bulletin), Bulletin 67 Year 2013: 107-120.

Rocha Barros, E. M. & Rocha Barros, E. L. (2015). Symbolism, Emotions and mental growth, *in* Barossa, Julia, ed; Bronstein, Catalina, ed; Pajaczkowska, Claire, ed. *The new Klein-Lacan: dialogues*. London: Karnac: 235-254.

Rocha Barros, E. M. & Rocha Barros, E. L. (2016) The function of evocation in the working-through of the countertransference; projective identification, reverie, and the expressive function of the mind-Reflections inspired by Bion's work, *in* Levine, Howard B. & Civitarese, Giusepe (eds.), *The W. R. Bion Tradition*: Lines of Development, Evolution of Theory and Practice over the Decades. London: Karnac.

Rosa, J. G. (1956). *Grande Sertão: Veredas*. Rio de Janeiro: Editora Nova Fronteira, 2001.

Rowling, J. K. (1999). *Harry Potter e o prisioneiro de Azkaban.* Tradução de Lia Wyler. Rio de Janeiro: Rocco, 2000.

Scarfone, D. (2017). Ten Short Essays on How Trauma Is Inextricably Woven Into Psychic Life. *The Psychoanalytic Quarterly*, 86 (1): 21-43.

Snowden, F. M. (2019). *Epidemics and Society*: From the Black death to the Present. Yale University Press.

Snowden, F. M. (2020). *Epidemics and Society*: From the Black death to the Present. Illustrated paperback edition with a new preface. Yale University Press.

Theroux, M. (2020). The end of coronavirus: what plague literature tells us about our future. *The Guardian*, Friday, May 1st, 2020.

Tilney, F. C. (1916). Discussion of Symposium on Poliomyelitis. *Long Island Medical Journal*, 10 (November, 1916): 465-471.

Tuckett, D. (2011). *Minding the Markets*: An Emotional View of Financial Instability. Palgrave Macmillan.

Viñar, M. N. (2005). The specificity of torture as trauma: the human wilderness when words fail. The International *Journal of Psychoanalysis*, 86 (2) 311-333.

Viñar, M. N. (2017). The Enigma of Extreme Traumatism: Trauma, Exclusion And Their Impact On Subjectivity. *The American Journal of Psychoanalysis*, 77 (1): 40-51.

Wang, C. *et al.* (2020). Immediate Psychological Responses and Associated Factors during the Initial Stage of the 2019 Coronavirus Disease (COVID-19) Epidemic among the General Population in China. *International Journal of Environmental Research and Public Health*, 17 (5): 1729.

Wittgenstein, L. (1953). *Philosophical Investigations*. The German text, with and English translation by G. E. M. Anscombe, P. M.

S. Hacker and Joachim Schulte. Revised 4th edition by P. M. S. Hacker and Joachim Schulte. Willey-Blackwell, 2009.

Wolfe, N. (2011). *The Viral Storm*: The Dawn of a New Pandemic Age. Allen Lane.

A catástrofe e seus destinos: os negacionismos e o efeito vivificante do "bom ar"[1]

Daniel Kupermann
São Paulo, Brasil

La vie est ailleurs (Sorbonne, 1968)

"I can´t breathe": catástrofe, regressões, progressões

Desde a grande catástrofe original que abateu o planeta e que levou ao surgimento dos seres sexuados – a secagem dos mares descrita por Sándor Ferenczi (1924) em *Thalassa* – respirar nunca deixou de ser um problema. As inúmeras doenças que intrigam os estudiosos da psicossomática insistem em nos lembrar; porém, a pandemia de Covid-19 parece ter reavivado a lembrança de que

---

[1] Este ensaio foi baseado na minha participação na série de transmissões ao vivo (lives) promovidas pelo Grupo Brasileiro de Pesquisas Sándor Ferenczi, em debate compartilhado com a Dra. Virgínia Ungar em 18/07/2020, disponível em https://youtu.be/hwq8VKIAX8U.

não deixamos mesmo de ser peixes, mais ou menos adaptados ao ambiente aéreo, dependentes do fluxo e da circulação de oxigênio no meio em que vivemos. "I can't breathe" torna-se, portanto, metáfora e cruel realidade quando evocamos os movimentos de protesto que tomaram o mundo desde o mês de maio, em função do covarde assassinato por asfixia de George Floyd, afro-americano torturado e morto pela polícia, reeditando a morte de Eric Garner em julho de 2014; ambos vítimas da opressão e da segregação social e política nas quais fomos enredados pelos excessos do neoliberalismo.

A primeira edição húngara de *Thalassa* (mar, em grego) foi intitulada *katasztrófak* (*cf.* Sabourin, 1988). Há, nesse ensaio sobre a teoria da genitalidade, que Freud (1933) considerava "a mais ousada aplicação da psicanálise que já se tentou", uma concepção de como se dá a adaptação às catástrofes que pode nos ser útil para pensarmos alguns dos destinos psíquicos da pandemia que estamos atravessando. De acordo com a "bionálise" proposta por Ferenczi, catástrofes são eventos que colocam em cena uma destruição criadora, exigindo de um lado renúncia, de outro, adaptação. Porém, a adaptação implica em movimentos progressivos – afinados com o sentido de realidade – sustentados pelo desejo de restauração dos modos de satisfação anteriormente experimentadas, o "desejo de regressão thalássica".[2] A adaptação é, assim, paradoxalmente, conservadora e criadora, regressiva e progressiva, o que torna a catástrofe um evento traumático desestruturante e, ao mesmo tempo, estruturante, no sentido da constituição de novas modalidades de satisfação libidinal e de fruição da vida.

Assim, os seres marinhos se adaptarão ao ambiente aéreo atendendo, no entanto, o desejo de retornar ao oceano abandonado dos tempos primitivos – o que denuncia a filiação lamarckiana de

---

2 Ver Figueiredo (1999).

Ferenczi (e, também, de Freud); não haveria evolução sem motivações internas.³ Deriva, da concepção bionalítica, a ideia de que a busca pela restauração da umidade (em rima com unidade) perdida se daria, primeiramente, por meio da penetração do corpo do outro, o que teria originado, após uma guerra de todos contra todos, a diferença dos sexos, o acasalamento, a fecundação no interior do corpo materno, a gestação em líquido amniótico. Dessa maneira, o *luto* pela secagem dos mares é acompanhado de uma *luta* pelo retorno à umidade perdida e pelo advento de poderosos processos de vitalização.

Da inspiradora "fantasia científica"⁴ apresentada em *Thalassa*, manteremos a ideia de que, frente à catástrofe, reagimos por movimentos regressivos, que podem ser benignos – no sentido de estimular uma progressão adaptativa – ou malignos, no sentido da recusa (*Verleugnug*) da nova realidade que se anuncia; o "novo normal". Qualquer que sejam seus destinos, a catástrofe exige muito trabalho psíquico, o que talvez possa contribuir para explicar o cansaço, e mesmo a preguiça, sobre as quais tanto os analisandos quanto os analistas deram testemunho desde o início da pandemia.

Considerando o exposto, proporei reflexões acerca dos destinos da nossa catástrofe pandêmica tomando o exemplo brasileiro como caso *princeps*, imaginando, no entanto, que a situação do Brasil poderá ilustrar alguns dos mecanismos psíquicos universais que se apresentaram ao redor do mundo ao longo dos últimos meses. E na construção do meu argumento convido o leitor a me acompanhar em alguns passeios vivificantes: primeiro pelo Reino Unido, depois nos juntaremos a Freud em sua caminhada pelas Dolomitas durante a Primeira Guerra, voltaremos então ao Brasil contemporâneo e finalizaremos nos Alpes húngaros acompanhando

---

3   Ver Freud (1915).
4   A expressão é de Freud (1933).

a caminhada idílica de Ferenczi. Apertemos os cintos..., mas não demais. Precisamos respirar.

"Vai passar": transitoriedade, melancolia e revolta

"Please believe these days will pass". Essa foi a mensagem divulgada em outdoors e cartazes coloridos nas grandes cidades do Reino Unido no início da quarentena. Trata-se de uma criação do artista Mark Titchner, que teve o objetivo declarado de "levantar a moral" dos cidadãos para ajudá-los a suportar o luto associado à perda de entes queridos ou ao adiamento das satisfações libidinais impostas pelo isolamento social.[5] No Brasil também surgiram propagandas governamentais com o mesmo espírito, e ainda várias composições de música popular com o refrão "vai passar". Considerando-se que no inconsciente não há adiamento – e que essa seria a tarefa da elaboração e da sublimação – podemos questionar os sentidos dessas palavras de ordem tão exploradas pela propagada estatal de vários países. O que vai passar? Como vai passar, e como esperar? E o que não vai ou, mesmo, não deveria passar? Que lutos e que lutas herdaremos da pandemia?

O tema do passageiro proporcionou a Freud a oportunidade de escrever um dos seus mais belos textos: "Transitoriedade", publicado em 1916, justamente durante a catástrofe provocada pela Primeira Grande Guerra. Nele, Freud (1916) descreve um passeio veranil pelas Dolomitas na companhia de um jovem poeta (Rilke, como sabemos) e de um amigo "taciturno" (Lou Andreas-Salomé). Apesar da exuberância da paisagem – e da pureza do ar, sublinhamos – o poeta confessa não poder alegrar-se, perturbado

---

5 https://www.creativereview.co.uk/mark-titchner-please-believe-these-days--will-pass-build-hollywood/.

pela ideia de que em pouco tempo toda essa beleza desaparecerá sobrepujada pelo frio e pela neve. Trata-se da versão romântica do adágio "winter is coming" (para quem assistiu *Game of thrones*). A transitoriedade da beleza, e não apenas da beleza natural, mas também daquela criada pelo Homem é, para o poeta, índice da sua desvalorização.

Ao debruçar-se sobre o humor soturno e pessimista do poeta Freud está, como se pode imaginar, dando os primeiros passos em direção ao célebre ensaio dedicado ao luto e à melancolia (*cf.* Freud, 1917/1915). O poeta e sua companheira sombreiam a luminosidade alegre do verão antecipando-se à dor pela perda da beleza, sempre efêmera, prejudicando, assim, a fruição do momento e o prazer da jornada. De acordo com Freud são duas as reações habituais do Homem moderno frente ao transitório, ao que passa: um cansaço doloroso, que se aproxima do humor melancólico, e a "rebelião contra a realidade"; em outras palavras, o negacionismo. Para o sujeito narcísico, apegado às suas posses como se elas definissem o valor do seu Eu, a perda do objeto é dramática, e a morte inconcebível.

Por outro lado, Freud parece querer transmitir uma perspectiva trágica da existência, para a qual a transitoriedade deveria valorizar o presente, trazendo alegria à experiência finita da fruição. Uma flor que desabrocha apenas uma noite nem por isso seria menos bela, lemos. Finalmente, nas últimas linhas do ensaio, Freud (1916, p. 224) assume a evidente metáfora e tematiza a destruição provocada pela guerra que já causara tanto sofrimento no continente europeu, afirmando, com raro otimismo: "reconstruiremos tudo o que a guerra destruiu, talvez com fundamentos mais sólidos e mais duráveis do que antes". O inverno também vai passar.

Mas se a espera e o adiamento fazem parte do processo de constituição subjetividade, de acordo com a metapsicologia freudiana isso se deve ao trabalho do ideal do Eu, instância capaz de estimular os processos sublimatórios, o que permitirá ao sujeito o investimento em projetos de realização existencial, ou seja, o desvio da libido sexual do seu alvo original e a sua canalização para finalidades socialmente valorizadas, o que implica a competência para criar novos objetos de satisfação (Freud, 1914) . No entanto, um dos efeitos mais visíveis da pandemia foi, justamente, o incremento da desesperança e do ceticismo em relação ao futuro, observável principalmente entre os adolescentes e jovens adultos.

Este cenário distópico provocado pela catástrofe pandêmica exacerba sua faceta destrutiva e tende a ser vivido pelo sujeito apenas como renúncia. E, frente à renúncia às gratificações, a tendência do aparelho psíquico é, como ressaltou Balint (1968), o recurso à regressão maligna a modos de satisfação anteriores caracterizados pela inércia imposta pela figura da onipotência. Talvez porque nossa memória atávica indique que, de fato, nada voltará a ser como antes.

Os três negacionismos: o caso Brasil

Após seis meses de pandemia e superada a estarrecedora marca de cento e vinte mil mortos no país (escrevo essas linhas em início de setembro), uma reflexão nuançada sobre os discursos negacionistas que caracterizam manifestações do governo, bem como de setores da sociedade civil, se impõe a nós. Ficaram gravadas na nossa memória declarações do presidente Bolsonaro que, em outros contextos sociopolíticos, seriam consideradas verdadeiros crimes de responsabilidade. Em 15/03, no início da pandemia no Brasil, a evocação de estaríamos sucumbindo à "neurose"; dois dias depois, frente às medidas sanitárias adotadas por muitos governadores, a afirmação de que o vírus teria provocado uma "histeria" no país; em 20/03 a comparação do novo coronavírus a uma "gripezinha". Em 29/03, quando ultrapassamos a marca dos quatro mil casos e uma centena de mortos, a sábia constatação de que "todos nós iremos morrer um dia"; no mês seguinte, quando ultrapassamos as duas mil e quinhentas mortes, a recusa de falar sobre o assunto: "eu não sou coveiro". Finalmente, em 28/04, questionado sobre a marca de cinco mil mortes, o insuperável "e daí? Lamento. Quer que eu faça o que? Eu sou Messias, mas não faço milagre".[6]

Triste a república na qual sentimos vergonha (alheia e própria, no caso) da autoridade suprema. O crítico é que, para além da vergonha – e da humilhação a que fomos e somos submetidos durante um período que, por si só, impõe enormes sofrimentos –, declarações de autoridades representativas têm efeitos concretos sobre os modos de pensar, sentir e agir da população. Consequentemente, influi nas condutas de proteção adotadas por grande parte dos cidadãos e, assim, sobre o aumento ou a diminuição dos casos de contaminação e das mortes.

Considerando o cenário brasileiro, pode-se constatar que não há apenas uma forma de negacionismo em jogo no que concerne à gestão da pandemia de Covid-19, mas três: o "negacionismo ilusório", o "negacionismo hipócrita" e o "negacionismo pragmático". É importante, em qualquer análise acerca das consequências clínico-políticas da pandemia, discriminarmos essas diferenças, muitas vezes sutis (Kupermann, 2020). O negacionismo, no que concerne às singularidades subjetivas, é uma defesa psíquica; porém,

---

6   O nome completo do presidente do Brasil, cuja eleição foi fortemente influenciada pela comunidade evangélica, é Jair Messias Bolsonaro. Essas declarações podem ser encontradas em https://noticias.uol.com.br/saude/ultimas-noticias/redacao/2020/05/01/todos-nos-vamos-morrer-um-dia-as-frases-de-bolsonaro-durante-a-pandemia.htm.

no contexto de uma pandemia, é também um ato político que se reflete no entorno, sobretudo na população mais vulnerável, como um grave problema de saúde – tanto física quanto mental – para o qual é preciso tratamento – social e político. E, nesse caso, a psicanálise pode contribuir para cartografar as forças em jogo na sua produção.

O negacionismo ilusório tem seu mecanismo alicerçado nas defesas acionadas em situações nas quais os sujeitos se encontram em estado de extrema impotência e vulnerabilidade. Frente às ameaças do desamparo traumático regride-se à onipotência maligna, que se manifesta pelo manto da arrogância. O negacionista iludido se pretende mais poderoso frente aos riscos e mais sabedor dos fatos do que efetivamente é, sendo que sua onisciência alimenta teorias da conspiração paranoicas à moda da "psicologia das massas" descrita por Freud (1921) – recordamos a acusação do ex-ministro da educação de que o novo coronavírus seria uma criação incentivada pelo Partido Comunista Chinês –, ou soluções milagrosas para as incertezas que o afligem, que não fazem mais do que denunciar a função de fuga da realidade da visão de mundo por ele adotada. A insistência do presidente, uma vez contaminado, em aparecer na mídia erguendo uma caixa de Cloroquina como se fosse o capitão da seleção brasileira de futebol levantando a taça da Copa do Mundo pode bem ilustrar esse processo. O gesto obsceno tem ainda uma evidente motivação: o negacionismo ilusório é bastante atraente para seduzir boa parte da população ansiosa para crer que suas angústias não passam de despropósitos, o que confere a essa forma de negacionismo grande potencial ludibriador das massas assustadas e descrentes (*cf.* Freud, 1927).

Já o negacionismo hipócrita tem uma de suas fontes principais na forma exacerbada, e mesmo perversa, do que Freud (1921) nomeou "narcisismo das pequenas diferenças". Sua outra fonte, desdobramento da primeira, reside no que Ferenczi nomeou de "hipocrisia", a insensibilidade do sujeito frente ao sofrimento do outro, que se vê reduzido a objeto do gozo desse mesmo sujeito (Ferenczi, 1932, 1933). Trata-se do negacionismo presente em uma parcela das classes privilegiadas da sociedade (políticos, empresários, comerciantes) que sabe que para ela sempre haverá a possibilidade de distanciamento social confortável (muitas vezes em amplas casas de praia e/ou montanha afastadas dos grandes centros), cuidados médicos, leitos hospitalares e respiradores que funcionam – ao contrário daqueles superfaturados comprados às pressas, sem licitação, pelo poder público. Há algo de ilusório também no negacionismo hipócrita, uma vez que se ele apoia na crença de uma invulnerabilidade seletiva – aparentemente garantida pelos caríssimos seguros de saúde que sufocam a classe média brasileira – que, no entanto, é sempre frágil no contexto dos números provocados por uma pandemia. No entanto, há nele também um cálculo baseado na razão cínica descrita pelo filósofo Peter Sloterdijck (2012), que justifica valores distintos para as vidas, comprometendo qualquer empatia entre as diferentes classes que compõem nosso frágil tecido social.

O negacionismo hipócrita é também responsável pelo falso problema colocado por setores do governo e do empresariado segundo o qual deveríamos escolher entre salvar vidas – as vidas dos mais vulneráveis ao novo coronavírus – ou salvar a economia – evitando assim uma mortandade ainda maior em função do custo social da recessão, como o desemprego, a pobreza e a fome. Nesse caso, a imposição de uma escolha de Sofia reflete menos a realidade dos fatos[7] do que uma viciada preguiça intelectual de economistas conservadores alimentada pela lógica da exploração: os trabalhadores não podem parar de trabalhar para que os setores

---

7 Ver Greenstone & Nigam (2020).

produtivos da nossa sociedade não percam seus lucros e não deixem, assim, de manter os empregos e os impostos que sustentam os cofres do governo. Rapidamente, no entanto, aprendemos que há soluções intermediárias possíveis de redução de danos que ao mesmo tempo preservam vidas e evitam a decadência da atividade econômica. Sem deixar de mencionar o surgimento de iniciativas solidárias que permitiram minorar carências das populações mais empobrecidas.[8] Além disso, com o passar dos meses as equipes de saúde que se ocupam dos doentes graves acumularam conhecimento suficiente para diminuir a mortalidade do novo coronavírus. Ou seja, evitar mortes precoces não é sinônimo de adiar óbitos, mas de evitá-los.

Finalmente, assistimos também ao negacionismo pragmático presente em grande parcela dos segmentos mais empobrecidos da nossa população. Sua voz diz que não é possível cumprir distanciamento social porque é preciso trabalhar, porque máscara e álcool gel são produtos de luxo, porque há muita gente habitando espaços apertados em seus lares, porque na comunidade não há saneamento básico e, enfim, porque distanciamento social é coisa de gente privilegiada. O negacionismo pragmático é movido, assim, por uma moral do sacrifício adotada por uma vida que não reconhece ter mesmo muito valor, caracterizando o que Ferenczi (1931, 1933) nomeou de "identificação com o agressor". Contraface do negacionismo hipócrita, ele é também defensivo, porque termina por blindar o sujeito da angústia frente aos riscos da doença e às ameaças da morte.

---

8   No Brasil, onde o ofício de empregada doméstica e/ou diarista sustenta milhões de famílias, houve grande adesão a um movimento para manter salários mesmo sem a obrigatoriedade dos empregados comparecem aos locais de trabalho.

Retroalimentados pelos discursos negacionistas de Estado, tal como exposto acima, os três negacionismos têm seus mecanismos mórbidos intensificados. Ao desmentir o potencial destrutivo do novo coronavírus o governo federal – representado pelo presidente da República – promove a desconfiança de cada cidadão nas suas próprias percepções da realidade e dos riscos da pandemia, criando uma verdadeira confusão de línguas entre as versões divulgadas pelas diversas agências sanitárias nacionais e internacionais acerca dos riscos e dos cuidados indicados para se proteger na pandemia que é ansiogênica, e mesmo traumática. Dentre os resultados, previsíveis, estão a culpa e a vergonha pelas práticas de autocuidado adotadas pela parcela da nossa população que pretende proteger a si e aos seus próximos mais vulneráveis (idosos e outros grupos de risco) e o abandono precipitado delas. Isso até que a morte separe a ilusão defensiva da realidade que não se engana.

O efeito vivificante do "bom ar": elogio da preguiça

Uma das reflexões clínico-políticas mais potentes da obra de Ferenczi pode ser encontrada no breve ensaio de título exótico "Efeito vivificante e efeito curativo do "ar fresco" e do "Bom ar"", de 1918. Apesar de nele Ferenczi não fazer referência ao passeio de Freud pelas Dolomitas, é tentador pensar que se trata de uma réplica à "Transitoriedade". Para além da proximidade cronológica, chama a atenção o fato de Ferenczi se referir ao ambiente das florestas e das montanhas. Seu argumento gira em torno dos efeitos vivificantes e curativos do "ar fresco", ou "ar livre", ou "ar alpestre". Vamos então acompanhá-lo em seu relaxante passeio pelos Alpes húngaros buscando entender sua perspectiva das relações existentes entre respiração, vida e psicanálise.

Dialogando com a medicina do seu tempo Ferenczi discute os limites das explicações acerca dos efeitos – químicos e físicos – da inalação do ar fresco da natureza. Segundo os fisiologistas o bom ar favoreceria a respiração profunda – para o que contribuem a dilatação das narinas e o descongestionamento dos seios nasais – em contraponto à respiração superficial própria dos ambientes fechados, superlotados ou cheirando a bafio. E a respiração profunda tem efeitos notórios na circulação sanguínea e no funcionamento das veias abdominais, estimulando o músculo cardíaco e os órgãos viscerais. Porém, para além dos aspectos físico-químicos, o psicanalista húngaro chama a atenção do seu leitor para os fatores psíquicos daquele que inala o ar puro presente nas paisagens naturais, sua "disposição interna", indicando a insuficiência da racionalidade médica.

De fato, enquanto a fisiologia adota como paradigma o princípio de utilidade, que privilegia o funcionamento isolado de cada órgão ou à inter-relação dos órgãos para o desempenho de determinadas funções, Ferenczi evoca os efeitos do sofrimento e do prazer no funcionamento integral do organismo e de seus "mecanismos vitais". Ao indicar que uma pessoa que se encontra em um recinto fechado trabalhando "respira" (entre aspas, no original) quando abandona o ambiente e a labuta fatigante, Ferenczi ressalta a dimensão de relaxamento e de prazer da nova situação. E, o que não deveria surpreender os leitores de Freud (1920), inventor do *Lustprinzip*, relaciona os efeitos vivificantes e curativos com esse mesmo relaxamento e como essa mesma vivência de prazer. Seria necessário, portanto, para compreender o funcionamento dos mecanismos vitais do organismo, conceber uma fisiologia que considerasse também o humor psíquico; "uma *Lust-Physiolo*gie para completar a *Nutz-Physiologie*".[9] Vale a pena compartilhar com o leitor a riqueza de uma pequena passagem do texto original:

> *A fisiologia concebe o organismo como uma simples máquina para trabalhar, cuja única preocupação é realizar o máximo de trabalho útil com um mínimo consumo de energia, quando o organismo também é feito de* alegria de viver *e esforça-se, por conseguinte, por obter o máximo de* prazer possível *para cada órgão e para o organismo como um todo, ignorando com frequência, quando assim procede, a economia recomendada pelo princípio de utilidade (Ferenczi, 1918, p. 334, grifos do autor).*

Percebe-se, assim, que a perspectiva adotada por Ferenczi em seu passeio alpino difere bastante daquela dos amigos de Freud, incapazes de experimentar a *alegria de viver* no contato com a paisagem natural. O que impediu Rilke e Salomé de respirar, deixando-se tomar pela angústia melancólica da transitoriedade?

É inevitável associar a *Nutz-Physiologie*, a fisiologia baseada no princípio da utilidade, com o negacionismo hipócrita que opõe a economia à vida, impondo-nos uma racionalidade econômica segundo a qual o trabalho nunca pode ser interrompido. Frente a essa necropolítica econômica baseada no princípio da utilidade, Ferenczi parece indicar uma resistência possível inspirada em uma atitude contemplativa e vivificante (não é de se espantar que sua concepção de *Lust-Physiologie* se oferecerá também como inspiração para um estilo clínico norteado pelo princípio do relaxamento, pela regressão e pelo brincar nas análises, mas isso já é matéria para outros espaços). Haveria, assim, uma positividade no cansaço

---

9 Fisiologia do prazer e fisiologia da utilidade.

e, mesmo, na preguiça que se abateram sobre muitos de nós durante esses primeiros meses da pandemia, dos quais testemunham muitos analisandos e muitos colegas sobrecarregados pelas exigências da atenção-menos-flutuante da clínica on-line.

Em um clássico da literatura marxista do final do século XIX, *O Direito à preguiça*, Paul Lafargue (1880), genro de Marx, desenvolveu suas reflexões a partir do espanto com o fato de os trabalhadores europeus reivindicarem melhores salários e, mesmo, combaterem o desemprego, quando deveriam lutar pela preguiça e pelo tempo de descanso e de ócio que dariam sentido e alegria à sua existência.[10] Em sintonia com Lafargue, a atitude descrita por Ferenczi em seu passeio pelas montanhas evoca a dimensão vivificante da regressão thalássica, e nos apresenta uma outra antropologia psicanalítica, na qual a *pulsão de repouso*, encontrada em seu *Diário clínico*, reivindica seu lugar ao lado das pulsões sexuais e da pulsão de morte (Ferenczi, 1932, p. 248). Tema pouco explorado mesmo por seus comentadores, a pulsão de repouso remete ao monismo primordial responsável pela experiência de onipotência vivida pela criança na "fase de introjeção" ao qual se retorna ao longo de toda a vida, a cada vez que se expressa um gesto espontâneo e criador (*cf.* Kupermann, 2019).

A pulsão de repouso se diferencia, portanto, do Eros freudiano, uma vez que sua meta não se confunde com a satisfação sexual e com o prazer oriundo da diminuição das excitações psíquicas. Também não visa o retorno ao inanimado ou tem a morte como objetivo, como Thânatos. O afeto que melhor poderia descrever o atingimento do seu alvo (*Ziel*) é a alegria de existir, fonte da aceitação dos fatos necessária para o trabalho de luto, e da força e da

---

10 Os trabalhadores sofreriam da "neurose de domingo", diria Ferenczi (1919), que os impediria de desfrutarem do tempo livre, abatendo-os com o tédio carregado de tensão e pela preguiça culpabilizante e desprazerosa.

energia da luta que mantém o sujeito capaz de desejar e de criar. Seria esse um dos destinos da catástrofe provocada pela pandemia em nosso estilo de vida? A afirmação do nosso direito ao cansaço, à preguiça e ao tempo para respirar e reexperimentar a singela alegria de viver?

D. K.

Referências

Balint, M. (1968). *A falha básica*: aspectos terapêuticos da regressão. São Paulo: Zagodoni, 2014.

Ferenczi, S. (1918). Efeito vivificante e efeito curativo do "ar fresco" e do "Bom ar", *in* S. Ferenczi, *Psicanálise II*. São Paulo: Martins Fontes, 1992.

Ferenczi, S. (1919). Neuroses de domingo, *in* S. Ferenczi, *Psicanálise II*. São Paulo: Martins Fontes, 1992.

Ferenczi, S. (1924b). Thalassa, ensaio sobre a teoria da genitalidade, *in* S. Ferenczi, *Psicanálise III*. São Paulo: Martins Fontes, 1993.

Ferenczi, S. (1931a). Análise de crianças com adultos, *in* S. Ferenczi, *Psicanálise IV*. São Paulo: Martins Fontes, 1992.

Ferenczi, S. (1932). *Diário Clínico*. São Paulo: Martins Fontes, 1990.

Ferenczi, S. (1933a). Confusão de língua entre os adultos e a criança, *in* S. Ferenczi, *Psicanálise IV*. São Paulo: Martins Fontes, 1992.

Figueiredo, L. C. (1999). *Palavras cruzadas entre Freud e Ferenczi*. São Paulo: Escuta.

Freud, S. (1915a). *Neuroses de transferência*: uma síntese. Rio de Janeiro: Imago, 1987.

Freud, S. (1914). Sobre o narcisismo: uma introdução, *in* S. Freud, *Edição standard brasileira das obras psicológicas completas de Sigmund Freud*, Vol. 14. Rio de Janeiro: Imago, 1980.

Freud, S. (1916). Transitoriedade, *in* S. Freud, *Arte, literatura e os artistas*. Belo Horizonte: Autêntica, 2015.

Freud, S. (1917/1915). Luto e melancolia, *in* S. Freud, *Edição standard brasileira das obras psicológicas completas de Sigmund Freud*, Vol. 14. Rio de Janeiro: Imago, 1980.

Freud, S. (1920). Além do princípio de prazer, *in* S. Freud, *Edição standard brasileira das obras psicológicas completas de Sigmund Freud*, Vol. 18. Rio de Janeiro: Imago, 1980.

Freud, S. (1921). Psicologia de grupo e análise do ego, *in* S. Freud, *Edição standard brasileira das obras psicológicas completas de Sigmund Freud*, Vol. 18. Rio de Janeiro: Imago, 1980.

Freud, S. (1927). O futuro de uma ilusão, *in* S. Freud, *Edição standard brasileira das obras psicológicas completas de Sigmund Freud*, Vol. 21. Rio de Janeiro: Imago, 1980.

Freud, S. (1933). Sándor Ferenczi, *in* S. Freud, *Edição standard brasileira das obras psicológicas completas de Sigmund Freud*, Vol. 22. Rio de Janeiro: Imago, 1980.

Greenstone, Michael and Nigam, Vishan. (2020). *Does Social Distancing Matter?* (March 30, 2020). University of Chicago, Becker Friedman Institute for Economics Working Paper No. 2020-26, Available at SSRN: https://ssrn.com/abstract=3561244 or http://dx.doi.org/10.2139/ssrn.3561244.

Kupermann, D. (2019). *Por que Ferenczi?* São Paulo: Zagodoni.

Kupermann, D. (2020). Os três negacionismos. *O Globo*. Disponível em: https://oglobo.globo.com/opiniao/os-tres-negacionismos-24542162.

Lafargue, P. (1880). *O Direito à preguiça*. São Paulo: Hucitec/Unesp, 1999.

Sabourin, P. (1988). *Ferenczi: paladino e grão-vizir secreto*. São Paulo: Martins Fontes.

Sloterdijk, P. (2012). *Crítica da razão cínica*. São Paulo: Estação Liberdade.

Parte III
O *setting* sob pressão

Estar na linha: qual elasticidade e qual invariância para o *setting* psicanalítico?

Antonino Ferro
Pavia, Itália

Introdução

Não creio que haja muito a discutir sobre o uso do trabalho a distância na psicanálise em situações de necessidade, em vez do habitual *setting*, como vem ocorrendo nesta recente pandemia. O que me parece importante é saber se, após o retorno à normalidade, algo do trabalho a distância poderia migrar para a nossa prática cotidiana promovendo uma forma diferente de se fazer análise. Mais precisamente: seria possível retirar da experiência com esse método vantagens, novas formas e aquisições que fossem úteis e construtivas mesmo em situações não emergenciais?

Em relação ao trabalho remoto, sempre existiu uma oposição e uma resistência muito fortes, como se houvesse o temor de que isso viesse a desnaturar a especificidade do trabalho analítico. A ausência do corpo, o medo de ativar emoções incontroláveis ou de introduzir um controle emocional excessivo, foram alguns dos problemas enfatizados.

Antes do *lockdown* algumas sociedades de psicanálise longínquas já haviam tido a oportunidade de trabalhar remotamente em circunstâncias particulares. Desenvolveu-se, sobretudo, a possibilidade, menos combatida, de supervisões *em linha*, mas ainda assim como fenômeno marginal.

Recentemente, em Milão, dois trabalhos sobre esse tema foram apresentados, um por um analista recém-qualificado, outro por um analista didata experiente. Ambos se opuseram terminantemente às sessões a distância, devido à perda de proximidade emocional que, segundo eles, tal método implicaria.

As mudanças sempre foram difíceis na psicanálise, basta lembrar as "Controvérsias" (1943-1944).[1] É verdade também que a psicanálise tem se expandido recentemente, favorecendo o aparecimento de métodos de trabalho que muitos julgam ser autenticamente analíticos, com crianças muito pequenas, pacientes muito idosos e patologias cada vez mais graves.

Acredito que a chegada e a aceitação dessa última modalidade foi uma verdadeira revolução, provocando inúmeros debates e discussões, forçando-nos a considerar muitos problemas a partir de pontos de vista novos e originais.

---

1 N.T.: Referência aos debates ocorridos, entre outubro de 1942 e fevereiro 1944, na Sociedade Britânica de Psicanálise, entre os defensores da Escola de Viena (leia-se Anna Freud) e os partidários de Melanie Klein, levando, depois da II Guerra, a uma divisão tripartite da Sociedade entre os freudianos, kleinianos e o middle group (mais tarde nomeado de independentes).

O que digo na seção abaixo não tem nada de incontestável, mas é simplesmente o que estive vivendo com meus pacientes em linha.

Elasticidade e Invariância: Capacidade negativa e Brincadeira

A primeira coisa que notei trabalhando remotamente foi minha maior liberdade no uso de capacidades negativas (*negative capability*), ou seja, parafraseando Keats,[2] a capacidade de estar na incerteza, no mistério, na dúvida, sem a impaciência de correr atrás dos fatos e das razões.

Também encontrei uma facilitação do processo de comunicação no campo analítico (estar *em linha* em todos os sentidos do termo) que, acredito, tem relação com uma *dimensão inevitável de brincadeira* que, segundo minha experiência, aumenta no trabalho remoto e que espero poder ser importada para o trabalho presencial. Talvez, para mim, esse aumento de liberdade e ludicidade reflita o sentimento de que o *setting* não tradicional evoca uma atmosfera ainda mais improvisada, enquanto o cenário tradicional carrega uma conotação mais institucional. Pessoalmente falando, sinto-me mais livre e trabalho melhor na situação analítica quando me sinto menos sobrecarregado pelas instituições.

Muitas pessoas afirmam que a tela funciona como um "filtro de bloqueio" das emoções, mas essa não foi a minha vivência: pareceu-me, ao contrário, favorecer uma nova e livre circulação das emoções. Afinal, será que o teatro é necessariamente mais envolvente e emocionalmente mais impressionante do que o cinema?

---

2 N.T.: Ver Keats John, carta a seus irmãos George e Thomas Keats, em 28 de dezembro de 1817. Disponível em: https://en.wikisource.org/wiki/Letter_to_George_and_Thomas_Keats,_December_28,_1817.

Até mesmo a dimensão do jogo de palavras recebeu, à distância, mais espaço – o que acho da maior importância porque deságua diretamente na dimensão dos sonhos.

Tudo o que é real de um outro modo constitui um portal para o imaginário, o onírico, a transformação da experiência sensorial concreta e da narração concreta em sonho. Um campo concreto e realista é diferente de um campo que se coloca desde o início como lúdico e onírico.

Essa dimensão do jogo, da brincadeira, também deságua no prazer da hora da análise, ali onde a psicanálise tem insistido demais na importância da dor. Gostaria também de lembrar o que Ogden (2019) diz sobre psicanálise ontológica e epistemológica: a dimensão onírica que se desenvolve a partir da disposição para o sonhar que o analista e o paciente são capazes de trazer para a sessão.

Acredito que o analista – e em consonância com ele, o paciente – deve ser capaz de oscilar entre o envolvimento emocional e o retiro abstinente autista. Acredito que trabalhar remotamente e presencialmente devem ser duas formas de encontro das mentes em sessão, entre as quais uma oscilação contínua é uma garantia de uma dimensão dinâmica e construtiva.

A dimensão lúdica sempre esteve presente no trabalho de James Grotstein (Grotstein, 2007). Tenho certeza de que o teria feito rir (para buscar em seguida sua possível valência séria) se postulasse, ao lado da função Alfa, no *setting* mental compartilhado com o computador, a existência de uma função Alfa-R (*Remote*) delegada à alfabetização de todo esse universo sensorial ligado ao funcionamento da tela, computador, teclas, conexão *Wi-Fi*, que assim se tornariam habitantes ordinários do campo e do novo *setting*.

Uma das características mais evidentes da psicanálise tem sido um certo enrijecimento que vem desacelerando muito seu progresso e sua evolução. Sem dúvida, a resistência à introdução do *novo* é imensa.

Para muitos analistas, o *setting* freudiano ainda é o mais seguido e valorizado. De diferentes maneiras, em diferentes áreas geográficas, assistiu-se a diferentes graus de abertura, como a introdução dos paradigmas Kleiniano, Bioniano ou da Teoria do Campo de Bion.

O respeito à rigidez e à invariância do *setting* prevaleceu sobre a capacidade de adaptação e de luto pela situação anterior, certamente relacionada ao grau de aceitação da mudança pelo analista e pelo paciente (não esqueçamos que para muitos pacientes trabalhar *on-line* significava o ganho de várias horas em seu planejamento semanal).

Não tive dificuldade com meus pacientes em propor e aceitar a análise *em linha* e respeitei a forma que cada um escolheu para organizar seu *setting*. Quase todos eles, sem nenhuma sugestão minha, providenciaram um sofá no qual se deitaram com um computador aberto sobre uma mesa de cabeceira, ligando no início da sessão e desligando juntos no final de cada sessão. Alguns poucos pacientes superaram a desorientação do novo enquadre sentados em frente ao computador. Silenciosamente foi sempre passada a mensagem de que, uma vez resolvida a Covid-19, retomaríamos normalmente as sessões em meu consultório.

Conclusão

Parece-me que a chegada do modo remoto mudou completamente o nosso olhar em relação à análise, e que o que deixou de ser feito nesses últimos cem anos, quando tivemos uma psicanálise muito parecida com ela mesma, muito enrijecida, terminou acontecendo graças a esta tempestade que se abateu sobre nossa maneira de trabalhar.

Agora, com a análise remota, o *setting* se torna antes um lugar imaginário (Vallino, 1999), e a teoria do campo favorece uma evolução nesse sentido. Além disso, parece-me que a análise remota nos ensina que nada pode ser tomado como certo, e que é melhor adquirirmos competências na gestão de desastres. A repetitividade tranquila do *setting* – no qual se estratificava o "núcleo aglutinado" (Bleger, 1967) – foi questionada, e acho que este terremoto pode nos ajudar a acolher pensamentos bem mais mentalizados, antes impensáveis.

Um escritor siciliano, Andrea Camilleri, que de certa forma tem alguns pontos em comum com Pirandello, depois de ter escrito muitos romances de grande sucesso, ficou cego aos 97 anos de idade.

Ele disse que, como era cego, quando se aproximava de alguém, tinha uma espécie de visão das características psíquicas da pessoa. Tal declaração me fascinou. Romancista de grande talento para criar contos, histórias e personagens, mostrou-se também capaz de compensar a falta de visão concreta com uma visão imaginativa, abrindo uma janela para vários aspectos, mesmo os não imediatamente visíveis, do funcionamento de outras mentes. Ou seja, Camilleri acede de maneira construtivista a mente do outro. A visão real é substituída pela visão onírica.

A cegueira de Camilleri pode ser considerada como uma espécie de *lockdown* extremo; mostra como ele desenvolveu outras formas de conhecimento. Assim, notei em muitos dos meus pacientes como a privação de tantos aspectos de sua vida normal levou ao desenvolvimento de outros aspectos criativos da mente. Em minhas reflexões sobre o trabalho analítico à distância, talvez deva também levar em conta o pesadelo que estavam tendo: o de uma pandemia (Jarvis, 2020, comunicação pessoal).

Refletindo sobre a capacidade de adaptação ao novo, me lembro do filme de Craig Gillespie, *A Garota Ideal* (*Lars and the Real Girl*, 2007). Lars, o protagonista, nunca conseguira se relacionar com uma moça, o que sua família não deixava de criticar. Um dia, no enésimo convite para jantar, em que os pais insistiam para que trouxesse a namorada, se tivesse uma, Lars aparece com uma boneca em tamanho real. Os pais fingem que está tudo bem, mas correm para ver um psiquiatra no dia seguinte a fim de contar a estranha história. Este os aconselha a se comportarem com absoluta normalidade quando Lars aparecer com a tal boneca-namorada, que tem suas próprias fobias alimentares e uma série de características que vão torná-la cada vez mais humana aos olhos de todos. Depois de um tempo, a boneca gigante se torna parte da família.

Isso ilustra como até o fato mais estranho pode se enquadrar na norma, se considerado sem preconceitos. O mesmo vale para a análise remota.

Isso acontece também na vida cotidiana, por exemplo em relação ao uso da máscara: primeiro considerado como estranho, mais cedo ou mais tarde se torna normal, e o estranho passa a ser alguém que não a estiver usando. O hábito cria a normalidade.

É assim que a namorada de Lars se humaniza, mas sem que saibamos se é porque ele desenvolve uma aptidão para o contato interpessoal ou porque ninguém mais presta atenção à diferença.

O mesmo acontece com o *setting* concebido como um lugar da mente: o que é estranho acaba por se tornar familiar para nós. Para algumas pessoas, mudar do *setting* anterior para o novo pode ser semelhante a ter que mudar de casa: no princípio, você se sente desconfortável e desorientado, mas às vezes se surpreende com o pouco que é preciso para aceitar as coisas novas. Afinal, as crianças substituem objetos primários por objetos transicionais, tornando este um importante passo evolutivo. A capacidade de elaborar o luto e de criar novas ilhas de segurança faz parte de um processo de maturação que permite que o ser humano se adapte a novas situações.

Estamos acostumados à história de Kafka, *A Metamorfose*, na qual um ser humano se vê transformado em barata em poucos dias, mas ainda não estamos suficientemente acostumados ao que Ian McEwan[3] nos conta sobre a transformação de uma barata em homem. Qual será o sentido mais estranho a tomar? O que vai para o ex-noto ou para o ex-ignoto?

Agosto de 2020

A. F

Traduzido do italiano por Roberto Oliveira

Referências

Bleger, J. (1967). *Symbiosis and Ambiguity: A Psychoanalytical Study* (1967). Hove, EastSussex; New York: Routledge (2013).

Grotstein, J. S. (2007). *A Beam of Intense Darkness: Wilfred Bion's Legacy to Psychoanalysis*. Londres, Karnac Books.

Ogden, T. H. (2019). Ontological Psychoanalysis or "What Do YouWant to Be WhenYou Grow Up?", *The Psychoanalytic Quarterly*, 88:4, 661-684.

---

3   N.T.: Ver o romance, *A barata,* São Paulo: Companhia das Letras, 2020.

Vallino, D. (1999). Le storie e dil luogo immaginario nella psicoanalisi del bambino, *in* Ferruta, A., Goisis R., Jaffé R., Loiacono N., (a cura di). *Il contributo della psicoanalisi alla cura delle patologie gravi in infanzia ed in adolescenza.*Roma: Armando Editore,1999.

Zalusky, S. (1998). Telephone Analysis: Out of Sight, But not out of Mind. *J. Amer. Psychoanal. Assn.*, 46(4):1221-1242.

Agradecimentos

Desejo agradecer a Gill Jarvis por sua inestimável assistência editorial e comentários.

A cabine queimada, ou a psicanálise sem divã

Ana de Staal
Paris, França

> *Comportar-se como faria um viajante, sentado na janela da sua cabine de trem, que descreve a paisagem como ela se apresenta a uma pessoa sentada atrás dele"*
> Sigmund Freud, "Sobre o início do tratamento" (1913).

I

> *E em nome do que ficar sentado, colado na janela comentando a paisagem, se, por exemplo, houvesse um incêndio? Se as chamas atingissem o trem e queimassem a cabine?"* Antonino Ferro, Les Viscères de l'âme (2013).

O meu consultório fica no último andar de um antigo edifício no estilo Haussmann, em Paris. Isto é o que se chama aqui de *chambre de bonne*: pequenos quartos que, no passado, destinavam-se a empregados domésticos e, hoje, servem de alojamento para estudantes ou trabalhadores sem família. Muitos, como eu, também os transformaram em escritórios, oficinas, consultórios de análise. São geralmente cinco ou seis quartos independentes no sótão, aninhados sob o telhado do edifício e dispostos ao longo de um corredor. O meu é o segundo de uma fila de cinco. Na altura dos acontecimentos que estou prestes a relatar, dois jovens universitários viviam no primeiro; o terceiro servia de escritório reserva para um velhote brigão, um "veterano da Argélia", como ele repetia sempre num tom irado e impotente; completando a sequência, um estudante de filosofia e uma aprendiz de enfermagem ocupavam os dois últimos quartos.

Pois bem. Em uma noite fria de inverno em 2016, lá pelo final de fevereiro, aconteceu de um incêndio destruir completamente o terceiro quarto, o do velho militar, e deixar o meu num estado deplorável.

Tudo começou pouco depois das 20h30, quando o analisando em sessão, deitado no divã há vinte minutos, de repente interrompeu a reunião de objetos internos que estava deliberando nele naquela noite (e cuja agenda era o estatuto do pai impotente) e me disse: "A senhora ouviu esse barulho?!..." Na verdade, eu tinha acabado de ouvir uma espécie de pequena explosão abafada. Mas como o vento soprava forte e nossa velha janela do corredor se abria à mínima rajada, preferi permanecer em silêncio, esperando pelo resto. O que se seguiu, após trinta segundos, foi o silêncio superficial e vigilante do analisando (e do analista), e a repetição do mesmo barulho, agora mais alto. "Com licença...", disse ao analisando, e me levantei para verificar o que estava acontecendo lá fora.

Quando abri a porta, quase cai para trás. Uma imensa língua de chamas amarelas e azuis escapava ferozmente do covil do velho, que, com a porta entreaberta, lutava em silêncio, em suor e, sobretudo, em vão contra uma montanha de pastas e malas em chamas (mais tarde, soube que essas malas continham a papelada para os muitos processos que há meio século ele movia contra vários órgãos do Estado). Sem dúvida, ele lutava com os demônios de sua loucura e, sem dúvida, nós estávamos à beira de arder com eles.

Assim, à minha esquerda, em uma pira, um militar louco nos precipitava em seu pesadelo, tornado real pela magia de um ódio próprio dos vencidos; à minha direita, deitado em um divã, um jovem engenheiro carregado de emoções vulcânicas, mas contidas, esperava obediente pelo retorno de seu analista. O que fazer? Ainda me vejo atônita, fixando ao acaso um ponto azulado das chamas, buscando nos arquivos da minha cabeça a ficha: "procedimentos de emergência em caso de incêndio".

Já fazia pelo menos cinco ou seis anos que eu publicava os livros de Antonino Ferro na França, e revisava algumas de suas traduções; de tanto ler seus textos, terminei por conhecê-los de cor – sabia que os procedimentos que procurava tinham de estar naquelas prateleiras, ou seja, do lado de um pensamento radical da situação analítica. Eu explico.

Nos últimos trinta anos e, em especial, durante a década de dez deste novo século, Ferro alimentou de modo incessante a psicanálise contemporânea,[1] cultivando, de forma original e perfeitamente

---

[1] A bibliografia de Ferro é rica, com cerca de 20 livros e mais de 120 artigos traduzidos em doze línguas; envio aqui principalmente para Éviter *les* émotions, *vivre les* émotions (Ferro, 2007), um livro muito completo, que abarca bem os aspectos de sua teoria da técnica. É também interessante a leitura de duas obras mais recentes: *Pensées d'un psychanalyste irrévérencieux* (Ferro, 2017) constituída de uma série de entrevistas com Luca Nicoli, e *Les Viscères de l'âme* (Ferro, 2014).

apoiada na clínica, certas hipóteses férteis de seus antecessores. Assim, seu trabalho levou a uma série de avanços notáveis (em particular, na minha opinião, no tratamento de pacientes psicossomáticos e limítrofes) graças, entre outras coisas, à mistura engenhosa que ele operou das noções de "campo" (Baranger, 1961-1962) e "devaneio materno" (Bion, 1962), temperada em seguida por um diálogo contínuo e criativo com Thomas Ogden. Essas ideias, esses preparos – Ferro aprecia metáforas culinárias – lhe permitiram criar uma sessão cujo espaço/tempo, particularmente protegido da intrusão da realidade externa, tornava-se, por contraste, um campo revelador e devidamente analítico, mostrando não apenas as tramas afetivas em jogo no mundo interno do analisando, mas também os fios desses tecidos emocionais e seus esgarçamentos. Como um cirurgião que prepara o campo estéril para uma operação ou, como o espectador e o ator que aguardam que a luz se apague para que o drama ou a comédia comece, Ferro impermeabilizou o dispositivo ao mundo exterior, aplicando rigorosamente as qualidades de um sonho diurno à situação analítica.[2]

---

2   A ideia em si não era nova e pode ser encontrada primeiro em Bion (1962) e, depois, de forma bastante trabalhada, em Ogden (1997, 2005, 2007); a especificidade de Ferro, muito inspirada pela análise da transferência *hic et nunc* dos kleinianos, está na radicalidade com a qual ele se serve do procedimento, isto é, incluindo-o com todos os ajustes necessários em um "campo" que funcionará a partir daí como um espaço gerador de sonhos e relatos apto a "resolver emoções em narrativas" (Neri, 2009, p. 52). Acrescentemos que, como salientam Laura Ambrosiano e Eugenio Gaburri (2009, p. 109), o campo "não coincide com o dispositivo (*setting*) como um espaço de encontro terapêutico"; antes, "designa um espaço-tempo transpessoal, atravessado por energias cujos interlocutores são os simples portadores ou, às vezes, encarnações personificadas"; neste sentido, do ponto de vista da arqueologia teórica, o "campo" de Ferro é, em minha opinião, mais uma questão de transferência/contratransferência do que de enquadre; além disso, o campo precisa se apoiar no enquadre (conforme definido por Bleger (1960)) para poder operar. Para uma discussão dessas questões, ver também as observações de Claudio Neri (2009, pp. 56-57, 60).

Ele escreve:

> ...*considerar o devaneio como uma função operante durante toda a sessão nos permite trabalhar no interior de um espaço virtual, um campo, que tira sua vitalidade do* encontro entre um paciente, um analista e um enquadre, *sem a supervalorização da pretensa 'realidade externa' que não nos diz respeito. De fato, (...) dentro do consultório e com nossos pacientes,* esta realidade externa nos fala constantemente de uma "outra" realidade, *e é esta outra realidade que nos interessa, assim como o desenvolvimento de instrumentos para que possamos negociá-la, tecê-la, metabolizá-la, digeri-la, dar-lhe um sentido e profundidade. (Ferro, 2007, p. 65; grifos meus)*

E novamente:

> A *capacidade de* colocar de lado toda a realidade externa *nos permite ver cenas no consultório que a reverberação de tal realidade pode ofuscar. Em sessão, às vezes, somos as "garotas de programa" que salvam o paciente da depressão, outras vezes, o "marido monstruoso que me sujeita às piores humilhações pedindo-me para fazer amor quando estou exausta"* (tudo isso, após uma interpretação de transferência) (...) (Ferro, 2014, p. 52, grifos do autor).

O continente quase sem fissuras que é a sessão de Ferro funciona como lugar de uma construção narrativa sincrônica capaz de transformar o sofrimento psíquico e o excesso de emoções reprimidas, ou não vividas, em um sem número de relatos de vida – relatos desdramatizados, talvez, mas acima de tudo matizados pela nova possibilidade de o paciente expressar sua história em um espaço suficientemente protegido; ele pode então, sem medo, acessar uma paleta de sentimentos muito variados, coloridos, sutis, viváveis, figurativos, significativos e, por isso mesmo, despatologizados.

Em uma palavra, no calor do momento foi junto a esse especialista da realidade psíquica que fui buscar o procedimento de emergência em caso de irrupções intempestivas e violentas da realidade real em meio a uma sessão: lembro-me de ter lido em algum lugar de seus textos um comentário feito de passagem, mas que depois nunca conseguiria encontrar, (se é que alguma vez existiu), embora ainda hoje possa "aluciná-lo" no primeiro ou segundo parágrafo no alto da página de um de seus livros.[3] Assim, lembro que constava nos grimórios de Ferro que, em caso de incêndio, terremotos ou outros desastres naturais, o analista faria bem em levar humildemente em conta a realidade que se apresentava, primeiro, desmobilizando o enquadre, depois, "fazendo equipe" e "fazendo frente" como na sessão, mas, agora, neste novíssimo campo de jogo que lhe foi imposto. A disponibilidade, a presença, a rápida mudança no nível de realidade onde se está – em resumo, todo esse processo, me lembrou da plasticidade das técnicas de análise de crianças, e

---

3   No entanto, encontrei este parágrafo em um de seus textos recentes: "A realidade só pode entrar (em uma sessão) quando o enquadre está apagado. Se houvesse um terremoto, seria loucura ficar ali interpretando os sobressaltos da criança se desprendendo do mamilo da mãe – seria loucura fazer tal coisa, mesmo sem um terremoto. Mas imaginemos que há um terremoto: o que dizemos ao paciente, o que fazemos? Esperamos, e, se houver um segundo tremor, saímos. Mas, nesse ponto, suspendemos o enquadre, não somos mais analista e paciente, somos duas pessoas assustadas que precisam se abrigar fora desta sala" (Ferro, 2017, pp. 58-59).

a forma como Ferro as utilizou para (retro)alimentar a análise de adultos.

O que Ferro expressou ali, nessas três pequenas linhas que encontrei em mim, é que a "sessão como um devaneio" não se confundia de forma alguma com um delírio ou uma *folie à deux*, mas – o princípio da realidade obriga – era uma técnica afiada, delicada de manejar, e cujos melhores resultados ocorrem quando as condições ideais estão reunidas, ou seja, quando o enquadre (e qualquer que seja o enquadre estabelecido pelo analista) estiver, segundo Bleger (1967), perfeitamente "mudo". Ali, nas condições excepcionais em que me encontrava, a intrusão irrecusável do real na sessão fazia o enquadre berrar, e obrigava a analista a mudar sua posição sem perder tempo.

Volto rapidamente ao meu consultório, fecho a porta atrás de mim e, sem me sentar na cadeira, digo ao analisando ainda imóvel no divã: "Você estava certo... Teremos que parar nossa sessão agora. Algo muito sério está acontecendo aqui ao lado. Vamos lá, vamos ver o que podemos fazer". O vento que invadia o corredor me fez sentir frio, o medo dentro de mim me fez tremer. Me envolvi no meu xale, enquanto o analisando, desnorteado, se levantou de um salto. Saímos para o corredor. Uma língua de fogo ainda mais impressionante saía do quarto ao lado, o velho estava vermelho e suado, o teto do corredor começava a escurecer, uma fumaça acre se espalhava: o plástico das malas tinha começado a derreter. Ninguém nos andares superiores ainda havia notado o drama; mais abaixo, nos belos apartamentos, as famílias estavam tendo um jantar tranquilo ou vendo as notícias; em nosso andar, os jovens inquilinos estavam fora, apenas o primeiro quarto, o das duas estudantes, parecia estar ocupado.

O analisando olhou para mim, inquieto e determinado ao mesmo tempo:

"O que fazemos? Como fazemos?

— Vamos fazer como sempre fizemos. Vamos dividir o trabalho, de acordo? Você chama os bombeiros; eu começo a bater nas portas, pedindo que as pessoas saiam"...

Em apenas cinco minutos, os bombeiros chegaram com luzes e sirenes piscando, e o fogo se tornara cada vez mais espetacular, mas ambos tínhamos completado as tarefas que eles nos haviam confiado por telefone: o analisando tinha bloqueado o elevador e tirado o velho louco de seu quarto (o que estava longe de ser fácil, pois o homem estava em plena crise de demência); nos certificamos de que as portas do prédio estivessem abertas para permitir a entrada dos socorristas e suas escadas; batemos em todas as portas e verificamos que ninguém tinha ficado preso no prédio. No consultório, recuperei minha mochila, a qual enchi com dois pacotes de cadernos de notas clínicas, enquanto o analisando, por iniciativa própria, começou a dobrar em um canto os tapetes e a colcha que cobria o divã, imaginando que os salvaria dos hectolitros de água que logo inundariam o consultório; ele também retirou as cortinas e deixou as persianas abertas, acreditando que era para lá que os canhões de água deveriam se dirigir. Nossa ação foi clara, definida e coordenada, e levou apenas quatro ou cinco minutos. Muito rapidamente, demos um salto perigoso – do mais recôndito do mundo interno para o mais público do mundo externo –, nos encontrando de repente numa rua bloqueada pelo Samu, pela polícia e pelos bombeiros, e rodeados pelos inevitáveis espectadores que, arrancados de suas telas, desciam de seus prédios em pencas para acompanhar o espetáculo "ao vivo".

O incidente, pode-se bem imaginar, abalou a todos nós (analista e analisandos) em maior ou menor grau. Também nos colocou todos na rua por uma boa quinzena, o tempo que levou para limpar o espaço e enviar para a lavanderia o que poderia ser limpo.

Na volta, ele não deixou de pôr em movimento todo um mundo de fantasia em alguns pacientes que, não tendo vivido pessoalmente o evento, enfrentaram a súbita suspensão das sessões e, agora, tinham diante dos olhos os vestígios de danos que só seriam reparados na primavera.

Assim, por exemplo, o caso de uma de minhas analisandas, uma mulher bonita e muito inteligente, mas cuja vida psíquica e física estava minguando cruelmente sob o olhar demasiado severo de uma mãe (interna) histérica e abstinente. Durante uma sessão, três meses após o evento, ela declarou, associando de modo livre e agressivo em torno de uma minúscula fenda ainda aparente na parede que, na opinião de sua mãe, eu nunca havia estado em uma sessão com um paciente na famosa noite das grandes chamas, mas na companhia de um amante, com quem, é claro, eu devia fazer amor no divã. Durante sua adolescência, esta analisanda havia sido exposta à sexualidade espetaculosa e vindicativa de seus pais nos anos que antecederam o (inevitável) divórcio deles.

Bleger (1967) defende que o enquadre é a parte estável, invisível e silenciosa da situação analítica; representa o não processo sobre o qual o processo (analítico) pode ocorrer, assim como representa o não Ego com base no qual o Ego tem a possibilidade de se construir e de evoluir desprendendo-se dele. Este ponto de estabilidade, que "percebemos apenas quando é modificado ou quebrado", envolve "o papel do analista, o conjunto de fatores que afetam o espaço (atmosfera) e o tempo, e a parte da técnica (incluindo problemas relativos a horários, pontualidade, pagamento, interrupções etc.)" (*ibid.*). Após o incêndio, as paredes do consultório – o lado concreto e materialmente continente do enquadre, que deveria permanecer invisível[4] – entraram em cena com fan-

---

4 Todos nós vivemos aquele episódio em que, após três ou cinco anos de análise, um paciente de repente percebe uma pintura ou uma estante no consultório

farra, dando um vislumbre, através de suas cicatrizes, de algo dos bastidores do trabalho analítico, da realidade que está à espreita da vida, da mãe que não é todo-poderosa e que pode nem sempre estar ali, de uma simbiose mãe-filho que não durará para sempre.[5] Temia que houvesse um surto geral de ansiedade na retomada das sessões, mas salvo um ou dois pacientes muito difíceis, de resto, as coisas aconteceram de maneira diferente.

As marcas de fuligem, as fissuras, a miríade de pequenas cicatrizes e os vagos odores deixados pelas chamas nas paredes do consultório começaram a refletir, mais ainda, a dar forma, figura e significado aos sofrimentos íntimos de muitos pacientes, em um movimento semelhante a uma autorreparação do enquadre. De fato, esses traços recuperavam sua invisibilidade como por encanto, ao serem investidos pela palavra do analisando ou, simplesmente designados em suas angústias ou sonhos: suas falas, literalmente, rebocavam as paredes. Era como se o enquadre analítico, para o analisando em sessão, tivesse que sobreviver a todo custo, apesar do peso da angústia que cada uma de suas palavras "reparadoras" teria que suportar para mantê-lo funcionando: isto é, presente, invisível e simbiótico, sempre ali como uma mãe, inabalável não importa o que aconteça. Durante três meses, as paredes queimadas do consultório serviram, para minha grande surpresa, como um termômetro para avaliar o grau de introjeção do enquadre em meus analisandos; foram feitas algumas interpretações, foram feitos alguns progressos.

---

que já estava ali há muito tempo: um sinal do desprendimento parcial do laço simbiótico instalado no centro do processo analítico.

5 "A simbiose com a mãe (imutabilidade do não-ego) permite que a criança desenvolva seu ego. O enquadre tem uma função semelhante; atua como um suporte, como um esteio, só o percebemos quando muda ou quebra" (Bleger, 1967).

Quanto ao analisando com quem havia vivenciado o episódio do incêndio, retomamos o trabalho o mais rápido possível. Alguns dias antes de reiniciarmos, ele me enviou a foto do andar em chamas por SMS; era impressionante; ainda estava muito presente em sua mente. Quando chegou o dia, ele entrou na sala, inspecionou-a com os olhos e sorriu, observando orgulhosamente que os danos tinham sido limitados. Mas pude notar que o encantamento da realidade psíquica havia sido quebrado. Então, sem nenhum pedido ou instrução de parte a parte, nos colocamos naturalmente frente a frente. Ele tinha vivido a história toda do outro lado do palco e não estava com disposição para ver a paisagem passar pela janela da cabine.

II

> *(...) Tentar entender como é possível dizer quase a mesma coisa, sabendo que nunca dizemos a mesma coisa. Neste ponto, o problema não é tanto a ideia da mesma* coisa, *nem a da* mesma *coisa, mas a ideia desse quase. Quão elástico deve ser esse* quase?" Umberto Eco, Dire quasi la stessa cosa: esperienze di traduzione, Milano:Tascabili Bompiani, 2003.

Quatro anos mais tarde, por volta da mesma época, fomos novamente expulsos dos divãs. Porém, desta vez, sob circunstâncias muito diversas: a pandemia fazia sua entrada em cena.

Na França, a grande preocupação com o novo coronavírus começou em meados de fevereiro; um mês depois, em 16 de março, o governo declarou o confinamento geral da população. Eu, que observava dia após dia a terrível evolução da doença na Lombardia, estava me preparando para o pior e, desde a semana anterior ao anúncio do confinamento pelas autoridades sanitárias, já estava a caminho de "mudar" minhas sessões para a tela ou para o telefone, de acordo com as possibilidades de cada um (ou seja, sem ter teorizado nada a não ser por simples preocupação ética: não abandonar o analisando no meio de uma cura, permanecer disponível para acompanhar cada um no que estávamos prestes a viver...). Assim, no dia em que o país parou, meu consultório já estava fechado há três dias, e todos aqueles que eu acompanhava em análise ou terapia – com poucas exceções – já tinham suas próximas consultas remotas anotadas nas agendas.

Adeus à caminhada até o consultório, adeus ao café português da esquina, aos doces da padaria do outro lado da rua, ao inevitável esquecimento da senha da portaria aos sábados, ao elevador de outro século com seu velho veludo vermelho... Adeus à pequena mansarda, ao tapete aconchegante, às almofadas bordadas, ao perfume de bergamota da psi... Adeus à doce toca. Olá Skype, FaceTime, WhatsApp, Zoom e todos os outros deslumbrantes espaços de comunicação remota.

Do divã à tela, tínhamos acabado de perder um lado material, concreto – mas também afetivamente muito investido – de nosso enquadre de trabalho habitual; ainda não sabíamos nada sobre o novo dispositivo que nos aguardava. Seria resistente ao fogo? Como poderíamos chegar lá atrasados? Qual o seu cheiro? Nós descobriríamos.

No início, as sociedades psicanalíticas se mantiveram em compasso de espera; depois, ao cabo de alguns dias, começaram a fazer circular anúncios tímidos. As novas providências a serem tomadas – continuar no consultório a qualquer custo, parar tudo ou usar a sessão remota – foram deixadas a critério de cada um, entretanto, com uma visível preferência pelo uso do telefone – o que inevitavelmente provocou risos entre os mais jovens, que, em suas conversas nas caixas de mensagens, diziam com ironia: "... Fixo, no máximo!" É verdade que por trás das fórmulas utilizadas, havia algo de anacrônico e excessivamente cauteloso. A velha dama vienense, que tinha sobrevivido à gripe espanhola e a duas guerras mundiais, obviamente não queria se deixar levar pelo mundo dos hologramas e do teletransporte. Dá para compreender. Porque qualquer um que possa nos dizer para onde estamos realmente indo, é um gênio. Sem contar que, fora dos divãs ou de nossos consultórios, onde mais a psicanálise pode ser praticada? Como deslocar o dispositivo ou, até mesmo reorganizá-lo, sem corromper nosso famoso "cerimonial imposto durante as sessões" (Freud, 1913, p. 93), sem arruinar o próprio edifício da psicanálise?

Para alguns, foi um momento de resistência perplexa ("Suspendo as sessões, vamos esperar o tempo que for preciso!"), para outros, o grande salto adiante a dois passos da denegação ("Sim, sim, funciona muito bem, vocês verão; só temos que sair do campo de visão da tela e ser pagos por transferência bancária no final da sessão"). No fundo, não esperávamos que a realidade nos obrigasse de repente a nos pronunciarmos de forma tão rigorosa e coletiva sobre um problema que, aliás, já estava na mesa desde o final dos anos 1970 ...[6]

Fomos colocados contra a parede.

Pois pandemia ou não, já fazia tempo que a discussão sobre o enquadre – sobre a ligação orgânica entre a psicanálise e o

---

6 Parece-nos, como assinala Fernando Urribarri (2012, p. XII), que, após o trabalho pioneiro de Bleger (1967) e Winnicott (1955), a teorização da manipulação do enquadre como elemento crucial da técnica começou estritamente nos anos 1970 (por exemplo, Green, 1974), antes de se intensificar acentuadamente nos anos 2000, pelo menos na França, notadamente com as valiosas contribuições de Roussillon.

enquadre – estava em curso, e ninguém podia dizer que a reflexão sobre sua teorização contemporânea (necessária diante da extensão da psicanálise às estruturas não neuróticas) não estava bem avançada. André Green (1974, 1980, 1997, 2012), Jean-Luc Donnet (2005), René Roussillon (1992, 2004, 2006, 2007, 2016), para mencionar apenas os mais conhecidos, já tinham não só colocado esta problemática no centro de suas elaborações, mas também sugerido repetidamente que este seria o ponto de partida para um pensamento psicanalítico renovado.

Em "Pour une histoire de la pensée clinique contemporaine" (2012), Fernando Urribarri retoma o caminho que levou a reflexão psicanalítica até as portas do "contemporâneo", mais especificamente, à reelaboração aprofundada da teoria do enquadre. De fato, neste breve, mas luminoso texto, Urribarri resume a evolução histórica proposta por André Green (1974) no Relatório de Londres (29º Congresso da IPA), esclarecendo como "o pensamento clínico contemporâneo nasce da conceitualização do enquadre e da redefinição da analisabilidade" (Urribarri, 2012, pp. XII-XIV).

Urribari escreve:

> *O modelo freudiano se concentra no conflito intrapsíquico do ponto de vista teórico, e na transferência do ponto de vista prático. As neuroses são os casos paradigmáticos. No modelo pós-Freudiano, ao contrário, a teoria se concentra na dimensão relacional ou intersubjetiva (com um interesse especial na relação objetal e no papel do Outro), enquanto a técnica é reformulada em torno da contratransferência (ou do desejo do analista); aqui são os psicóticos e as crianças que são os casos proeminentes. O projeto contemporâneo, em sua versão embrionária, concentra-se no funcionamento mental no interior do enquadre, para dar conta do funcionamento*

limite. O objetivo é reconhecer, historiar e superar os impasses teóricos e clínicos dos modelos freudianos e pós-freudianos(Urribarri, 2012, p. XII).

É possível retomar essas etapas sob a forma simplificada de um quadro:

A extensão da psicanálise e os modelos psicanalíticos após Freud

	Freudiano	Pós-freudiano	Contemporâneo
Objeto teórico	conflito intrapsíquico	intersubjetividade/ alteridade	funcionamento mental
Instrumento técnico	transferência	contratransferência	enquadre
Casos paradigmáticos	neuroses	psicoses	casos-limite

(Ainda que nem todos os analistas concordem com Green e que as visões/versões da história recente da psicanálise possam divergir, explorar a via que ele tomou nos parece útil. Ele nos fornece um método e uma base mínima – isto é, em função de nossos resultados passados e das ferramentas clínicas já à nossa disposição – a partir da qual podemos avaliar a pertinência de dispositivos novos).[7]

---

[7] No Brasil, durante as últimas eleições presidenciais (2019), que colocaram no poder uma extrema direita inculta, racista, misógina e miliciana – os psicanalistas experimentaram novos dispositivos de acompanhamento psíquico individual da população mais imediatamente afetada pela derrocada democrática (negros, índios, LGBT) que também era a mais pobre: instalaram miniconsultórios móveis nas ruas, perto do metrô, em saídas de escritórios, em praças públicas etc., em horários fixos. Às vezes, o dispositivo desses consultórios móveis consistia simplesmente em dois bancos dobráveis e um lanche (café, bolo) oferecido àqueles que vinham sentar-se ali. As consultas eram realizadas sem marcação e sem pagamento no final, mas, às vezes, havia longas filas de espera. Um dos teóricos deste "redesign do *setting*" foi Tales Ab'Saber, psicanalista, psicólogo clínico e professor do Departamento de Psicanálise do Insti-

Em resumo, se olharmos para os passos que levaram à problematização contemporânea do enquadre, talvez pudéssemos rastreá-los desta forma:

1. Extensão teórica e clínica da psicanálise (além do modelo de neuroses e psicoses);
2. Exploração dos limites da analisabilidade (o problema da simbolização; a necessidade de um dispositivo para pensar pensamentos durante a sessão);
3. Inclusão do terceiro (Green, 1990; Ogden, 1994), na forma de enquadre, dentro do par analítico (matriz de simbolização; o enquadre concebido como metáfora do aparelho psíquico);
4. Inclusão de psicoterapias na clínica (extensão da analisabilidade; recusa de uma psicanálise "de segunda classe");
5. Ajustes no enquadre, levando a uma "inflexão paradigmática que envolve *a potencial desarticulação da definição de psicanálise e do uso de seu dispositivo original*" (Roussillon, 2004; o itálico é nosso).

Em resposta à questão "até onde se pode ir nos ajustes do enquadre?", Roussillon, já em 2016, indicava o programa a ser seguido:

> *Devemos continuar trabalhando os problemas teóricos e clínicos da técnica (...); o dispositivo analítico divã--poltrona é o "tipo ideal" para a análise dos enquadres;*

---

tuto Sedes Sapientiæ, São Paulo. Tanto quanto sei, ainda não há um relato detalhado da experiência; mas, o leitor interessado encontrará facilmente muitos artigos em português na Internet. Veja por exemplo: https://www.comciencia.br/escutar-as-ruas-e-desafio-das-clinicas-publicas-de-psicanalise/.

o que pudemos elaborar a partir de suas particularidades pode servir de modelo para a abordagem de outros dispositivos (Roussillon, 2016, p. 41).

Eis uma resposta singela à primeira vista, mas muito precisa. De fato, (1) a história clínica da psicanálise forjou ferramentas eficazes que podem ser consideradas como "matrizes"; (2) o papel de uma matriz é permitir novas gerações a partir de um modelo ideal; (3) os modelos, sejam ideais ou idealizados, não são puramente reproduzíveis, mas têm um aspecto criativo em sua transposição. A passagem do dispositivo divã para o dispositivo tela sem dúvida requer, mais do que uma tentativa de imitação, uma dose de adaptação, de invenção, de aceitar perdas e ganhos. Em suma, a negociação de um *quase,* como diria Eco (2003, p. 9), cuja elasticidade e extensão é estabelecida em função do que favorece a reinvenção do objeto modificado, sem que com isso se destrua a matriz.

A isso, eu acrescentaria, a necessidade de não se satisfazer com o *kitsch* psicanalítico – a saber, as reproduções esclerosadas e supostamente "idênticas" – e de "continuar trabalhando os problemas teóricos e clínicos da técnica".

Muito bem. Mas então como acontece a psicanálise sem divã (na tela, suponhamos)? Acontece sem cair em veredictos prematuros e definitivos; concordando em continuar a pesquisa; tomando o cuidado de não esquecer os importantes passos já dados e, hoje, ultrapassados. Como é o caso dos debates sobre psicoterapia psicanalítica, para dar apenas um exemplo, que ocupou o centro da cena no início dos anos 2000.[8]

---

8   Veja o relatório muito interessante e completo de André Green, em *Les Voies nouvelles de la thérapie psychanalytique, une véritable somme sur les pratiques contemporaines,* publicado sob sua direção (Green, 2006, cap. II, pp. 61-98); e também, (Green, 2001) e Widlöcher (org.) (2008).

Lugar de indiscutível progresso, tais controvérsias nos deixaram, contudo, entrever um grande abismo entre o que seria uma psicanálise aristocrática e deitada para alguns (aqueles tocados pela graça do Espírito Santo e sua Palavra) e, para outros, uma psicoterapia plebeia, sentada e em face a face (os párias assimbólicos e mudos). Devemos então ter cuidado para não repetir esse padrão em um falso dilema divã-tela. Tal equação agora parece superada: no trem psicanalítico, não há análise de primeira ou segunda classe; o enquadre hoje tem novos fundamentos teóricos, diferentes daqueles que o regeram e o circunscreveram no passado; de resto, o próprio contexto e a essência do debate sobre o que "faz" (ou não) a psicanálise (analisabilidade) parece ter mudado muito (*cf.* Urribarri, 2006, pp. 656-666).

O processo psicanalítico é evidentemente interno, mesmo que condições externas, estáveis e persistentes não processuais sejam necessárias (mas não suficientes) para que esse processo tenha (um) lugar. Assim, o que estamos enfrentando nestes tempos de pandemia não é tanto o colapso do enquadre em favor de uma mudança de suporte, mas a ruptura mais profunda de nossos mundos internos em um contexto externo (um enquadre externo) que se tornou muito instável, muito incerto e que, de repente, frustra qualquer pretensão de preservação (já bastante difícil) do espaço mental transicional e de sua capacidade de ficção. A intolerância a toda e qualquer forma de simbolização torna-se cada vez mais aparente. É como se esse monte de más notícias que nos assola – a pandemia, a mudança climática, a destruição de mares e florestas – inibisse nossa respiração psíquica, nossa capacidade de devaneio. Como se nos prendesse na armadilha de uma realidade que se tornou psicótica.

Após o incêndio do consultório e, ao contrário daqueles que não haviam vivido nossas peripécias (mas tendo podido fantasmá-las), o analisando abruptamente arrancado de seu espaço de simbolização logo deu sinais de uma espécie de fadiga traumática feita de desencorajamentos persistentes, dores de barriga mais intensas e trens de pensamento interrompidos por brancos intempestivos. Apesar do resultado bastante feliz do ocorrido – nenhuma morte ou ferimentos graves a lamentar, grandes danos limitados a alguns metros quadrados etc. – as associações do analisando se empobreceram, enquanto seu tecido discursivo se rasgou em alguns lugares; ele iniciou então a longa travessia de um deserto psíquico.

Às vezes, me pergunto se é algo assim que surgirá desta sequência pandêmica. Há alguns dias, uma paciente, cansada atrás de sua tela, suspirou: "Começa a se calar lá dentro... Há algo como um silêncio no meu coração, que me fatiga...".

Talvez isto seja o que tem sido chamado de "cansaço pandêmico", nosso arrancamento brutal de um enquadre externo que nos era familiar, nosso arrancamento do nosso ecossistema; seguido de um silêncio repentino em nossos corações, um ressecamento do mundo interno que, contudo, se alimenta de nossos laços, de nossas atividades sociais e políticas, de nossa possibilidade de cultura, de nossos espaços de criação.

Certamente, o mundo interno é um equipamento psíquico robusto e plástico, mas não é à prova de tudo, não é autônomo, autogerado, autossuficiente; é simbólico, metafórico, alegórico até, mas de forma alguma insubstancial, etéreo ou monádico; precisa de um exterior, de um horizonte e de um mundo vivo, e mais ou menos funcionante, para continuar a viver.

Dezembro de 2020

A. de S.

Traduzido do francês por Roberto Oliveira

Referências

Ambrosiano, L. & Gaburri, E. (2009). Les Ménines, *in* Ferro & Basile, 2009, pp. 107-128.

Baranger, M. & Baranger, W. (1961-1962). "La situation analytique comme champ dynamique", *Revue française de psychanalyse* 49, 6,1985, pp. 1543-1571.

Bion, W. R. (1962). *Learning from Experience*, New York, Basic Books.

Bleger, J. (1967). Psychanalyse du cadre psychanalytique, *in* J. Bleger, *Symbiose et ambiguïté : étude psychanalytique*, Paris, Puf, 1981, pp. 283-299 ; repris *in* R. Kaës (dir.), *Crise, rupture et dépassement*, Paris, Dunod, 1979, pp. 255-274 (traduction donnée ici en référence).

Donnet, J.-L. (2005). *La Situation analysante*, Paris, Puf.

Eco, U. (2003). *Dire quasi la stessa cosa: esperienze di traduzione*, Milano, Tascabili Bompiani, 2003.

Ferro, A. & Basile, R. (dir.) (2009). *Le Champ analytique. Um concept clinique*, Paris, Ithaque, 2015.

Ferro, A. (2007). Éviter les émotions, vivre les émotions, Paris, Ithaque, 2014.

Ferro, A. (2014). *Les Viscères de l'âme*, Paris, Ithaque, 2019.

Ferro, A. (2017). *Pensées d'un psychanalyste irrévérencieux. Entretiens avec Luca Nicoli*, Paris, Ithaque, 2019.

Freud, S. (1913). Le début du traitement, *in* S. Freud, *La Technique psychanalytique*, Paris, Puf, 2004, pp. 80-104.

Green, A. (dir.) (2006). *Les Voies nouvelles de la thérapeutique psychanalytique*, Paris, Puf.

Green, A. (1974). "L'analyste, la symbolisation et l'absence dans le cadre analytique", *Revue française de psychanalyse* 5, 38 (1974), pp. 1191-1224 ; repris *in* A. Green, *La Folie privée. La Psychanalyse des cas-limites,* Paris, Gallimard, Folio, 1990.

Green, A. (1980). La mère morte, *in* A. Green, *Narcissisme de vie, narcissisme de mort,* Paris, Minuit, 1983, pp. 222-253.

Green, A. (1990). De la tiercéité, *in* Green, 2002, pp. 259-308.

Green, A. (1997). Le cadre psychanalytique : son intériorisation chez l'analyste et son aplication dans la pratique, *in* Green, 2012, pp. 5-29.

Green, A. (2001). La crise de l'entendement psychanalytique, *in* A. Green (dir.), *Revue française de psychanalyse,* hors-série : "Courants de la psychanalyse contemporaine", pp. 401-415 ; repris *in* Green, 2002, pp. 335-350 (édition donnée ici en référence).

Green, A. (2002). *La Pensée clinique,* Paris, Odile Jacob.

Green, A. (2012). *La Clinique psychanalytique contemporaine,* Paris, Ithaque.

Neri, C. (2009). La notion élargie de champ en psychanalyse, *in* Ferro & Basile (dir), 2009, pp. 51-82.

Ogden, T. (1994). Du tiers analytique : en travaillant avec les faits cliniques intersubjectifs, *in* T. Ogden, *Les Sujets de l'analyse,* Paris, Ithaque, 2014; repris *in* Ferro A. & Basile R. (dir.), 2009, pp. 151-166.

Ogden, T. (1997). *Reverie and Interpretation. Sensing something Human,* London, Karnac Books (1999).

Ogden, T. (2005). *Cet art qu'est la psychanalyse,* Paris, Ithaque, 2012.

Ogden, T. (2008). Parler/rêver, *in* Ogden, 2009, pp. 24-40.

Ogden, T. (2009). *Redécouvrir la psychanalyse. Penser, et rêver, aprendre et oublier,* Paris, Ithaque, 2020.

Roussillon, R. (1984). Du baquet de Mesmer au "baquet" de Sigsmund Freud (Premières réflexions sur la préhistoire du cadre psychanalytique, *Revue française de psychanalyse* 48/6 (1984) : "Variations du cadre", pp. 1363-1384.

Roussillon, R. (2004). Aménagements du cadre analytique, *in* F. Richard & F. Urribarri, *Autour de l'œuvre d'André Green. Enjeux pour une psychanalyse contemporaine* (actes du colloque de Cerisy), Paris, Puf, 2005, pp. 53-65.

Roussillon, R. (2006). Le "langage" du cadre et le transfert sur le cadre, *in* P. Denis, B. Chervet & S. Dreyfus-Asséo, *Avancées de la psychanalyse,* Paris, Puf, 2008, pp. 106-117.

Roussillon, R. (2007). *Logiques et archéologiques du cadre psychanalytique,* Paris, Puf.

Roussillon, R. (2016). "Le cadre psychanalytique en chantier", *Le Journal des psychologues* 339 (2016/7), Paris, pp. 39-43.

Urribarri, F. (2006). La théorie dans la psychanalyse actuelle. À la recherche d'un nouveau paradigme contemporain, *in* Green (dir.), 2006, pp. 653-666.

Urribarri, F. (2012). Pour une histoire de la pensée clinique contemporain, *in* Green, 2012, pp. IX-XXX.

Widlöcher, D. (dir.) (2008). *Psychanalyse et psychothérapie,* Toulouse, Érès.

Winnicott, D. W. (1955). Les aspects métapsychologiques et cliniques de la régression au sein de la situation analytique, *in* D. W. Winnicott, *De la pédiatrie à la psychanalyse,* Paris, Payot, 1989, pp. 250-267.

Desamparos individuais, desamparo das instituições psicanalíticas

Serge Frisch
Luxemburgo/Bruxelas, Bélgica

É fato cultural e científico: a psicanálise sofre as influências do mundo no qual ela se desenvolve. Claramente, a pandemia da Covid-19 afetou fortemente o exercício da psicanálise, as relações entre analistas e sua vida institucional.

A decisão do confinamento colocada em curso durante o final de semana pelas autoridades de meu país, Luxemburgo, colocou-nos todos em alerta, inclusive meus pacientes e eu. Na segunda pela manhã, nós estávamos um pouco perdidos e era preciso nos organizar frente àquela situação. Meus pacientes me telefonaram para saber como nós iríamos continuar nossas sessões. Nesse momento, eu estava totalmente sem saber se os profissionais liberais de saúde estavam autorizados a receber seus pacientes.

De um ponto de vista sanitário, as autoridades decidiram as medidas que se impunham de acordo com o conhecimento científico disponível naquele momento, mas, de um ponto de vista psicanalítico, estávamos diante de um "ato". Um "ato" provoca, geralmente, um "contra-ato" (Haber, 1986). Eu estava com a obrigação de reagir, e eu propus que aqueles que pudessem comparecer em presença, que o fizessem, que eu os receberia em meu consultório mantendo as medidas de distanciamento social. Impulsivamente, eu igualmente sugeri que eles pudessem me telefonar ou contactar via Skype. Hoje, eu fico perplexo de ter espontaneamente proposto, antes mesmo que meus pacientes me pedissem. É importante saber que um certo número de analisandos meus vive em países que fazem limite com esse pequeno país que é Luxemburgo, como a Alemanha, a Bélgica ou a França. As autoridades decretaram o fechamento das fronteiras, e meus pacientes não estavam mais autorizados a se deslocar. As sessões com esses pacientes, então, tiveram que ser feitas obrigatoriamente a distância.

Como muitos colegas, eu me encontrei face a uma situação inédita, sem ter tido tempo de pensar, de elaborar. Sozinho em meu canto, eu tentei construir e configurar um enquadre minimalista para as sessões a distância: eu estaria no meu espaço habitual em meu consultório, mesma hora, mesmos dias que anteriormente. O paciente deveria também estar na casa dele, sempre no mesmo lugar, e se ele estava em análise, era necessário colocar a câmera do computador de determinada maneira. É preciso reconhecer que eu era um novato no que concernia a análise a distância e jamais a havia praticado. Eu fui pego de surpresa ao ponto de jamais ter pensado em propor Skype a meus pacientes, já que não sou a favor dessas técnicas a distância. Mais surpreendente ainda: Porque me deixei, assim como meus colegas, agir precipitadamente? E as muitas mudanças nas regras sanitárias a serem observadas, como o uso da máscara, que não era obrigatória no início, representam para o analista e seu paciente uma série de rupturas, ações e contra-ações.

Embora a noção de *enquadre analítico* seja muito importante para mim, eu não concedi, nem a mim, nem aos meus pacientes, um espaço de reflexão para analisar este ataque contra o enquadre, como eu faço em sessão quando este é colocado à prova pelo paciente. Como foi possível que em nenhum momento eu pude dizer que, diante desta situação inédita, eu precisaria, nós precisaríamos, de alguns dias, ou mesmo uma semana, para pensar esta nova situação? Eu também não pensei em suspender as sessões até a normalização da situação sanitária. *A posteriori*, eu me dei conta de que minha capacidade analítica falhou totalmente. Eu posso aceitar que isso me aconteça. Mas como é que toda a comunidade analítica reagiu mais ou menos da mesma forma? E o que eu comuniquei aos pacientes de minhas ansiedades e meu transbordamento psíquico, agindo desta forma – por um agir bastante contrário à minha atitude habitual, que é a de tomar o tempo para pensar com meus analisantes antes de responder a qualquer demanda? Uma maneira puramente maternal de proteger, aliviar, acalmar, organizar os pacientes, como um animal que instintivamente protege sua cria, é o que teria sido solicitado em mim? A função paterna, terciária, reconfortante, que nos permitiria ter algum tempo para pensar calmamente teria sido posta de lado?

Esta pandemia certamente reviveu as angústias arcaicas enterradas em cada um de nós em conexão com as pragas que dizimaram populações no passado. Ao oferecer aos meus pacientes que continuassem nossas consultas, seja no meu consultório ou remotamente, eu certamente me agarrei à pulsão de vida e à ideia de que era importante continuar a viver e trabalhar o mais normalmente possível. Não havia um indício de onipotência na minha atitude de bravura para continuar as consultas, para exorcizar minhas angústias? (Claro, eu estava convencido, e ainda hoje estou, de que as regras de distanciamento social, o uso de máscaras e géis hidroalcóolicos fornecem proteção de qualidade).

Se o trabalho analítico foi feito com a maioria dos meus pacientes, é porque eles estão em análise há anos e já tiveram a oportunidade de internalizar o enquadre analítico e a associação livre. Não tenho nenhuma experiência em entrevistas preliminares remotas, *muito menos* em iniciar tratamentos diretamente com sessões remotas.

Os primeiros momentos do confinamento

Qual foi a minha surpresa no primeiro dia de consulta com dispositivos remotos, ao descobrir que minha primeira paciente me contatou por Skype enquanto ela ainda estava deitada na cama. A segunda estava de camisola em sua mesa do café da manhã. Em uma conversa, um colega americano me diz que isto era uma atitude regressiva. Pelo contrário, descobri que tudo em sua atitude verbal e não verbal evocava uma sedução e fazia pensar em uma encenação da sexualidade infantil. Em vez de sustentar o Ego precário da paciente como meu colega sugeriu, achei mais importante que a paciente pudesse falar sobre as fantasias que essas situações de presença do vírus, de confinamento, e da nova configuração das sessões faziam nascer nela com respeito à relação transferencial. Fiquei ansioso para permitir que as emoções se manifestassem e perceber as representações inconscientes no relato do paciente.

Alguns analisantes reagiram de maneira paranoide, porque a sessão por videoconferência trouxe à superfície medos intrusivos e voyeuristas: graças à câmera, meu olho estava entrando em sua casa, em "seu interior". Esses pacientes, geralmente muito pontuais em sua sessão, me chamavam muito tarde.

Alguns analisantes mudavam de lugar a cada vez: ou em sua cozinha, seu quarto, em um banco de parque, em seu carro, ou no apartamento de seu companheiro. Com outros, seus filhos vinham dizer oi para a câmera. O importante para eles era manter o vínculo a qualquer custo, independentemente de como. Mas nós, enquanto analistas, construíamos um vínculo em um espaço particular no qual um processo de simbolização pudesse ocorrer.

Alguns pacientes falavam mais livremente por telefone do que em sessão presencial, o que mostra os aspectos defensivos de alguns em comparação com o enquadre analítico projetado para ser um facilitador da associação livre. Mas sabíamos, o paciente e eu, que esta palavra aparentemente mais livre por telefone tinha menos consistência, que tinha menos "carne", como um deles me disse.

Do lado dos psicanalistas constatamos mais ou menos o mesmo fenômeno. Alguns não se deslocam mais para seus consultórios, mas atendem de qualquer lugar. Outros ficam de pijama o dia todo. Outros ainda, desde o fim do confinamento, agora aceitam uma estrutura flutuante: o paciente vem para algumas sessões e para outras não, onde ele liga, por Skype, dependendo do que lhe convém e de onde ele está naquele momento.

Eu rapidamente percebi que muitos aspectos da estrutura analítica clássica me escapavam, como a localização das sessões, que muitas vezes não eram as mesmas de um dia para o outro, a presença, por exemplo, de crianças ou mesmo de adultos ou a impressão de alguns pacientes de serem invadidos pela minha presença em suas casas pela tela interposta, o que me levou a não mais oferecer telas e trabalhar apenas por telefone. Eu mesmo, me sentia mais confortável não sendo confrontado com o visual, o que Freud já havia evocado quando propôs o divã aos seus pacientes.

O enquadre analítico é necessário para o paciente e para o analista, e cabe ao analista garantir que o enquadre seja respeitado uma vez que tenha sido estabelecido. Atualmente, em muitas situações este não é mais o caso – não é mais o analista quem garante a manutenção do enquadre, já que é o paciente quem decide de onde faz contato; há um controle do paciente sobre as prerrogativas do analista. Isso levanta, portanto, questões interessantes de técnica analítica e da interpretação que não poderei desenvolver aqui.

Vamos apenas dizer, por exemplo, que, sob o pretexto da situação e das diretrizes sanitárias, alguns analistas aceitam essas mudanças no enquadre como se eles também houvessem encontrado algum benefício, mesmo que antes eles preservassem – às vezes contra os ventos e as marés – o respeito estrito ao enquadre analítico. Para José Bleger (1964), o enquadre é o receptor da *simbiose* dos pacientes – e, sem dúvida, dos analistas também – no qual depositam suas partes psicóticas: há o risco de que as partes psicóticas imobilizadas no enquadre irrompam na vida do paciente ou nas sessões no momento em que ocorre uma modificação no enquadre ou caso ele se torne aleatório.

Foi assim que entendi o que tinha acontecido com dois pacientes em análise com quem testemunhei a rápida interrupção, até mesmo dramática, da vida familiar quando, depois que as fronteiras foram fechadas, decidimos continuar as sessões por telefone. O efeito foi imediato: incapazes de conter suas angústias, eles passaram sua sensação de insegurança para seus filhos pré-adolescentes, os quais destruíram vários móveis da casa e atingiram gravemente seus pais a ponto de a polícia ter que intervir várias vezes. Para esses analisandos, o confinamento colocado em prática foi a prova de que as instituições sociais, que supostamente deveriam organizar a vida na sociedade, foram sobrecarregadas e não poderiam proteger contra o vírus que, invisível, espreitava em todos os lugares. A mudança no enquadre analítico confirma esses medos com uma vivência de colapso da vida normal e o retorno de angústias psicóticas desestruturantes. Esses mesmos pacientes, depois de fazer compras, por exemplo, se despiam na frente da porta, imediatamente lavavam as roupas em alta temperatura e deixavam suas compras na garagem por vários dias sem tocá-las. Esses medos paranoicos não foram suficientemente contidos pelas sessões remotas, ao ponto de que uma das minhas pacientes escolheu confinamento total longe de sua família, convencida de lhes transmitir o vírus que ela não carregava. Inconscientemente, ela sentiu que eram seus medos paranoicos que eram perigosos para seus entes queridos.

Essas poucas vinhetas clínicas mostram o impacto desorganizador da epidemia na psique de nossos pacientes e na dos analistas. Com o distanciamento, constatamos os danos no enquadre analítico que construímos pacientemente durante anos e que abandonamos de um dia para o outro. Notamos uma violação das regras que os analistas haviam pacientemente pensado durante décadas e, em seguida, colocados em prática e passados para gerações de analistas em formação. Às vezes eu tinha a fantasia de que os colegas criariam sua própria pequena empresa analítica, sua IPA individual com suas regras bastante particulares.

A notícia de que alguns colegas continuariam consultas remotas por mais de um ano rapidamente se espalhou. Minha intenção não é questionar essas prudentes decisões pessoais, mas refletir sobre o impacto que esses medos um tanto paranoicos podem ter em nossos pacientes e sobre nossos candidatos. O que esses medos dizem sobre nós? Enquanto trabalhamos em condições bastante ideais em nossas práticas privadas, como justificar isso para médicos e enfermeiros que se encontram na linha de frente em hospitais ou com cuidadores em asilos?

A propósito, muitos analistas em formação ficaram chocados e perturbados que seus analistas, seus supervisores e outros didatas que, até então, insistiam no respeito ao enquadre, já não levaram isso em conta e permitiram-se um monte de liberdades desde o início da epidemia, evitando superegóicamente as regulamentações das autoridades de saúde sem questionar as implicações reais e subjetivas. Em referência à realidade ou regras emitidas pelas autoridades sanitárias, as sociedades de psicanálise levaram algum tempo para perceber o desamparo dos analistas em formação e dos membros, como se a instituição analítica tivesse esquecido que, certamente, tinha a função de selecionar candidatos, mas acima de tudo de acompanhar seus membros para ajudá-los a desenvolver continuamente seu *ser* analítico.

A questão do enquadre analítico

A importância do enquadre analítico é reconhecida pelos principais autores de língua francesa. René Roussillon (1995, p. 40), por exemplo, descreve a complexidade do enquadre como o que significa borda, mas também a parte inferior, a sessão, a tela assim circunscrita: "dentro de suas funções, o enquadre às vezes limita-se em destacar aquilo que ele contém, às vezes ele vai até ao ponto de sustentar, apoiar, ou mesmo moldar, dar-lhe a sua própria forma". Ele pode casar a forma a conter, ou forçá-lo e impor sua forma. Forma e fundo estão em uma relação de interdependência. Se você tocar em um, você muda o outro. A regra fundamental faz parte do enquadre e estabelece a livre associação no paciente e a atenção flutuante do analista. Bleger (2021) aponta que André Green, em referência à Winnicott, fala sobre a função facilitadora, continente do enquadre, de sua função maternante. Ele também ressalta que, para Green, o enquadre permite uma construção de simbolização muito mais do que um processo de simbolização.

Évelyne Sechaud (2013), na sequência de Jean-Luc Donnet (2005), complexifica a noção falando sobre o sítio (*site*)[1] analítico que contém o enquadre. O sítio é, antes de tudo, o sítio da linguagem e "refere-se à configuração de um lugar no qual uma atividade será capaz de se desenvolver. Os elementos constitutivos do sítio analítico precedem a sua realização; fazem parte do já-ali". Mais adiante ela diz que, nesse sítio, o analista deve ser capaz de flexibilizar sua capacidade bissexual em uma identidade bem assegurada. "Essa capacidade interna de se mover garante a liberdade de pensar analiticamente. No analisando, esses componentes do sítio funcionarão como um motor ou como resistência". Podemos dizer que a condição para o analista se beneficiar de uma grande liberdade psíquica dentro do sítio é que o enquadre esteja claro e firme. Mexer no sítio tem um impacto no processo analítico.

É o analista que define o enquadre, é seu papel garantir e mantê-lo. Mas, uma vez estabelecido, este último é igualmente imposto ao paciente e ao analista. Não podemos esperar que nossos pacientes cuidem do enquadre ou entendam sua importância e significado, pelo menos não no início do trabalho analítico. Pelo contrário, sabemos muito bem que o paciente vai atacá-lo em algum momento e que isso representará uma repetição à espera da simbolização. O analisando integrará gradualmente a importância do enquadre no decorrer de seu trabalho analítico. É sem dúvida essa internalização do enquadre analítico que poderia dar a impressão de que o trabalho analítico estava acontecendo mesmo a distância.

Este dispositivo muito específico caracteriza e define a psicanálise, pois é essencial para a investigação de processos psíquicos que, caso contrário, permaneceriam inacessíveis, de acordo com

---

1 N.T.: A referência da autora citada é a noção cunhada por Pierre Fédida no livro *Le site de L´étrager*, traduzido no Brasil como *O sítio do estrangeiro* (editora Escuta).

Freud. Muitos analistas, que haviam trabalhado anteriormente sempre com um enquadre estrito, descobriram que trabalhar a distância "funciona também" e, como resultado, parecem prontos para muitos compromissos. A questão que surge é se, com todas essas adaptações um pouco selvagens do enquadre analítico, a psicanálise corre o risco de se psicoterapeutizar, para se tornar um espaço onde tudo e qualquer coisa é possível, onde *everything goes*? Como então intervir no enquandre se o espaço de análise se tornou aleatório?

Nestes tempos em que tanta coisa está sendo questionada, acho importante voltar aos fundamentos e razões que levaram Freud e Ferenczi a criar a Associação Psicanalítica Internacional (IPA), metáfora para todas as sociedades psicanálise no mundo.

Freud e Ferenczi criaram a IPA para combater a falta de organização dos analistas, descritos como exaltados, sem organização ou disciplina, que, como resultado, nunca poderiam se impor. A ausência de qualquer direção, diz Ferenczi (1910), fomentou a proliferação excessiva de tendências individuais em detrimento do interesse comum... as teses centrais da psicanálise. Ele concluiu que a criação da IPA garantiria "que seus membros realmente aplicam o método psicanalítico de acordo com Freud e não algum método criado para seu uso pessoal". Ferenczi coloca a ética não só dos membros, mas também de nossas instituições no centro de suas preocupações. E isso indica a importância de congregar analistas para que eles sejam capazes de pensar juntos sobre a psicanálise. Criar a IPA, e por extensão qualquer sociedade de psicanálise, é uma atitude antimarginal dos analistas para que se reúnam, discutam e desenvolvam ali, juntos, um processo de pensamento analítico.

Seguindo Winnicott (1971), podemos falar das instituições como um "espaço potencial" que constitui um ambiente seguro em que o analista, envelopado em um banho de palavras institucionais, sente-se confiante. Geralmente, o enquadre "bem temperado", em referência ao "divã bem temperado" de Jean-Luc Donnet (2002), é silencioso, como se não existisse, e age como um envelope de proteção. Com a crise sanitária que estamos passando, os laços pessoais se distendem, ou mesmo se perdem, e o enquadre institucional não oferece mais essa abertura rumo a uma regressão formal que permite aos analistas pensar e sonhar com sua instituição e com a psicanálise. Este ambiente facilitador através do qual as trocas científicas frutíferas e serenas podiam desenrolar para fazer um trabalho de simbolização sobre a psicanálise, sobre sua sociedade, sobre seu lugar em relação aos colegas, está fragilizado. O aspecto grupal, que é tão indispensável para nós, se desfaz, e reuniões remotas são apenas um gesso pobre.

No início da crise da Covid-19, a instituição psicanalítica não pôde ser capaz de fazer função de lugar de elaboração ou de continente das angústias de seus membros. No máximo, a instituição deu informações sobre como se adaptar às medidas sanitárias, mas sem criar espaços de pensamento. Nesse sentido, a instituição psicanalítica também foi infectada e contaminada em suas funções essenciais de lugar de elaboração e de pensamento pelo vírus.

Seminários científicos e até congressos internacionais foram cancelados em todos os lugares, privando analistas do oxigênio das reuniões com seus pares. Gradualmente, instituições psicanalíticas nacionais e internacionais, como a IPA, ofereceram lugares para discussão na internet que têm sido um verdadeiro sucesso, testemunhando a necessidade dos analistas de se comunicar, mesmo a distância. Os primeiros *webinars* da IPA foram caracterizados pela narrativa das experiências dos analistas que falavam muito sobre as angústias de seus pacientes. Foi necessário algum tempo para que os analistas pudessem também falar sobre seus próprios medos, alguns escondendo-se sob uma compulsão de querer tudo teorizar. Essa narrativa pode ter servido para abreviação das angústias, mas, como escreve Évelyne Sechaud (2013), ela também traz um benefício narcísico defensivo a partir do momento em que ela "dá uma imagem de complacente superfície, às vezes sedutora, de acordo com a arte do narrador".

No entanto, as consequências dessa crise sobre as instituições psicanalíticas têm sido pouco elaboradas. A vida institucional foi completamente virada de cabeça para baixo; contatos pessoais individuais e em grupo, que nos são essenciais, desapareceram. Do dia para a noite, nossos espaços institucionais ficaram vazios, com todo o simbolismo que isso representa. Não havia mais reuniões administrativas para organizar a vida institucional e científica dos membros. Seminários científicos foram suspensos por um longo tempo, e o tecido de elaboração analítica se desfez. Reuniões de videoconferência são úteis, e elas reúnem um grande número de colegas que não precisam viajar e que pode desconectar o computador caso não estejam interessados. Mas esse tipo de encontro nunca substituirá as reuniões em que a presença corporal pulsional de analistas dá outra vida às trocas. Um fenômeno de distanciamento ocorreu, ou mesmo um deslocamento de laços institucionais. Pela força das coisas, um individualismo se espalha.

Eu pude constatar que os conflitos que existem nas sociedades estão exacerbados pela ausência das discussões em presença. Com José Bleger (1966) podemos imaginar que membros de uma sociedade de psicanálise depositam seus projetos e teorias analíticas mais loucas no enquadre institucional, bem como a violência de seus restos transferenciais, contratransferenciais e intertransferenciais, analisados ou inanalisáveis. O enquadre institucional simbólico da fusão com o corpo da mãe geralmente permanece em silêncio, exceto em situações em que ele perde esta função de fusão, como em uma situação de crise. Freud mostrou que a barbárie está ligada à organização inconsciente do indivíduo, e é por isso que as instituições analíticas colocam limites, derivações, sublimações para que seus membros possam viver e trabalhar juntos, apesar desta barbárie. Nesse sentido, as instituições exorcizam a violência originária (Enriquez, 2006). Com a crise, nossas instituições se tornaram virtuais e são muito menos capazes de cumprir sua função de continência e desintoxicação dessa violência. Não surpreende que os conflitos aumentem e os colegas pensem em deixar suas funções na instituição analítica ou em se retirar durante o isolamento.

Quais são as possíveis consequências para o futuro?

A crise da Covid-19 pode continuar por um tempo ainda imprevisível, e é provável que as reuniões realizadas nas instalações de nossas instituições analíticas permanecerão restritas. Ninguém sabe o futuro, mas eu arrisco a esboçar algumas pistas para reflexão.

Essa crise sanitária vem em um momento em que a instituição analítica há anos tem sido confrontada com os efeitos do neoliberalismo; o que mudou profundamente a relação entre indivíduos e as relações que ligam os indivíduos às instituições. As modalidades do vínculo social estão mudando e estamos testemunhando uma mudança na forma como o indivíduo percebe a si mesmo e como ele se percebe na sociedade.

A psicanálise nasceu em uma sociedade onde um conjunto de instituições e tradições, como família, cidade, grupo de filiação, partido político, religião etc., ligavam as pessoas às formas de incorporação coletivas, indexadas por solidariedade. A relação com os outros era regida pelo respeito às tradições, aos costumes e aos princípios éticos (Rosanvallon, 2018, pp. 357-358). Como observado acima, esses projetos também se infiltram no projeto criativo da IPA por Freud e Ferenczi.

Christophe Dejours (2014) constata mudanças nas relações com os outros levando a uma diminuição da solidariedade, do sentido do coletivo, de um viver juntos, e ao desenvolvimento do cada um por si. Ele diz que a ajuda mútua e a solidariedade desaparecem com a sensação de estar sozinho no meio da multidão. Marcel Gauchet (2016, pp. 323-324) fala de uma "dissolução dos remanescentes da estruturação religiosa", o que indicaria a libertação final do envelope religioso que moldou as relações entre indivíduos, bem como uma libertação da estrutura piramidal.

As sociedades de psicanálise socializaram os indivíduos e trouxeram à tona uma consciência coletiva na qual o analista percebeu-se canalizado, enquadrado por, e articulado com a esfera do coletivo em sua sociedade. Sob a influência do neoliberalismo, as demandas para o empoderamento do indivíduo em relação ao coletivo se manifestam, e muitos analistas não se inscrevem mais, a não ser com resistência, nas estruturas institucionais, porque eles não parecem mais acreditar na vida em comum em suas sociedades. A ilusão de uma vida analítica sem uma instituição, sem uma política científica comum, se desenvolve. Removendo as oposições, a sexualidade é eliminada. Nossas sociedades de psicanálise se fragmentam, e o cada um por si substitui o desejo ou a necessidade de viver juntos. Em outras palavras, o analista individual está se tornando cada vez mais um consumidor da sociedade, em vez de um membro ativo.

Não só o vínculo do indivíduo em relação à sua sociedade psicanálise, mas também o vínculo com a psicanálise está ameaçado.

A vida em conjunto, o trabalho de todos para construir juntos a instituição, a formação, a ética, arrisca se desintegrar.

Alguns analistas pedem um nivelamento da estrutura institucional, uma supressão pura e simples de qualquer diferença entre membros de sua sociedade psicanálise e, portanto, a remoção dos analistas titulares-formadores ou didatas. A função das sociedades de psicanálise se resumiria então a uma gestão coletiva, técnica e reguladora, de atividades científicas e de formação. Esta é a essência do neoliberalismo, que não está ligado a nenhuma forma de sociedade e "que define comportamentos e caracteriza um regime de interação entre homens, mas sem qualquer visão de um estar juntos (...), sinal e efeito de um vazio da imaginação social" (Rosanvallon, 2018, p. 380) – e de negação (*négation*) de que nossas sociedades de psicanálise são impregnadas de transferência e de contratransferência direta, lateral, difratada, ou seja, de uma profundidade e de uma densidade pulsional.

Nessa vontade de fazer tudo igual, é a ideia de assimetria, noção central do projeto freudiano, que o liberalismo ataca sob o pretexto de democratização entre os membros dentro das sociedades e democratização da relação paciente-analista. Laurence Kahn (2014, p. 8) diz que a dissimetria da relação analítica corre o risco de ser posta de lado e que a busca pela "verdade (foi colocada) sob o relativismo subjetivo, e a prática sob aquele do 'diálogo'". Isso é bastante oposto ao percurso freudiano, onde "cada avanço freudiano supõe a colocação em crise do que faz o coração da cura: a copresença de ordens radicalmente heterogêneas que, para serem pensadas, implicam a especulação" (Kahn, 2014, p. 13). Os conceitos em torno do intercâmbio, da interação, da troca entre o analista e seu paciente "que se compreendem" tentam desfazer as assimetrias. Isso obviamente evoca a tentativa de alguns analistas de varrer a sexualidade infantil e a pulsão, ou mesmo a transferência, que são noções centrais e indispensáveis do projeto freudiano.

Muitos colegas dizem que nada mais será como antes da crise sanitária. Se a tendência dos analistas de aceitarem os enquadres com geometria variável persistir, então coronavírus e neoliberalismo terão se fortalecido mutuamente. As fronteiras entre psicanálise e psicoterapia podem ficar embaçadas, turvas, porosas, moles, inconsistentes. O valor simbólico e estabilizador do enquadre institucional desaparece, incluindo sua capacidade vinculativa. A identidade analítica tal como a conhecemos hoje estaria perdida.

Todos conhecemos psicanalistas que se distanciaram da vida institucional e nos quais vemos um empobrecimento do pensamento psicanalítico porque ele não faz mais parte do espaço de convivência das interações institucionais. Correndo o risco de parecer provocativo, não poderíamos dizer que qualquer analista que toma muita distância de uma ortodoxia corre o risco de trabalhar contra a psicanálise? Sociedades de psicanálise são salvaguardas[2] em relação ao risco de deriva do analista isolado, e é imperativo cuidar disso.

É desejável, se não urgente, que todas as sociedades abram um debate interno sobre sua concepção do enquadre analítico e as implicações de sua possível aplicação à geometria variável, bem como uma reflexão sobre o significado que os membros dão à sua sociedade. Na cura, a concepção do enquadre do analista está ligada à sua concepção de análise; assim, podemos inferir a partir disso que a concepção de enquadre institucional está relacionada com a concepção de psicanálise da sociedade em questão. A concepção do enquadre institucional está ligada à concepção de formação dos candidatos e a concepção do que é um analista para essa sociedade.

---

2 N.T.: No original, *guarde-fous*, que em um jogo de palavras teria o sentido de "salva-loucos".

O enquadre institucional é portador de significação, ele não é neutro e, se uma sociedade muda profundamente, seu enquadre muda e, da mesma forma, sua concepção de formação, sua concepção de psicanálise.

Essa falta de visão de um estar-junto descrita por Rosanvallon tende a nivelar todas as diferenças, a banalizá-las. Está tudo em tudo, tudo é possível, não há contradição em nenhum lugar, tudo é compatível. Todas as teorias analíticas são as mesmas, não há mais necessidade de discutir e debater para entender a origem das diferenças nem seu impacto em nossa prática. As discussões secam e se resumem a uma narrativa clínica sob a primazia das emoções. Sai toda a metapsicologia.

A formação de candidatos pode sofrer se os titulares formadores praticarem enquadres de geometria variável. Os formadores, teriam eles fragilidades culpabilizáveis a favor dessas adaptações? Como os analistas em formação poderiam levar seus professores a sério se seu ensino não corresponde à sua prática?

Corremos o risco de voltar a uma situação aproximadamente idêntica em relação à IPA, na qual existem grandes diferenças referentes à concepção analítica e, por consequência, na formação entre os analistas europeus, latino-americanos e norte-americanos. Ou, para evitar um debate frutífero e caloroso desses conflitos, um suave consenso se instala sob o pretexto de que essas não são diferenças essenciais, apenas pontos de vista diferentes. O que se reflete no *slogan* da IPA que diz: uma IPA para todos.

Precisaremos de um longo tempo para analisar em profundidade as inflexões que esta crise sanitária está infligindo à psicanálise e às nossas instituições. A prioridade será estabelecer espaços de reflexão sobre a essência da psicanálise, sobre a definição e preservação da identidade psicanalítica, sobre estruturas institucionais e sobre sua inserção cultural na sociedade. Nenhuma sociedade de psicanálise poderá se esquivar dessas questões, pois é, como diz Rosanvallon (2018), uma "história contínua sem fim (...), um trabalho de exploração e experimentação, de compreensão e elaboração dela mesma".

S. F.

Traduzido do francês por Ludmilla Tassano Pitrowsky

Referências

Bleger, J. (1966). Psychanalyse du cadre analytique, in *Crise, rupture et dépassement*, 1979, Paris, Dunod.

Bleger, L. (2021). What is it the setting, after all?, in C. Moguillansky & H. B. Levine, *Psychoanalysis of the Psychoanalytic Frame Revisited. A New Look at Jose Bleger's Classical Work*, Londres & New York, Routledge (à paraître).

Dejours, Christophe. (2014). La sublimation entre clinique du travail et psychanalyse, *Revue française de psychosomatique* 46, pp. 21-37.

Donnet, Jean-Luc. (2002). *Le Divan bien tempéré*, Paris, Puf, Le fil rouge.

Donnet, Jean-Luc. (2005). *La Situation analysante*, Paris, Puf.

Enriquez, Eugène. (2006). L'institution de la "vie mutilée", *Revue française de psychanalyse* 70, pp. 899-917.

Ferenczi, Sandor. (1911). *De l'histoire du mouvement psychanalytique, in* S. Ferenczi, Œuvres complètes, Psychanalyse I, Paris, Payot, pp. 162-171.

Gauchet, Marcel. (2016). *Comprendre le malheur français,* Paris, Stock.

Green, André. (1974). L'analyste, la symbolisation et l'absence dans le cadre analytique, *Nouvelle Revue de psychanalyse* 10, pp. 63-102.

Haber, Maurice. (1986). Mise en acte, acting-out et contre-transfert, *Revue belge de psychanalyse* 2, pp. 1-13.

Kahn, Laurence. (2014). *Le Psychanalyste apathique et le patient postmoderne,* Paris, L'Olivier.

Rosanvallon, Pierre. (2018). *Notre histoire intellectuelle et politique, 1968-2018,* Paris, Seuil.

Roussillon, René. (1995). *Logiques et archéologiques du cadre psychanalytique,* Paris, Puf, Le Fil rouge.

Sechaud, Évelyne. (2013). Le féminin du site, *Annuel de l'APF,* pp. 145-162.

Winnicott, D. W. (1971). *Jeu et réalité,* Paris, Gallimard.

PARTE IV
Reconfigurações e mudanças na prática

Corpo e alma na análise à distância: contratransferência angustiada, pânico pandêmico e limites do espaço-tempo

Riccardo Lombardi
Roma, Itália

> ...*e a praga, o deus ardente da febre arremessa sobre a cidade seu relâmpago cortando através de nós – E a morte negra deleita-se com o cru, lamentando misérias de Tebas.*
> SÓFOCLES – *Édipo Rei*

O encontro com a peste e a morte estava entre as fontes fundamentais que inspiraram Freud a criar a disciplina clínica que conhecemos como psicanálise e cuja referência mais ampla pode ser encontrada no mito de Édipo, o célebre conflito triangular e parricida. Ao chegar em 1909 ao porto de Nova York para as conferências da Clark University, Freud disse a famosa frase a Jung, que o acompanhava: "nós trazemos a peste e eles ainda não sabem disso". A despeito das críticas depreciativas a que era sujeito na Europa, que o faziam sentir-se, ele próprio, assolado pela peste, Freud tinha consciência da relação entre a sua concepção do inconsciente e a peste. O ponto de vista de Freud de confronto com conflitos inconscientes era o da tragédia, não muito diferente de uma peste com a qual se necessita aprender a conviver.

A mesma laceração de nossa realidade interna é descrita por Bion (1970) como o "expansivo aterrorizante 'O'"; uma experiência terrível de contato com uma dimensão interna misteriosa e desconhecida, que evolui continuamente dentro de nós no curso de uma análise: tentativas de evitar esse contato com 'O' levariam a uma cisão que desestabilizaria e empobreceria a personalidade (Klein, 1946). A precariedade e o desamparo de enfrentar o desconhecido se condensam no mito da Esfinge, que mata quem não resolve seus enigmas. Desta forma, Bion realoca a psicanálise antes de Édipo ser aclamado como rei, graças ao seu sucesso em resolver os enigmas da Esfinge, e sublinha a importância para o analista de tolerar a incerteza e a ignorância como elementos essenciais na busca de alguém por sua identidade pessoal.

Todos esses riscos estão sendo ofuscados por uma certa tendência na psicanálise contemporânea que se identifica com seu próprio sistema de conhecimento: o estatuto da IPA define a psicanálise como seus sistemas de teorias, em vez de uma 'sonda' que explora o desconhecido, como o próprio Bion desejara. Se o campo mental das teorias psicanalíticas tende à saturação, os distúrbios de nossos pacientes atuais são cada vez mais arcaicos e mais insensíveis ao sistema comum de interpretações psicanalíticas convencionais, incluindo interpretações transferenciais (Lombardi, 2019a, 2019b). Nesta situação, o foco no corpo, juntamente com a transferência do analisando para o seu próprio corpo (Lombardi, 2017, 2019b, 2021), torna-se o ponto de referência essencial para traçar as identidades perdidas ou disfarçadas de nossos analisandos, e o ponto de partida para novos e inesperados itinerários de pensamento.

O terror da nossa incerteza e da nossa impotência corporal, ao que tudo indica, tornaram-se uma realidade concreta na presença do novo coronavírus, que parece ser infeccioso mesmo a vários metros de distância e persistente nas superfícies. O estado atual da pandemia teve um impacto emocional extraordinário em todos, incluindo nós mesmos e nossos analisandos. A situação em que vivemos hoje apresenta uma oportunidade especial na qual a necessidade de interatividade remota e o recurso a instrumentos tecnológicos podem nos ajudar a manter a experiência psicanalítica e a atividade de pesquisa. Alcançar nossos analisandos em locais atípicos com referência a um contexto analítico normal – suas casas, escritórios, veículos – nos permite mergulhar "até o pescoço" em suas ansiedades mais íntimas: uma imersão que pode ocorrer apenas nos mais afortunados e produtivos momentos psicanalíticos. Portanto, somos capazes mais do que nunca de acessar o núcleo pulsante do inconsciente entrando diretamente na densidade emocional das situações da vida. A dissociação corpo-mente que ameaça as raízes da vida mental, hoje mais do que no passado (Lombardi, 2017), torna-se mais difícil no contexto atual, no qual o corpo e seu estado de bem-estar são constantemente questionados e o desenvolvimento de uma *capacidade de preocupação corporal* é necessário para nossa sobrevivência pessoal (Lombardi, 2018, 2019a). Como um de meus pacientes observou, se tivéssemos suspendido nossas sessões em vez de continuá-las remotamente, teríamos perdido esta ocasião única de levar a análise a um nível mais profundo e, ao mesmo tempo, teríamos arriscado perder tudo que alcançamos até este ponto, dada a perspectiva de ter que começar a análise desde o início quando a pandemia tiver passado.

Um referencial teórico essencial sobre a realidade e o inconsciente

Alguns colegas podem ter uma preocupação em trabalhar psicanaliticamente neste período: como podemos perseguir algo que chamaríamos de "inconsciente" (fantasia, crença, desejo) quando a realidade parece tão imutavelmente presente e insistente? Talvez seja útil explicitar minha visão teórica, que coloca a realidade externa como uma contraparte privilegiada do inconsciente.

Refletindo sobre a perda de contato com a realidade, Freud escreve:

> *O tipo mais extremo deste afastamento da realidade é apresentado por certos casos de psicose alucinatória que procuram negar o evento específico que ocasionou o desencadeamento de sua insanidade (Griesinger). Mas, na verdade, todo neurótico faz o mesmo com algum fragmento de realidade. E defrontamo-nos agora com a tarefa de investigar o desenvolvimento da relação dos neuróticos e da humanidade em geral com a realidade e, desta maneira, de trazer a significação psicológica do mundo externo e real para a estrutura de nossas teorias (1911, pp. 277-278; grifo nosso).*

Assim, hoje mais do que nunca nos deparamos com a tarefa de investigar o desenvolvimento da relação de nossos pacientes com a realidade.

A descoberta do processo primário da lógica onírica permitiu a Freud (1900) elaborar as distorções da lógica linear e da realidade (Arieti, 1955; Matte Blanco, 1975) que caracterizam o domínio do inconsciente. Destacando a forma do inconsciente e sua violação espaço-temporal dos parâmetros normais da consciência, enfatizo a natureza estruturalmente catastrófica de uma concepção psicanalítica da mente (Bion, 1970): uma natureza catastrófica que corresponde à catástrofe que enfrentamos hoje.

Bion (1962) sintetiza as deformações impostas à mente pelo inconsciente em sua teoria do defeito do pensar na qual todo paciente é um reservatório de teorias pessoais, que, influenciadas pelo princípio do prazer (Freud, 1911), violam ou alteram de diversas maneiras a percepção da própria realidade: o pensamento operante do inconsciente consiste na reestruturação emotiva e cognitiva das teorias do paciente a fim de aproximá-las da realidade. A escolha do paciente "entre modificar a frustração e evitá-la" (Bion, 1962, p. 4) vem à tona: tolerar a frustração permite uma emancipação do princípio do prazer, ativando o crescimento mental.

Um aspecto da realidade que tem papel determinante nas funções do Ego é a relação com o corpo, na qual "o Ego é, antes de mais nada, um Ego corporal" (Freud, 1923, p. 26). Essa relação está sujeita às distorções causadas por ansiedades (anxieties), em particular a ansiedade da morte. Além da teoria mais conhecida da Pulsão de Morte (Freud, 1920), Freud (1914) considerou a consciência da morte o elo fraco na estrutura mental narcísica e, portanto, um meio de promover o progresso em direção ao crescimento mental (ver Lombardi, 2013). O corpo, juntamente com as ansiedades ligadas à doença e à morte, torna-se uma arena eletiva no confronto entre o inconsciente e a consciência no contexto trágico de uma pandemia, colocando a relação corpo-mente no centro da atenção psicanalítica.

O envolvimento pessoal do analista

> Este não é mais o corpo que outrora foi meu: sou uma
> sombra agora, uma sombra de ansiedade que respira.
> SÓFOCLES – *Édipo em Colono*

O analista não é um holograma nem um objeto mental, e muito menos um amálgama de teorias psicanalíticas; ele ou ela é uma pessoa real com um corpo real. No mínimo, as hipóteses psicanalíticas fazem sentido se forem capazes de traduzir de maneira abstrata a experiência corpo-mente do analista como o 'objeto concreto' inicial, um objeto etológico limitado no tempo e no espaço (Ferrari, 2004), no qual a lógica mental do inconsciente desconsidera esses mesmos elementos de espaço e tempo (Freud, 1899). E é o próprio corpo que se faz sentir à medida que o analista envelhece, como se vê na segunda peça do Édipo de Sófocles, estimulando a elaboração do impacto do tempo e a consciência da morte como limite humano com o qual devemos aprender a coexistir. No que diz respeito às ansiedades internas durante a pandemia atual, considero que o *envolvimento* do analista e do paciente não diferem, embora o analista possua um maior grau de continência emocional. Examinemos uma sequência clínica.

Giorgio começa a sessão com calma, contando-me que está tomando consciência de sua convicção errada de que é *a única pessoa com problemas*: isso está sendo desafiado pela situação atual, em que ninguém está isento de problemas e perigos.

Nesse momento, o paciente para e me pergunta: "Como você está lidando com a situação no momento?".

Um pouco desorientado, percebo que estamos todos na merda e respondo: "Obviamente, é uma tragédia. Estou tentando lidar com as severas dificuldades e restrições, assim como qualquer outra pessoa".

GIORGIO: "Você sabe que sempre pensei que você era perfeito e imune às dificuldades?".

LOMBARDI: "Agora você pode ver que isso não é verdade, pois estou lutando contra a mesma precariedade que afeta a todos. Você construiu uma imagem da minha perfeição da mesma maneira que construiu uma imagem da sua própria 'perfeição em negativo'".

GIORGIO: "É absolutamente incrível que você seja capaz de lidar com as dificuldades porque consegue manter a coragem para enfrentá-las. Sempre pensei que essas coisas vinham automaticamente".

LOMBARDI: "Se você esperar que as coisas aconteçam automaticamente, você nunca vai recorrer aos seus próprios recursos e, mais importante, não terá a satisfação de ter sido capaz de usá-los".

Esse aspecto das minhas dificuldades e restrições, que neste caso são reveladas ao paciente para reduzir suas projeções de onipotência sobre o analista são – nesta fase – uma parte da experiência e da chamada contratransferência, como veremos mais claramente mais adiante. Espera-se que o analista opere e monitore uma contínua "transferência em seu próprio corpo" (Lombardi, 2017), a fim de capturar as respostas sensoriais mais significativas que acompanham a experiência relacional com o paciente. A transferência para o corpo está inevitavelmente implícita na consciência de estarmos expostos aos mesmos riscos de doença e morte, provocados por uma pandemia que já ceifou a vida de mais de um milhão de pessoas em todo o mundo.

A percepção da pandemia e da morte

Assim que Elvira, de cinquenta e cinco anos, se deita no divã, conta um sonho: "Você fez uma visita a mim e ao meu marido na sua bicicleta e você estava sentado na sala de estar perto da janela. A certa altura, um monstro como Frankenstein desce das escadas e se arremete contra você. Você consegue escapar pela janela, embora Frankenstein o tenha agarrado pelo tornozelo. Você vai embora em sua bicicleta". Elvira se assusta com esse sonho e o associa à primeira notícia do coronavírus que, depois da China, está se espalhando pelo norte da Itália. Atualmente, ela e o marido sofrem de problemas no sistema imunológico que lhes tornariam uma infecção viral extremamente perigosa. Eu digo a ela: "A morte, da qual estou fugindo em seu sonho, parece representar o risco de morte em sua própria casa, presumivelmente devido a esta pandemia. E é uma ameaça contra a qual é possível se proteger, como visto por minha própria fuga do Frankenstein". Nesse ponto, Elvira me pede para continuar as sessões remotamente, com o que concordo. Após, imediatamente, ela toma outras medidas práticas para proteger a si e a sua família.

Elvira é a primeira de minhas pacientes a trazer em uma sessão um verdadeiro alarme sobre a propagação da epidemia, em um período no qual o governo italiano ainda não havia tomado qualquer atitude. Esse episódio deu-me o reconhecimento de que estávamos em perigo e foi o primeiro incentivo para passar à teleanálise com todos os meus pacientes.

Redução ou sobrecarga de ansiedades

Todos os meus pacientes em análise registraram um aumento da ansiedade durante a pandemia e discutiram a melhor forma de lidar com seus medos: por exemplo, criando uma espécie de filtro protetor em relação ao bombardeio de notícias trágicas na mídia, o que incluiria limitar o acesso ao feed de notícias contínuo, e ser seletivo quanto à leitura, evitando artigos que pudessem ser considerados muito trágicos ou angustiantes.

Um paciente me conta: "Assisti a um programa de TV aterrorizante que procurava os responsáveis pela epidemia, os culpados que não fizeram o suficiente para evitá-la: uma máquina que só gera terror e ódio. Tive que desligá-lo para me proteger da minha própria ansiedade". Acima de tudo, nos pacientes mais vulneráveis à culpa e à paranoia, a exposição à trágica notícia da pandemia levou à necessidade de um *desdobramento* (Matte Blanco, 1988; Lombardi, 2009, 2015) da distinção entre corpo e mente, entre externo e realidade interna, entre a tragédia objetiva e o medo imaginário do ataque de um agressor. Ali, onde a "simetria" (Matte Blanco, 1975) do inconsciente tende "como um ácido" a cancelar distinções, a tarefa psicanalítica era promover distinções que estimulassem discriminações, pensamento e continência emocional.

O risco de "sobrecarregar" uma realidade que já está difícil emergiu na análise de Anna, de quarenta anos, que sofria de psicoses agudas que no passado exigiam hospitalização. Além de sua análise três vezes por semana, ela também recebe assistência farmacológica de um psiquiatra. No começo da epidemia, Anna expressou dúvidas sobre sua possibilidade de continuar as sessões remotamente, temendo que ela não pudesse fazê-lo. Agora, em uma sessão remota, Anna descreve como ela fez algumas panquecas, adicionando uma gema de ovo a mais do que a receita pedia porque achou a massa muito "leve". O peso resultante foi uma decepção. Sugiro a Anna que ela teme ser ela mesma "leve" e inconsistente, carente de recursos, o que a faz tender a se sobrecarregar de ansiedades excessivas. O resultado é que ela fica paralisada ou até enlouquece, como já aconteceu no passado. Nesse momento, ela se lembra de ter sonhado com o pai, que morreu, e que lhe diz no sonho que é melhor ela levar em conta seus próprios erros. Anna comenta que está feliz por ter sonhado com seu pai, já que ele parecia encorajador em seu sonho. Ela acrescenta que poderia sugerir ao psiquiatra que ele substituísse os comprimidos de Haldol por gotas, dando maior flexibilidade para reduzir progressivamente a medicação. Ela acrescenta que está pensando em aceitar uma proposta de trabalho que a deixaria mais otimista com o futuro. Observo que, quando ela não se sobrecarrega com ansiedades, consegue descobrir uma abordagem "leve" que implica em mais confiança do que ela normalmente se permitiria.

Lockdown e ódio aos limites

Para os pacientes mais problemáticos, o *lockdown*, com seus limites e frustrações, tem sido uma experiência particularmente difícil.

Ronaldo, de 25 anos, faz no momento quatro sessões semanais comigo, depois de três colapsos psicóticos e várias tentativas fracassadas de psicoterapia. A exigência de permanecer trancado em casa pode levar a uma violência que explode repentinamente na forma de tentativas de suicídio.

Em uma sessão remota, surge a convicção obstinada de Ronaldo de que existe vida após a morte. A perspectiva de suicídio permitiria a ele acesso a uma nova vida sem os desconfortos e limitações de sua vida presente. Imagina em sua mente uma sequência do filme *Gladiador* (2000) em que o protagonista atravessa uma campina de verão representando os Campos Elísios, o paraíso no qual Ronaldo acredita que entrará após a morte. Digo-lhe que, ao tentar escapar das frustrações, ele cria uma frustração ainda maior ao abraçar a morte, pois a morte é algo do qual ninguém pode voltar.

Nos dias subsequentes, o ódio de Ronaldo explode contra seus pais; ele ameaça matá-los e depois matar a si mesmo. Esse episódio gera pânico na família, que conta com o apoio do psiquiatra e do analista.

Ronaldo falta à última sessão da semana, escrevendo que não pode comparecer, e não responde às minhas tentativas de contatá-lo. Na segunda-feira seguinte, ele declara de forma intimidadora que deseja cancelar as sessões de quinta-feira a partir de agora. Discuto com ele sua tendência de atacar a análise e a mim, como fizera na quinta-feira anterior; da mesma maneira, ele é levado a atacar seus pais e a si mesmo, em vez de pensar e refletir sobre seu ódio. Ele responde que não pode tolerar o *lockdown* e pedirá ao seu psiquiatra um certificado exigido pelo governo, autorizando-o a mudar-se para sua casa de praia. Eu digo a ele que quando há uma frustração, ele exprime seu ódio cancelando limites: em vez de ficar onde está, ele vai contra a realidade. Ronaldo se acalma e observa que agora entende porque não consegue ficar no mesmo lugar por muito tempo. Ele pode aceitar ficar em Roma e esperar até o próximo mês, quando as condições permitirão uma ida à praia. Na sessão seguinte ele me mostra um livro de poesia sobre a cidade litorânea onde ele tem uma casa; pensar na praia por meio da poesia, diz ele, o acalmou.

A contratransferência angustiada e o pânico pandêmico

O ódio aos limites, particularmente evidente no caso de Ronaldo, capta um elemento da experiência ao qual nem mesmo o analista está imune. O analista é também portador de uma área psicótica da personalidade (Bion, 1962) com suas implicações desorganizadas e explosivas, não menos do que aquelas que podem ocorrer para todas as pessoas. Como é ilustrado pela contratransferência no curso de um tratamento de psicoses relacionadas ao risco de morte, o analista pode experimentar uma contratransferência angustiada, caracterizada por um contato particularmente íntimo com a angústia psicótica e pelo risco de atualização daquela angústia que, às vezes, pode nos levar a uma sensação de quase morte. Esses sentimentos são acentuados no contexto de uma pandemia e implicam na necessidade do engajamento específico do analista na elaboração contínua de uma intensa carga emocional. A resultante "fadiga pandêmica" (Zerbe, 2020) torna a psicanálise muito mais árdua do que seria em tempos normais. Por exemplo, observei o aumento da ansiedade e do ódio em todos os meus analisandos, que às vezes manifestaram explosões descontroladas de ódio contra mim por conta de pequenos incidentes, como dificuldades nas comunicações telefônicas ou uma transmissão perturbada. Nos casos em que não consegui entrar em contato com meus analisandos de meu consultório, se estava em casa ou fora da cidade, alguns de meus pacientes acharam isso muito desestabilizador, resultando em um ataque ou em aviltamento da minha pessoa, como se apenas as sessões remotas de meu consultório, ao contrário do que se dava de qualquer outro lugar, representasse para eles um fator de estabilidade em face da incerteza e da mudança. Diante de repetidas expressões de ódio, perguntei-me se esse sentimento poderia ter uma função *reparadora* paradoxal no que diz respeito às ansiedades de desumanização evocadas pelo contato repetitivo com a tela do computador. Em outras palavras, esse ódio pode tê-los ajudado a criar uma relação mais real com seu analista (Winnicott, 1969), mesmo que, nesse caso, a continuidade da relação analítica fosse, paradoxalmente, ameaçada por sua tendência à atuação.

Além das dificuldades, também senti o risco de um pânico repentino, um "pânico pandêmico", que poderia surgir de forma vulcânica quando eu menos esperava. Por exemplo, se a comunicação com o analisando tornava-se particularmente obscura devido a um deslize para o delírio ou em uma situação de negatividade, a barreira da tela contribuiu para amplificar uma sensação de inacessibilidade no paciente. Além disso, fatores pessoais também influenciaram: no período em que meu filho teve febre alta em casa, sem possibilidade de teste diagnóstico, percebi em mim uma ansiedade hipocondríaca severa, associada à certeza de queimar em febre relacionada à Covid-19, quando o paciente falava de ansiedades relacionadas à morte. Inicialmente, experimentei essa correlação inconscientemente e só tomei consciência disso mais tarde. Por outro lado, o risco de infecção em meu consultório antes de iniciar a análise remota era muito real, já que pelo menos um de meus pacientes tinha testado positivo, mesmo que assintomático. Esta "contratransferência angustiada" implicava a necessidade de um maior investimento da minha parte naqueles momentos de "retorno a mim mesmo": momentos de silêncio interno e autoanálise que me permitiram recalibrar o meu equilíbrio interno perante uma situação analítica particularmente exigente.

Setting na teleanálise

Com base nisso, eu diria que a pandemia não está oferecendo a análise remota como um instrumento de "segundo nível" em relação à "análise de primeira classe", conduzida nas condições ambientais habituais; ao contrário, apresenta um desafio clínico particularmente complexo que exige todos os nossos recursos de perícia psicanalítica na elaboração de um campo muito difícil, que está sujeito a diversas variáveis inesperadas. É importante perceber que as condições-chave do ambiente analítico não desaparecem simplesmente no momento em que os corpos reais dos participantes deixam de compartilhar a mesma sala; que eles continuam a existir na teleanálise. Em particular, o tempo (compromisso com a programação das sessões e a continuidade do trabalho analítico) e o dinheiro (o pagamento dos honorários do analista) são especialmente importantes para monitorar e proteger contra atuações (Lombardi, 2005), porque oferecem uma conexão específica com a realidade, especialmente quando o vínculo com a realidade é enfraquecido pela ausência de proximidade do corpo compartilhado dentro do consultório do analista. A imobilidade do período (configuração temporal) é uma condição determinante para o desenvolvimento do paciente, especialmente em uma pandemia durante a qual tudo é instável e imprevisível: "O mais poderoso, durável e, ao mesmo tempo menos aparente, o 'bastião' é, então, aquele que repousa no enquadre" (Bleger, 1967, p. 513).

Se alguns colegas são da opinião de que a psicanálise em tempo de pandemia equivale a montar barracas temporárias fora do consultório enquanto se espera o retorno de nosso trabalho usual com os parâmetros normais, isso me parece insuficiente. Essa ideia aparenta-se mais a uma fantasia de regressão temporal que contradiz a realidade do tempo linear. Pelo contrário, penso que este é um momento intenso e produtivo para a psicanálise, ainda que pouco prático e cansativo, que provavelmente terá um impacto mutante importante em nossa identidade de analistas e na forma como consideramos nossa ciência, levando a desenvolvimentos que ainda não são previsíveis.

Controvérsias e conflitos entre analistas

A necessidade de introduzir ajustes ao trabalho clínico no que diz respeito à prática analítica comum tem suscitado diversas reações entre os analistas, e a escolha pelo recurso à análise remota não tem sido compartilhada por todos. Alguns analistas preferem suspender os tratamentos até o retorno de uma situação externa normal ou dar aos pacientes individualmente a escolha de continuar ou não o tratamento. Outros analistas decidiram continuar recebendo pacientes em seus consultórios, apesar do risco de infecção e das limitações do *lockdown*, rejeitando o trabalho clínico remoto como não sendo a verdadeira psicanálise. Alguns destes últimos denunciaram de forma intimidadora o trabalho clínico remoto como contrário ao nosso compromisso ético de ser analistas. Pelos tons ásperos dessa polêmica, pode-se facilmente deduzir que a pandemia incitou ódio e intolerância entre os analistas, não menos do que o encontrado no resto da população.

O lado vantajoso dessas controvérsias talvez seja uma fratura parcial da coesão da 'elite do poder' nas instituições analíticas, uma elite que geralmente apresenta critérios de homogeneidade absoluta que é resultado de um pacto tácito de pertencimento a uma classe privilegiada em um sistema hierárquico piramidal rígido em que a adesão é assinalada pela realização vazia de "rituais sagrados". Não é mistério que quem se recusa a tornar-se o animal de estimação de algum alto representante da classe no poder, que o levaria a uma carreira institucional, não tem chance de inserção em um contexto corporativo e é excluído. A disputa desse sistema de monopólio e controle provocado, por exemplo, pela revelação pública de violações éticas, levou a fraturas irremediáveis e à fundação de novas instituições, como se viu na Itália no início da década de 1990, quando a IPA enviou uma Comissão Local de Visita, que resultou na cisão e fundação de uma nova sociedade IPA. Esse evento foi posteriormente ignorado em debates científicos ao longo dos trinta anos que se seguiram.[1]

'Meu corpo está na minha alma' e o tormento do distanciamento

Diante da crise do novo coronavírus, creio ter sido importante garantir a continuidade da experiência analítica por meio da análise remota, ao invés de correr o sério risco de cisão/*splitting* (Klein, 1946) que pode decorrer da interrupção da continuidade da análise. Considero o parâmetro temporal parte de uma importante função de continência da análise, principalmente no contexto da pandemia, visto que setores emocionais inteiros da vida do paciente correm o risco de desaparecer junto com uma interrupção temporal, colocando o trabalho clínico – orientado para a integração da personalidade – em risco.

Por outro lado, a ausência do corpo físico me pareceu mais tolerável no trabalho remoto, tanto por telefone quanto por *Zoom/Skype*, e parcialmente substituída pela continência do parâmetro

---

1 N.T.: Situação semelhante, promovendo cisões e fundações de novas sociedades psicanalíticas, ocorreu no Rio de Janeiro, em torno das vicissitudes institucionais criadas pelo "caso Amílcar Lobo", médico militar envolvido com equipes de tortura de opositores do regime e, simultaneamente, candidato em formação psicanalítica na Sociedade Psicanalítica do Rio de Janeiro (SPRJ) durante a ditadura militar brasileira.

temporal do *setting*. Como escreveu o filósofo e místico medieval Meister Eckart: "Meu corpo está em minha alma, mais do que minha alma está em meu corpo". Uma presença mental genuinamente envolvida em emoções não pode ser separada de uma referência corporal, de modo que, no trabalho psicanalítico remoto, trazemos conosco nossos corpos e nossas emoções. *O trabalho remoto, entretanto, não está isento de um tormento significativo de distanciamento e do risco de uma dissociação corpo-mente*, como foi dramaticamente representado no filme *2001 – Uma Odisseia no Espaço* (Kubrick, 1968), no qual a mente mecânica da calculadora de bordo Hal 9000 recusa-se a permitir a reentrada do astronauta Dave Bowman quando ele faz contato com o medo da morte (ver Lombardi, 2004).

Uma longa experiência com pacientes dissociados de seus próprios corpos mostrou-me que a presença física de dois corpos na mesma sala durante a análise certamente não leva necessariamente, por si própria, à realização da integração corpo-mente do paciente. Infelizmente, os pacientes que estão acostumados a excluir seus próprios corpos fazem isso da mesma forma, a menos que se direcione o trabalho clínico para um exame das condições de suas dissociações internas e se promova, especificamente, a elaboração de uma descoberta pessoal do corpo (Lombardi, 2017).

Entre os dois extremos de um corpo saudavelmente integrado em suas mentes e uma dissociação corpo-mente, existem vários níveis intermediários, dependendo das características de dominância mental ou físico-sensorial que identifica as desarmonias corpo-mente de um único sujeito (Ferrari, 2004); e nenhuma personalidade está isenta de certo nível de desarmonia. Esses aspectos da relação corpo-mente podem ter condicionado os vários tipos de reações pessoais que surgiram durante a pandemia, desde uma resposta bastante tolerável ao tormento do distanciamento até as situações mais extremas, que conduziram ao deslizamento em direção a um evidente estado psicótico.

Ódio em um grupo de estudos de analistas

Acho interessante refletir sobre a reação à pandemia de dois grupos de estudo que supervisionei mensalmente. Em um desses grupos foi possível realizar a continuidade do trabalho e estudar em conjunto a atividade analítica durante a pandemia, com uma ativação dos recursos criativos do grupo, de forma que cada participante escreveu e discutiu no grupo um relatório clínico sobre sua própria experiência de trabalho clínico com seus pacientes. No segundo grupo, ao invés disso, surgiram complicações inesperadas que levaram à sua interrupção. Descreverei brevemente a experiência deste segundo grupo.

Tendo avisado os participantes três semanas antes de que a próxima reunião do grupo seria remota, no dia da reunião recebi a notificação de que os participantes do grupo (três pessoas) haviam decidido cancelar a reunião devido a várias dificuldades decorrentes da pandemia, e porque um dos participantes estava de luto. O acordo inicial do nosso grupo era que seria feito um pagamento de honorários mesmo em caso de ausência e, quando houvesse dificuldades para o encontro, tinha aceitado o pedido de alteração da data. Desta vez, porém, a pandemia levou à decisão unívoca de cancelar a reunião, que foi imposta a mim externamente. Quando apontei a unilateralidade da decisão e a concordância com a regulação que havia sido definida desde o início, meu colega A. adiantou-se dizendo: "Quer um conselho? Deixe estar!". Percebi uma certa intimidação nessa expressão que parecia atribuir à pandemia uma ordem superior, capaz de anular todos os outros parâmetros estabelecidos. Na realidade, isso ocorreu *não por causa da pandemia, mas por causa de uma decisão tomada por pessoas.*

Por ocasião de uma supervisão de grupo '*in personam*', após duas supervisões remotas, pude enunciar no final da reunião as nossas divergências de avaliação, para as quais pude aceitar o seu não pagamento pela sessão perdida como uma escolha da própria responsabilidade do grupo, embora pessoalmente mantivesse a minha divergência de opinião quanto à utilidade de respeitar os parâmetros de tempo do enquadramento, que são tão necessários no trabalho em grupo como na análise. Penso que na ausência de tempo e dinheiro, que nos ligam à concretude do mundo compartilhado, o sistema simbólico da análise deriva para uma abstração sem fundamento real. Foi suficiente mencionar a sessão perdida e nossas diferenças de opinião para ativar a objeção intolerante de meus colegas, porque a pandemia – de acordo com eles – modificou os parâmetros normais. O colega A. comentou que eu era gratuitamente rígido, onde a flexibilidade deveria ser uma característica do analista. De minha parte, porém, a flexibilidade do analista (Lombardi, 2010) não pode deixar de lado o tempo, como parâmetro essencial para o pensamento (Kant, 1781; Lombardi, 2003, 2005, 2013). O colega B. afirmou, porém, que não faz com que o paciente pague em caso de ausência por luto. O colega A. então abordou-me de maneira claramente agressiva, levantando a voz e me chamando de arrogante, como ficou evidente – segundo ele – pelo que ele presumiu ser minha preferência por publicar em línguas estrangeiras em vez de em italiano, o que "provou" minha arrogante falta de atenção com meus conterrâneos.

Pego de surpresa por essa manifestação direta de ódio, respondi brevemente a A., apontando que ele falava de coisas irrelevantes para as intenções do grupo de estudo. Nesse ínterim, eu me perguntei se eu era considerado arrogante por não ter aceitado seu 'conselho' de 'deixar pra lá'. Após sua explosão, A. de repente se aproximou de mim e, sorrindo, tocou minha mão: um gesto bastante confuso que parecia querer minimizar seu ataque. Assim, ele violou o requisito de "distanciamento social" que havia sido acordado no contexto de reuniões pessoais (bem como o estabelecido por lei). Imediatamente depois, A. dirigiu-se à porta, despedindo-se apressadamente. Este incidente me parece significativo ao observar o nível de frustração, ódio e impulso para a ação que investiu os analistas durante a pandemia. Em consideração ao distanciamento social, o toque fisicamente precipitado do colega A. em minha mão antes de sair chama a atenção: um gesto que parece sugerir uma dificuldade em *tolerar a distância física imposta pela pandemia*. A explosão emocional havia praticamente mudado o eixo principal do plano de trabalho do grupo para um eixo primitivo dominado por suposições básicas (Bion, 1961): uma mudança que tornou impossível continuar uma colaboração científica.

Por fim, é de notar que o trabalho desenvolvido por este grupo antes da sua interrupção não envolveu temas especificamente levantados pela pandemia, ao contrário do outro grupo de estudos que fez das especificidades do enfrentamento da pandemia o objeto de seu estudo.

Distanciamento social e espaço individual

Antes de concluir, examinemos agora alguns novos recursos que a psicanálise, durante a pandemia, facilitou em meus analisandos.

Elisa, de 45 anos, começa uma sessão com: "Deixe-me contar um paradoxo: tenho medo de encerrar o *lockdown*. Nesse período, descobri mais do que nunca minha necessidade de um espaço pessoal que não seja prejudicado por situações sociais". Como Elisa, outros pacientes usaram o *lockdown* como *uma oportunidade para valorizar seu espaço-tempo* pessoal em contraste com o ritmo acelerado de suas vidas normais antes da pandemia. Três pacientes, que nunca haviam cozinhado antes, começaram a fazer sua própria massa fresca em casa e me impressionaram especialmente: tagliatelle, nhoque, ravióli. Ao discutir essas experiências, *uma maior consciência dos limites do espaço-tempo* foi reconhecida como algo a ser pensado com mais cuidado e a se valorizar no futuro.

A ancoragem no espaço-tempo pessoal, correlacionada à descoberta do *silêncio interno*, tem sido também um importante trampolim para médicos e profissionais em análise comigo e que ocupavam cargos de responsabilidade na gestão da emergência nacional: um enfoque nas próprias necessidades permitiu-lhes aumentar seu engajamento relacional e social em suas profissões.

Criatividade

O governo italiano exigiu um formulário de autodeclaração obrigatório, que pode ser baixado *on-line*, para aqueles que deixam o ambiente doméstico: uma licença que declare o motivo da saída. Sua formulação foi atualizada várias vezes, de modo que se acumulou uma série de licenças fora de prazo.

Matteo, de trinta e cinco anos, é um artista que está quase no fim de sua análise. Ele se pega desenhando espontaneamente nos certificados fora de prazo. Ele então publica esses desenhos no Instagram, encorajando outras pessoas a carregar seus próprios formulários de declaração ilustrados. A iniciativa cresce. Em mil dias, aparecem cinco mil formulários ilustrados, centenas dos quais são obras de valor artístico e social. A iniciativa foi veiculada em jornais e na TV.

Lutar com os limites do corpo e ansiedades agudas se tornou um trampolim para a criatividade.

> *O contraste entre a capacidade ideológica do homem de se mover ao acaso através dos espaços materiais e metafísicos e suas limitações físicas é a origem de toda tragédia humana... Metade alado – metade prisioneiro, este é o homem! (Paul Klee, 1925).*[2]

R. L.

Traduzido do inglês por Gustavo Dean-Gomes

Referências

Arieti, S. (1955). *Intepretation of Schizophrenia*. New York: Basic Books.

Bion, W. R. (1962). *Learning from Experience*. London: Karnac Books, 1984.

Bion, W. R. (1970). *Attention and Interpretation*. London: Karnac Books, 1984.

Bleger, J. (1967). Psycho-Analysis of the Psycho-Analytic Frame, *Int. J. Psycho-Anal.* 48, pp. 511-519.

---

2   Metà prigioniero Metà alato é também o título da edição italiana do meu livro *Body-Mind Dissociation in Psychoanalysis.*

Ferrari, A. B. (2004). *From the eclipse of the body to the dawn of thought*. London: Free Association Books.

Freud, S. (1900). The interpretation of dreams. *Standard Edition* 4/5.

Freud, S. (1901). The psychopathology of everyday life. *Standard Edition* 6.

Freud, S. (1911). *Formulações sobre os dois princípios do funcionamento mental* (Edição standard brasileira das obras psicológicas completas de Sigmund Freud, Vol. 12). Rio de Janeiro: Imago, 1980.

Freud, S. (1914). On narcissism. An introduction. *Standard Edition* 14: 73-102.

Freud, S. (1920). Beyond the pleasure principle. *Standard Edition* 18: 7-64.

Freud, S. (1923). The Ego and the Id. *Standard Edition* 19: 12-66.

Kant, E. (1781). *Critique of Pure Reason*. Houndmills, England: Palgrave Macmillian.

Klee, P. (1925). *Pedagogical Sketchbook,* transl. S. Moholy-Nagy. London: Faber & Faber, 1968.

Klein, M. (1946). Notes on some schizoid mechanisms, *in Envy and Gratitude and Other Works 1946-1963*. London: Hogarth, 1975.

Lombardi, R. (2003). Knowledge and experience of time in primitive mental states. *Int. J. Psycho-Anal.*, 84(6): 1531-1549.

Lombardi, R. (2004). Stanley Kubrick's Swan Song. *International Journal of Psycho-Analysis*, 85(1): 209-218.

Lombardi, R. (2005). Setting e Temporalità, *in* Berti Cerone G. *Come cura la Psicoanalisi?* Milano, Franco Angeli, pp. 302-331.

Lombardi, R. (2009). Through the eye of the needle: the unfolding of the unconscious body. *Journal of the American Psychoanalytic Association* 57: 61-94.

Lombardi, R. (2013). Death, time, and psychosis. *Journal of the American Psychoanalytic Association* 61: 691-726.

Lombardi, R. (2015). *Formless infinity*. Clinical Explorations of Matte Blanco and Bion. New York: Routledge.

Lombardi, R. (2017). *Body-Mind Dissociation in Psychoanalysis*: Development after Bion. New York: Routledge.

Lombardi, R. (2018). Entering one's own life as an aim of clinical psycho-analysis. *Journal of the American Psychoanalytic Association* 66: 883-911.

Lombardi, R. (2019a). Developing a capacity for bodily concern: Antonio Damasio and the psychoanalysis of body-mind relationship. *Psychoanalytic Inquiry* 39: 534-544.

Lombardi, R. (2019b). Awakening the Body. *Psychoanalysis in Europe EPF* Bulletin n.73, pp. 254-259.

Lombardi, R. (2020). Coronavirus, Social Distancing and the Body in Psychoanalysis. *Journal of the American Psychoanalytic Association* 68: 455-462.

Lombardi, R. (2021). *Le transfert sur le Corps*. Editions du Hublot; Larmor-Plage.

Matte Blanco, I. (1975). *The Unconscious as Infinite Sets*: An Essay in Bi-logic. London: Karnac Books, 1998.

Matte Blanco, I. (1988). *Thinking, Feeling, and Being*: Clinical Reflections on the Fundamental Antinomy of Human Beings and World. New York: Routledge.

Winnicott, D.W. (1969). The Use of an Object. Int. *J. Psycho-Anal.*, 50: 711-716.

Zerbe, K. (2020). Pandemic Fatigue: Facing the Body's Inexorable Demands in the Time of COVID-19. *Journal of the American Psychoanalytic Association* 68: 475-478.

Cortes de energia no processo analítico

François Lévy
Paris, França

> *Pode acontecer de termos (às vezes)*
> *de lidar com coisas tão sutis*
> *que elas ficam virtualmente imperceptíveis,*
> *mas coisas tão reais que poderiam nos destruir*
> *sem que nos déssemos conta.*
> Wilfred R. BION, 1987, p. 43.

O tema desenvolvido neste artigo surge das experiências vividas com pacientes que, por ocasião da crise causada pelo confinamento decorrente da pandemia do coronavírus que afetou o planeta no primeiro semestre de 2020, fizeram ir pelos ares todos os aspectos habituais do protocolo analítico, embora, para alguns deles, esse protocolo tivesse se instalado sem dificuldades e estava estabelecido fazia muitos anos.

Alguns analistas se indagaram se esse acontecimento inaudito e inédito – que, no momento em que escrevo, está longe de ter terminado – não iria obrigá-los a modificar o sacrossanto enquadre analítico e a trabalhar para instalar um "*setting* traumático" (Krzakowski, 2020), apropriado para os efeitos psicossociais do acontecimento Covid-19, como se uma a-subjetividade ditatorial lhes ordenasse submeter sua prática pessoal a regras fundamentais extra-analíticas.

Num plano pessoal, contudo, o analista que sou começou por se indagar se a suspensão das sessões era ou não equivalente às estagnações ordinárias do processo analítico, como aquelas observadas nos momentos de resistência do paciente, ou quando o analista é forçado a um "recolhimento" e se afasta do tratamento. A título de exemplo, menciono o que me aconteceu quinze anos atrás, quando, por motivo de doença, tive de interromper minha atividade durante um tempo razoável e informei meus pacientes por meio de uma carta em que escrevi que, em tal data posterior, retomaria com cada um(a) o trabalho encetado "ali onde tivera de ser suspenso". Uma paciente não tardou em me fazer notar que, no entender dela, a retomada do trabalho se daria não "ali onde tivera de ser suspenso", mas "ali onde (ela) mesma estaria em relação a esse trabalho no momento da retomada"!

Donde uma primeira questão importante, que consiste em nos perguntarmos se nossa posição de analista faz de nós os fiadores da continuidade do sentimento de existência de cada paciente – na medida em que esse sentimento tenha podido, anteriormente, ser identificado no interior de cada um deles (Lévy, 2014)!

Em fevereiro-março de 2020, antes mesmo da implementação, pelos poderes públicos, do que veio a ser chamado de "confinamento" – termo que poucas pessoas conheciam –, já estava recebendo meus pacientes no meu consultório pedindo-lhes não só para se submeterem às exigências sanitárias oficiais, mas também às precauções particulares que me pareciam indispensáveis e que estavam, em sua maioria, relacionadas com fragilidades pessoais. Eu tomara subitamente consciência de que a Grande Ceifadora planava sobre nossas cabeças, mas, sobretudo, sobre a minha. Com efeito, a grave doença que tinha causado a interrupção de minha atividade, e que os médicos tinham vencido quinze anos antes, voltava a se manifestar há dezoito meses no mais profundo de meu organismo e um novo tratamento – muito inovador em comparação com o primeiro – me fora prescrito. Já fazia quinze anos que a consciência da morte estava presente na minha mente; tinha passado tão perto do fim que, depois da minha alta, tinha vivido meu "renascimento" literalmente como um novo nascimento e, por um tempo, me senti um ser invencível e imortal!

No meu consultório, no auge do período de confinamento, alguns pacientes descreviam às mil maravilhas o que acabo de referir, ou traziam para a sessão sonhos nos quais certas figurações oníricas ilustravam dramaticamente as consequências dessa vivência de imortalidade. O rosto deles, assim como seu olhar alucinado, traduzia o mundo alucinante que tinham acabado de atravessar. De fato, como não ficar ao mesmo tempo maravilhado e angustiado quando, para ir até o analista, passa-se por ruas, praças, avenidas esvaziadas de pedestres, de automóveis, motos, bicicletas, quando o silêncio reina soberano por toda parte depois de ter abafado o alvoroço e o ruído habituais da cidade. Inúmeras fotos de cidades desertas foram publicadas por ocasião dessa situação extraordinária. Relatos de sonhos permitiram que certos pacientes associassem a partir das vivências de irrealidade induzidas pelo desaparecimento de toda forma de animação citadina, trazendo à tona lembranças dolorosas de solidão e isolamento infantis dolorosas, bem como sentimentos de irrealidade dos lugares em que tinham vivido outrora. Outros, (re)encontravam-se na borda de um palco de teatro ou de um *set* de filmagem esvaziados de seus figurantes e atores, sendo que as fachadas dos imóveis, as lojas e as calçadas eram feitas de papelão ou de compensado, fixados por estruturas de madeira.

Transformações rígidas e projetivas

A psicanálise, que deve levar os pacientes a transformar, em cada um deles, as relações entre mundo externo e mundo interno, requer que as situações infantis que se repetem graças à transferência no consultório do analista ocorram na presença do analista. Os momentos fundantes de uma vida plena não podem se dar *in absentia*. Nas sessões a distância, esses movimentos essenciais só podem ser tentados por intermédio do sonoro ou do virtual. Ora, no caso de duas análises a distância – uma com uma analisante que saíra da França e tinha "escolhido" o Skype para suas futuras sessões, e outra com um analisante que se mudou para o exterior e optou pelo trabalho por telefone –, já tinha me dado conta do isolamento, da solidão, sem falar da impotência que *eu* sentia, diante da tela do meu computador ou com o telefone colado ao ouvido, quando, em certas sessões, me sentia totalmente incapaz de estar na posição psíquica da "pessoa que ajuda". Uma sensação de frio invadia todo meu corpo, uma dor moral crescia em mim à medida que nos aproximávamos do final da hora da sessão. Estava convencido de que essas manifestações, pouco habituais na minha prática em consultório, refletiam o que Wilfred R. Bion estudou profundamente quando retomou e remodelou a noção kleiniana de "identificação projetiva".

A psicanálise a distância revela-se, pois, como o negativo da prática analítica, em que parece indispensável a presença conjunta do analista e do paciente no consultório. Por isso, eu tinha negociado com aqueles pacientes sua "repatriação" trimestral ou até mensal para Paris, de modo a *restaurar a presença* – o "pele a pele", diriam Esther Bick ou Geneviève Haag –, a "copresença", segundo expressão de Daniel Widlöcher (ver, abaixo, a primeira ilustração clínica).

Quando, entretanto, no início do confinamento – por falta de opção – informei a meus pacientes minha proposta de continuar as sessões a distância, por telefone, ou por Skype, alguns aceitaram sem pestanejar, ao passo que outros me anunciaram que não conseguiam se resignar à ideia de perder as condições habituais de seu trabalho analítico e que, consequentemente, prefeririam suspender suas sessões. Por quanto tempo? Impossível dizer. Na secura da resposta deles, pude detectar, contudo, uma franca oposição inegociável. Diante dessa constatação, enunciei para mim mesmo esta frase, que soava como um dobre de finados: "O analista que sou está sendo desacreditado (désavoué), como se a morte emanasse dele"! Imaginem só o efeito de um "veredicto" desses sobre mim, eu que, alguns anos antes, tinha passado por sentimentos (loucos) de invencibilidade e imortalidade.

Num segundo momento, perguntei-me se não tinha me enganado desde o começo com esses poucos pacientes, e se eles não faziam parte daqueles que, na literatura analítica, são qualificados de "inanalisáveis", ou seja, aqueles pacientes que, desde o começo e por vezes de modo sutil, se esquivam do estabelecimento do vínculo transferencial, entregam-se a *actings* (*in* e *out*), ou então perdem todo contato com a realidade e acabam fugindo no delírio.

Pois aqueles que fizeram nascer esse *verdadeiro* problema nos meus pensamentos tinham, até então, aceito perfeitamente bem a situação analítica, pareciam não sofrer com o que ela tem de frustrante, nunca se descolavam da realidade, não passavam ao ato nem dentro nem fora da sessão e tampouco se manifestavam por meio de somatizações. Pareciam capazes de levar em conta as mudanças observáveis na realidade externa (o silêncio, as ruas desertas dando lugar a associações com imagens oníricas e cinematográficas, vazio não destituído de beleza, que produzia um estranho – *unheimlich* – efeito estético etc.). Os pacientes em que estou pensando já se mostravam mais permeáveis às *fake news* que circulavam nas redes sociais antes de serem corrigidas pelas mídias oficiais; a miscelânea de informações passava a impressão não tanto de serem emitidas pelos governantes, mas de escapar ao controle deles. Percebia-se rapidamente que essas informações não tinham por finalidade impedir a população de adoecer ou curar a doença. Eram necessárias para que, nos hospitais, as equipes médicas pudessem responder à chegada maciça de pessoas infectadas. Todo o mundo compreendia que o principal risco era a insuficiência respiratória como efeito secundário do vírus, ou ligada ao próprio vírus. Todo o mundo sabia que as pessoas com mais de 70 anos eram as mais expostas, ainda que 50% dos pacientes em reanimação tivessem menos de 60 anos.

Contudo, diante das regras restritivas e imperativas estabelecidas devido ao crescimento exponencial da pandemia, esses mesmos pacientes se punham numa posição defensiva, resistiam a qualquer ideia de remanejamento do enquadre, se recusavam a prosseguir seu trabalho analítico em condições diferentes das que estavam habituados e preferiam "suspender" suas sessões. Sua vigorosa oposição poderia – é a minha hipótese – ser atribuída a algo relacionado com a fragilidade de sua realidade psíquica, e ser considerada do ponto de vista dos distúrbios dos processos de simbolização que favorecem a compreensão da realidade externa. Em outras palavras, quando o enquadre que o analista põe à disposição do paciente está destinado a possibilitar que este (re)crie seu mundo interno constituído no infantil de sua história, é frequente que seja a dificuldade de *simbolizar* que invada a cena e que exija que o tratamento intensifique esse processo, pois, devido a sua falha, o conflito entre uma realidade psíquica duramente adquirida e sua modificação imposta pela variabilidade da realidade externa se amplifica. Em todo caso, foi assim que entendi o motivo pelo qual alguns de meus pacientes declinaram da minha oferta de sessões por telefone.

Mas, se essa difícil faculdade de simbolização se exprime dentro do dispositivo habitual estabelecido por cada psicanalista – que tem por referência os conselhos e indicações dados por seus predecessores desde que o enquadre foi definido como tal para tornar possível o trabalho – é porque o valor desse enquadre também depende de uma situação social e política geral que permite que a psicanálise possa ser plena e livremente exercida.[1] Portanto, o enquadre depende das condições *grupais* para poder ser estabelecido e utilizado. A vida toda, Wilfred R. Bion prestou atenção nisso, considerando que a psicanálise "clássica" (em consultório) acontece graças à constituição de um "grupo de dois". No entender dele, todo ato analítico, seja ele enunciado em grupo ou no consultório, é um ato social e político, grupal e individual. É nessas condições que pode se revelar terapêutico.

---

1 A esse respeito, hospedei na minha casa, entre 2005 e 2010, o Dr. Qin Wei, brilhante médico tradicional chinês, também professor de psicologia na universidade de Chengdu e psicanalista, convidado pela Société de psychanalyse freudienne (SPF) a passar um ano em Paris para ampliar seus conhecimentos, aumentar suas trocas e seus contatos. Tinha feito uma análise com um psicanalista lacaniano na China, tinha estudado francês intensivamente *"para ler Lacan no original"* e tinha, em seguida, passado um ano na universidade de Seattle, nos Estados Unidos. Decidiu ficar mais do que um ano na França e iniciou uma nova análise em Paris, ao mesmo tempo em que descobria, graças a diversos cursos, seminários e supervisões, Sigmund Freud "no original", bem como Sándor Ferenczi, Melanie Klein, Donald W. Winnicott, Wilfred R. Bion e Gisela Pankoff. Foi por volta do terceiro ano de sua estada em Paris que ele nos declarou, à minha mulher e a mim: *"Acho que só agora estou começando a entender o que realmente quer dizer a expressão freudiana 'associação livre'"*.

De visu

Entre os pacientes cujo comportamento me levou a refletir sobre as causas profundas de sua recusa, mencionarei o caso de uma mulher de uns 40 anos, que sempre atendi face a face porque, desde a primeira entrevista preliminar, tinha me parecido que o fato de lhe pedir para deitar poderia desorganizar todo o equilíbrio que ela encontrara numa primeira análise, também realizada face a face, com uma analista mulher, e que tinha durado cinco anos.

Essa paciente sofria há uns quinze anos de uma esclerose em placas, cuja evolução os médicos penavam para conter. Se estava satisfeita com o trabalho realizado na sua primeira análise, nunca falava disso nem se referia a ela. A vaga ideia que, de maneira difusa, aflorava permanentemente na minha cabeça quando eu a atendia me levava a pensar que, para ela, só o presente existia e retinha sua atenção. Foi me procurar por deparar com dificuldades profissionais que exigiam dela um pensamento lógico, organizado e estruturado, como aquele que rege as revistas internacionais, e do qual dizia carecer totalmente. Dirigia um importante laboratório de pesquisa fundamental e frequentava inúmeros congressos internacionais, onde suas comunicações científicas eram ansiosamente aguardadas, sobretudo porque, fazia alguns anos, no desenvolvimento de suas pesquisas, tinha posto em questão – com razão, parece – as teses de certos prêmios Nobel! Durante o trabalho realizado com ela – por muito tempo, esclareço –, foram estabelecidas ligações entre elementos muito discrepantes e dispersos em sua história, suas lembranças, seus conhecimentos, suas associações em diversos domínios – científicos, filosóficos, místicos, religiosos – e, a cada vez, ela fazia emergir deles uma coerência que suscitava nela uma viva satisfação. A "(re)descoberta" de uma evidência singular eloquente produzida na minha presença a enchia claramente de alegria. Mas, como disse acima, já que só o presente parecia contar, tornou-se inimaginável para ela, assim que as medidas de confinamento foram tomadas, dar continuidade a seu trabalho comigo se eu não estivesse fisicamente presente – a menos que fosse ela que não estivesse fisicamente presente. Dela ou de mim, ou do par analítico que formávamos nas sessões, o presente se ausentava, pois a presença – ou, melhor, a "copresença", segundo expressão de Daniel Widlöcher (Widlöcher & Miller, 2003) – que faltava ao encontro fazia com que o encontro não acontecesse. Era evidentemente dessa presença conjunta que deviam nascer soluções para seus problemas de pensamento não organizado, uma espécie de "bebê analítico" com certeza – desde que, é claro, o par analítico pudesse se constituir na realidade; caso contrário, o bebê analítico não podia advir, nem mesmo de modo imaginário.

Tentei persuadi-la a permanecer em contato comigo por telefone, sobretudo quando, ao primeiro confinamento seguiu-se um segundo, mais estrito, e depois um terceiro, igualmente estrito mas mais longo. Meus esforços foram em vão. Foi ela quem, em duas ocasiões, se manifestou por email para "ter notícias (minhas)", nas suas palavras, mas na verdade dando-me notícias dela e de seus próximos num tom convencional, informativo, indiferente. Claramente, a copresença dos dois protagonistas implicados nesse dispositivo analítico tinha de ser real, e qualquer tentativa minha de fazer evoluir essa copresença para uma modalidade imaginária, ou mesmo simbólica, fracassou.

No entanto, antes do aparecimento da pandemia, tinha havido uma reorganização real de seus modos de pensar que lhe permitiu ler de outra maneira sua história, seus vínculos com seu meio precoce e suas relações familiares e profissionais atuais, mas, no tocante ao próprio laço transferencial, ela continuava ignorante de seu papel essencial nas transformações efetuadas.

Desde que o confinamento foi suspenso, ainda não foi possível abordar com ela o papel do componente físico real como elemento essencial da transferência. Acrescentaria a isso que o valor da presença só terá sentido se puder ser estabelecida uma ligação (psíquica) entre presença e ausência. O exemplo que Freud (1920g, pp. 51-54) dá quando evoca o jogo do carretel (*fort-da*) a que se entrega seu neto na ausência da mãe é, desse ponto de vista, altamente significativo. Se bem me lembro, embora atribua todo o valor do jogo ao carretel (a mãe) e ao movimento de vaivém a que a criança se lança (presença/ausência), esquece de ficar igualmente atento ao vínculo (o fio) que liga a criança à mãe. A seu favor, devo reconhecer que se aproxima disso quando evoca, em nota de rodapé, que a criança tinha interiorizado suficientemente esse vínculo quando, um ano depois, a mãe sucumbiu à gripe espanhola (em 1920) e ela pôde suportar um período de luto não patológico.

A contrário desse exemplo, outra paciente, que atendo faz muito tempo e que é invadida por alucinações essencialmente visuais, me levou a rememorar a etimologia da palavra "análise" que Freud retomou e que, em grego, significa, entre outras coisas, o exame detalhado de um objeto para discernir seus constituintes, a decomposição de um conjunto em suas partes e, em psicanálise, o método de investigação psicológica que ajuda a detectar na mente (a "alma", Seele) seus diferentes componentes (lembranças, desejos, figurações em imagens ou em palavras, representações, fantasias etc.). Como alguns ou algumas outro(a)s, essa paciente se opôs à minha proposta de continuar o trabalho em curso por telefone lançando-me um: "Preciso te ver" e, na retomada, grosso modo três meses depois, estampava no rosto um ar feliz anunciando-me que, durante nosso "afastamento", vivenciou uma forma de ajuntamento (uma síntese da personalidade) que lhe permitiu voltar a se centrar em torno de seus diversos componentes.

Esses dois relatos de caso me fazem pensar nas distinções sublinhadas por Bernard Golse (2020) numa comunicação oral difundida no período de confinamento em um site da internet.[2] Nesse "bate-papo", Golse ressalta o que nós, psicanalistas, tendemos a compreender um tanto academicamente na utilização generalizada da expressão "relação de objeto". Pois, se não tomarmos cuidado, acreditamos entender que um encontro tem lugar entre dois objetos que investem o mesmo lugar durante o tempo de uma sessão. Denominamos a elaboração que fazemos disso de "metapsicologia do encontro" e esquecemos a complexidade dos subterfúgios utilizados quando nos esforçamos para tornar representáveis – em primeiro lugar para nós – os mecanismos de ligação. É por esse motivo que Golse se esforça bastante para bem diferenciar, no que chamamos de "relação de objeto", três níveis da simbolização indispensável para uma correta compreensão do mecanismo. De certa maneira, retoma minuciosamente o que propunha Freud, o primeiro a se interessar pela natureza enigmática do fenômeno que se dá quando dois seres vêm a se "present(ific)ar" um ao outro de modo existencial. Há, declara Golse, em primeiro lugar – talvez! –, a "representação do lugar do objeto" que ainda não é exatamente o objeto ele mesmo. Reservar um lugar, dentro de si, para algo que não tem existência é, a meu ver, refazer o mecanismo original descrito na *Kabala*, quando é por uma "contração" (צמצום – *tzimtzum*) da infinita luz que se instala a existência de uma realidade externa a ela. Isso abre caminho, esclarece Golse, para o assunto do *virtual* contido no termo bioniano de "preconcepção", que serve para designar "as pré-representações com as quais o bebê chega na terra".

---

2 Vide: https://www.copes.fr/Presentation/Video/Ressources/15802. Essas comunicações visavam manter uma ligação entre os analistas subitamente separados pelas proibições de sair de casa ou de seu consultório, salvo se tivessem o título de doutor em medicina, o que lhes outorgava uma liberdade de circulação bem mais ampla.

Ser fiel ao pensamento inovador de Bion exige enunciar, de modo um tanto escandaloso, que cada criança vem ao mundo equipada com "uma preconcepção inata da existência de um seio capaz de satisfazer sua própria natureza incompleta" (Bion, 1979, p. 89).

Num segundo nível, Golse insiste na instalação na psique da "representação mental dos vínculos com o objeto", provavelmente o mecanismo mais importante dos três porque, o objeto ainda não existindo como tal[3], é indispensável escorá-lo progressivamente por meio de vínculos – pode-se utilizar o termo freudiano "investimento" – que o orientam para seu lugar designado.

Quanto ao terceiro nível, o da "representação do objeto como tal", não deixaremos de lembrar que ele é, segundo Freud (1915c, p. 19) novamente, "o que há de mais contingente", pois é conservado enquanto proporcionar a satisfação que dele se espera, e que o desinvestimento dele ocorre tão logo ele não ofereça mais aquilo para o que tinha sido escolhido.

Por isso, é fácil compreender que o hiperinvestimento do objeto, tal como pode se dar na transferência, possa se tornar um objeto de sofrimento quando é o próprio objeto que "modifica as regras" unilateralmente, como foi o caso no momento da pandemia de SARS-CoV2 na primavera de 2020. Que um analista anuncie a seus pacientes que está se "recolhendo" (ver acima) e lhes peça para privilegiar apenas o vínculo vocal equivale a exigir que eles façam o luto de um objeto não morto – e não qualquer um, se lembrarmos que Lacan acrescentou a voz (e o olhar) à série dos "objetos parciais" estabelecida por Freud! Ele é capaz de causar uma forma particular de trauma, descrito de modo deslumbrante por Louis-René des Forêts (1960, p. 62), que conclui um de seus

---

3 Com efeito, é fundamental a observação de que a *representação dos vínculos* precede, de longe, a representação do objeto (ver abaixo).

romances mais tocantes com as seguintes palavras: "... Anna, para quem uma bela voz fora tão cara que dela parecia estar enlutada".

Carência da dor psíquica?

Citarei, agora, o caso de um homem de uns 70 anos, em análise comigo há oito ou nove anos, oriundo de um meio sociocultural aberto para o mundo das ideias – inclusive para a psicanálise, pois um dos pais dele já tinha feito uma análise. Esse homem não me deu nenhuma notícia depois de eu lhe ter explicado, na sua secretária eletrônica, desde o começo do confinamento, minha proposta de continuar as sessões "a distância". Eu conhecia bem esse paciente (ou achava que o conhecia bem!), o que fez com que eu não tivesse "reforçado" com uma segunda mensagem quando ele não respondeu à minha primeira colocação. Foi nesse momento que me dei plenamente conta do quanto todas as suas relações continuavam precárias – inclusive comigo?, perguntei-me, então –, ele que nunca tinha faltado a uma sessão.

Uma vez suspenso o confinamento, recebi, por correio, a carta dele que reproduzo (com sua autorização) a seguir:

> " *Bom dia,*
>
> *Escrevo-lhe após um longo silêncio (para você) e um tumulto muito barulhento (para mim), e lhe peço, em primeiro lugar, desculpas por não ter entrado em contato com você desde meados de março, porque não me sentia capaz.*
>
> *Como lhe disse ao telefone no dia em que o confinamento foi decretado, tínhamos, minha mulher e eu,*

passado o fim de semana na casa de campo e, ao escutar as informações, tomamos a decisão de não voltar para Paris.

Quando lhe telefonei, terça de manhã, para lhe dizer que não podia ir à minha sessão no seu consultório, senti-me atacado quando você me retorquiu – sei, a palavra é pesada – que se eu quisesse (vir) falar, acabaria encontrando alguma maneira.

Foi esse "vir" (que coloco entre parênteses, porque já não tenho mais certeza de que você o tenha pronunciado) que recebi como uma violência. Entendi sua frase como uma incitação a desejar minha sessão a ponto de ignorar o confinamento e comecei a ficar com medo – em particular, medo de lhe falar, medo de você!

Toda a violência estava contida nas palavras com que você formulou sua resposta.

A partir daí, meu estado de saúde se deteriorou. Tinha saído de Paris com uma rinite e uma tosse forte. No campo, fadiga e tosse pioraram, depois uma infecção secundária desceu para os brônquios.

Num fim de semana de abril, dormi por trinta horas seguidas e, ao despertar, tive a impressão de que algo tinha ficado para trás. Meu clínico geral me prescreveu um antibiótico indicado para casos de infecção secundária brônquica ou pulmonar.

Lentamente, muito lentamente, fui recuperando a capacidade de pensar que tinha me abandonado completamente.

Voltei, então, a pensar em você sem, contudo, conseguir me decidir a lhe telefonar. Para mim, lhe telefonar teria significado fazer você entrar na minha casa, deixar você "invadir" meu em-casa, minha intimidade, e isso não era possível para mim. A meu ver, a análise como você só pode acontecer no seu espaço e, claro, em presença.

Vou provavelmente voltar para Paris em 8 de junho para retomar minhas atividades. Poderia, então, também retomar meu trabalho com você e lhe expor o dito acima tanto de viva voz quanto com mais detalhes, se você aceitar continuar me atendendo, depois do silêncio que lhe impus!

Cordialmente.

X ".

Dizer desses pacientes que eles são incapazes de estabelecer vínculos (ou ligações, conforme tradução que se costuma dar para o termo inglês *linking*) seria equivocado; com efeito, posso testemunhar positivamente sobre sua importante implicação durante os múltiplos anos de trabalho analítico que fizeram comigo. A escolha que Bion (1959, pp. 105-123) faz de utilizar o termo no gerúndio *(linking)* indica tratar-se, a cada vez, de um processo *ativo* – processo de ligação, estabelecimento de um vínculo, função de ligação – que atesta a inscrição ativa do paciente no processo analítico. Mas parece haver um grande espaço reservado para uma carência identitária, para um nada que se traduz por uma verdadeira perturbação no nível do pensamento. Como mencionado acima, esses pacientes evoluem em ambientes marcados por uma irrealidade certa (ruas desertas, imóveis em papelão, figurantes ausentes, ausência de animação, silêncio "mortal" que, durante o dia, faz com que se destaque o canto dos pássaros, que cessa quando a luminosidade diminui etc.) e reatam, nessas ocasiões, com situações infantis comparáveis a vivências alucinatórias. Na conceptualização de Bion, esses sujeitos carecem de uma "função alfa" que forneceria elementos que permitam pensar a alteridade e, em particular, a alteridade psíquica. Desde a infância, eles não puderam construir fantasias passíveis de serem recalcadas e capazes de lhes servir de "capital psíquico" (cf. McDougall, 1978), situado em local seguro e mobilizável em caso de catástrofes da vida a serem enfrentadas. Um desses pacientes não tinha me dito, ao declinar de meu convite: "Se *lhe* acontecesse alguma coisa, o que *seria de* mim?". Faltam-lhes também elementos que forneçam meios de pensar o sofrimento. Consequentemente, não conseguem falar dele.

Atender na ausência de corpo?

Com base nisso, cada uma das análises mencionadas acima permitia entrever que um longo trabalho de "aprendizagem" – "*learning*" – do pensamento poderia levar a viver a dois uma experiência mutativa, o que, inicialmente, fez eu me indagar se não tinha, desde o começo, tomado o caminho errado com cada um desses pacientes difíceis, ou se teria me comportado de forma desatenta a ponto de elementos transferenciais essenciais terem passado despercebidos a meus olhos. Contudo, minha longa formação analítica me levou a considerar os elementos que observamos justamente porque eles se manifestam *por sua ausência* e imprimem ao desenrolar da análise uma força estática e negativa que não produz nenhum efeito sobre tudo aquilo que, desde o começo, apareceu como clivado – e que assim permanece.

Para dizê-lo de maneira "crua", esses pacientes falam de coisas e de pessoas, mas nunca falam da *relação* entre as coisas ou de *relações* entre pessoas, assim como não falam de relações *com* as coisas nem de relações *com* as pessoas. Tampouco ouvimos falar sobre o fato de que se possam notar "aproximações" entre o mundo onírico e o mundo da consciência, por exemplo, ou seja, entre os processos primários e secundários. Quando existem, os vínculos (ligações) de sentido, os vínculos entre o passado e o presente, os vínculos qualificados de afetivos não permitem falar de forma certa de "ligação objetal". Pode-se, então, constatar que não há, na transferência, verdadeira revivescência. Em todo caso, caso haja, ela não se manifesta por meio de expressões afetivas. "A transferência, já escrevia Freud (1905e, p. 87), tem de ser adivinhada" (*cf.*, também, Muller, 2004). As relações objetais, quando esse tipo de pacientes as evocam, parecem conservadas apenas para manter uma vida mais ou menos estável ou para não se separar do objeto de seu rancor. Mesmo neste último caso, nenhum traço disso aparece em relação ao analista. A alteridade fundante da subjetividade se parece com um objeto perdido no interior. Ela é, poder-se-ia dizer, desacreditada (désavoué) – é a segunda vez que emprego esse termo, voltarei a isso mais adiante. Não espanta, portanto, que cheguemos a nos perguntar *quem* somos e *o que estamos* observando.

Cada vez que essa pergunta chega a ser formulada, ela só encontra resposta – se encontra – por meio de *um* mecanismo, *um* processo, *um* tipo de questionamento, *um* modo analítico, difícil, doloroso, complexo: a análise da contratransferência! Pois essas "recusas" (refus) podem primeiramente parecer fracassos (estrondosos) de nossa função analítica e nos fazerem sentir um intenso sofrimento contratransferencial, que nos leva a experimentar uma ferida narcísica, de que nos "cuidamos" mediante uma retração do investimento. Elas nos obrigam a questionar a resistência que nos impediu de antecipar que essa recusa pudesse nos ser oposta. E não há como compartilhar, com esse tipo de paciente, as hipóteses que nos levam a reconhecer que certamente nos comportamos como analistas carentes, primeiro porque tais constatações têm efeitos persecutórios sobre nós mesmos, depois porque semelhantes interpretações são igualmente persecutórias para os pacientes e os levam, evidentemente, a se perguntar de que problemas sofre o analista.

Recusa (refus), denegação(déni) ou descrédito (désaveu)?

Toda pessoa, é claro, dispõe de *seu* funcionamento psíquico individual, quer se trate de um analista ou de um paciente, e Bion insistia na importância da nossa ignorância no que concerne a esse assunto. Ele fala em termos de "limites", como quem diz que o próprio vocabulário não contém as palavras capazes de descrever o que o pensamento (consciente e, mais ainda, inconsciente) contém e o que o analista observa em sua prática.[4] Em *Atenção e interpretação*, Bion (1974), compara cada experiência analítica com uma aventura durante a qual se "introduz" uma sonda que se consegue

---

4 A propósito da denegação (*déni*) do traumático utilizada pelos pacientes, denegação à qual os analistas estão dispostos a dar crédito e são passíveis de sustentar quando se mantêm numa linha fiel à ortodoxia recomendada pela IPA, é indispensável tomar conhecimento da intervenção "ousada" por Louise de Urtubay com um paciente que relatava "de boa fé" uma anedota, *a priori* sem importância, num relato analítico. Tomei a liberdade de acrescentar esse episódio no final do presente artigo.

(ou não) enfiar na psique, num lugar preciso desta e numa profundidade variável conforme o lugar, e que nos dá um panorama, nem sempre decifrável, dessa exploração. "O domínio mental", escreve ele, "não pode ser *contido* no enquadre da teoria psicanalítica. (...) A psicanálise não pode ser *contida* de modo permanente no âmbito das definições que utiliza. (...) A psicanálise não pode '*conter*' o domínio mental porque ela não é um '*continente*', mas uma 'sonda'" (*id.*, p. 130; grifos meus).[5] Vale dizer também que cada experiência analítica realizada com um analista diferente a cada vez possibilita a exploração de um "território" diferente da relação continente/conteúdo. Bion jamais supõe que um conhecimento exaustivo seja possível e insiste muito mais em outros aspectos do encontro. A constatação permanente da imensidão de nossa ignorância entra em conflito com o "sujeito suposto saber", que é a marca distintiva do analista segundo Lacan, e aproxima Wilfred R. Bion do Blaise Pascal que clama que "o silêncio eterno desses espaços infinitos me assusta" (Pascal, 1670, p. 230).

Joyce McDougall (1978, p. 111), por sua vez, acrescenta: "Todos nós temos pontos cegos em que certas opiniões, certos traços de caráter, que escapam à simbolização, se edificam sobre preconceitos, preconcepções, segundo a terminologia bioniana, sobre regras de pensamento, ou seja, um pensamento inautêntico. Talvez, o que conte, seja a extensão de nossa cegueira seletiva".

---

5   Ao escolher dar preferência à "relação continente/conteúdo" em detrimento do termo usual "enquadre" para figurar o espaço em que se desenrola uma análise, Bion se emancipa de uma representação bidimensional normativa, se interessa pela flexibilidade indispensável ao terapeuta e, nisso, lembra o Ferenczi que privilegiava "a elasticidade da técnica analítica".

Cheek to cheek?

Quando o analista se submete às determinações sanitárias governamentais e decide impor a seus pacientes uma mudança profunda do dispositivo analítico, é compreensível que Samuel, um dos pacientes entrevistados numa reportagem publicada no jornal *Le Monde* de 28 de agosto de 2020,[6] tenha inicialmente se rebelado contra seu analista que, até então, respeitava ao pé da letra os preceitos que lhe tinham sido inculcados na sua formação.[7] Primeiro, Samuel cai das nuvens: "Uma análise por telefone! Minha psi, tão rigorosa com o enquadre, tão respeitosa das normas clássicas da análise! Na hora, fiquei furioso que ela tivesse medo de mim, que eu representasse uma ameaça potencial, aquele que poderia levar o vírus para o consultório dela. Em seguida, fiquei decepcionado que ela tivesse medo por ela, como qualquer um, pois a tinha posto num pedestal. Aí, refleti. Por fim, tranquilizou-me que ela fosse capaz de se adaptar, que não me largasse, que não me dissesse: "Volte quando isso acabar...". Até acrescenta ter descoberto que, ao mesmo tempo em que vivia uma situação altamente problemática de sua história, impossível de narrar até então, conseguiu evocá-la ao vivo, pelo telefone: "Essa situação nunca poderia ter acontecido se não fosse por telefone", anunciou ele mais tarde.

É verdade, em 17 de março, na França, no dia seguinte ao pronunciamento do presidente Emmanuel Macron, psiquiatras,

---

6 " Avec le Covid-19, la psychanalyse fait sa révolution", (Com a Covid-19, a psicanálise faz sua revolução) de Elise Karlin.

7 A esse respeito, podemos zombar da formação dita tradicional ou ortodoxa, que não dista muito de se parecer ao castigo a que é condenado um infeliz soldado em *A Colônia penal* de Franz Kafka e que consiste na inscrição "em sua cabeça raspada, de um discurso do qual o sujeito não sabe nem o sentido nem o texto, nem em que língua está escrito, nem mesmo que nele foi tatuado" (Lacan, 1960, p. 803, citação remanejada). *Cf.* também Kafka (1914, pp. 304-331).

psicanalistas e outros profissionais da psique tiveram de repensar tudo na urgência, imaginar atender na ausência de corpo, com a linguagem reduzida às palavras, a desintegração do ritual, sabendo que o telefone torna assépticas as trocas de palavras, retirando os elementos não verbais indispensáveis para a manifestação da transferência. Sustentaram essas modificações alegando que não deixariam ninguém pendente – calando, ao mesmo tempo, que poderiam, assim, continuar ganhando a vida! "Tratava-se de responder à demanda", agregaram alguns que, comumente, clamam em alto e bom som que os analistas não se ocupam da demanda, mas do desejo! Outros chegaram ao ponto de enviar um SMS a seus pacientes para lhes propor esse novo tipo de "serviço" em que se pode permanecer em contato sem se falar!

Uma vez reatada a fala (mediante aparelhos sem fio!), houve quem descobrisse uma proximidade ainda mais acentuada graças ao uso do fone de ouvido e "apreciasse" que pudesse se estabelecer, de ambos os lados do telefone, uma troca que qualificaram de "igual para igual"![8]

A ideia de "responder às novas exigências de nossos analisantes" soa bizarra aos meus ouvidos, porque, quando leio isso (ou quando escuto isso), voltam-me à lembrança os poucos parágrafos que Freud dedica aos constrangimentos e às dificuldades que ele mesmo tinha diante de seus ou suas pacientes e que alteravam sua escuta feita de palavras e de gestos (lembremos do homem que lhe explicava que tudo ia às mil maravilhas no seu casamento ao mesmo tempo em que não parava de tirar e pôr a aliança).

Por fim, assim como expus meus sentimentos de solidão e, sobretudo, de impotência experimentados ao escutar alguns pacientes pelo telefone durante o confinamento, concordo com a honestidade de Christophe Dejours (*Le Monde*, 28/8/2020) que

---

8   O que fizeram com o que experimentaram em suas próprias análises e que os analistas qualificam de "disparidade subjetiva"?

reconhece: "Preciso da presença, dos odores, dos temores – na ausência de corpo para sentir isso, não há afeto".

Diz-se em todos os continentes que é preciso "reinventar a psicanálise", mas esquecem de precisar que, para que ela mantenha toda sua eficácia, é preciso que seja reiventada... "de forma idêntica"!

Anexo

Eis o relato descrevendo a denegação (déni) de um paciente que o analista interpreta levando em conta o contexto político do país totalitário em que se desenrola essa análise (Urtubay, 1982):

O paciente conta que alguém entrou na sua casa e pôs um repolho na sua geladeira (frigidaire). Se ela tivesse sustentado as associações de seu paciente apenas do lado da realidade psíquica (as fantasias, as teorias sexuais infantis – os bebês fabricados nos repolhos, o "frígido" –, a dinâmica edipiana etc.), seu paciente estaria provavelmente morto, pois ela teria sustentado uma denegação da realidade política externa (denegação ativa no seu paciente) (...). Após um longo conflito quanto à sua função analítica, e mesmo que isso contrariasse a clássica recomendação de não se imiscuir na realidade cotidiana do paciente, escolheu interpretar diretamente a denegação atual do paciente: "Não se põe um repolho na geladeira". O paciente pulou do divã, correu para casa e jogou o repolho pela janela; dez minutos depois, a polícia chegou na casa dele e foi diretamente para a geladeira. O que estava escondido no repolho teria levado à prisão e à condenação do paciente. Mais que no repolho, o diabo estava na denegação do paciente.

F. L.

Traduzido do francês por Claudia Berliner

Referências

Bion, W. R. (1959). Attaques contre la liaison, *in* W. R. Bion, *Réflexion faite*. Paris, Puf, 1983.

Bion, W. R. (1974). *L'Attention et l'interprétation. Une aproche scientifique de la compréhension intuitive en psychanalyse et dans les groupes*, Paris, Payot.

Bion, W. R. (1979). *Aux sources de l'expérience*, Paris, Puf.

Bion, W. R. (1980). *Entretiens psychanalytiques*, Paris, Gallimard.

Bion, W. R. (1983). *Réflexion faite*, Paris, Puf.

Bion, W. R. (1987). Evidence, *in* W. R. Bion, *Clinical Seminars and Other Works*, edited by F. Bion, The Estate of W. R. Bion; La Preuve, *in* Bion, 2007.

Bion, W. R. (2007). *La Preuve et autres textes*, Paris, Ithaque.

Forêts, L.-R. des. (1960). Les grands moments d'un chanteur, *in La Chambre des enfants*, Paris, Gallimard, L'imaginaire.

Freud, S. (1905e). Fragment d'une analyse d'hystérie (Dora), *in* Freud, 1966.

Freud, S. (1915c). Pulsions et destins des pulsions, *in* Freud, 1968.

Freud, S. (1968). *Métapsychologie*, Paris, Gallimard, Folio.

Freud, S. (1920g). Au-delà du principe de plaisir, *in* Freud, 1972.

Freud, S. (1966). *Cinq Psychanalyses*, Paris, Puf.

Freud, S. (1972). *Essais de psychanalyse*, Paris, Payot.

Golse, B. (2020). Pour une métapsychologie du lien et de la rencontre; disponível on-line: https://www.copes.fr/Presentation/Video/Ressources/15802.

Kafka, Franz. (1914/1948). *La Colonie pénitentiaire*, Paris, Gallimard, La Pléiade, t. I (1957).

Krzakowski, P. (2020). Psychanalyste par temps de Covid, un mée tier inessentiel ?, inédito.

Lacan, J. (1960). Subversion du sujet et dialectique du désir, *in* Lacan, 1966.

Lacan, J. (1966). Écrits, Paris, Le Seuil, pp. 793-827.

Lévy, F. (2014). *La Psychanalyse avec Wilfred R. Bion*, Paris, éditions Campagne-Première ; *Psychoanalysis with Wilfred R. Bion*, Londres-New York, Routledge, 2020.

McDougall, J. (1978). *Plaidoyer pour une certaine anormalité*, Paris, Gallimard, Connaissance de l'inconscient.

Muller, C. (2004). *L'Énigme du transfert*, Ramonville Saint-Agne, Érès.

Pascal, B. (1670/1857). *Pensées*, Paris-Lausanne, Georges Bridel Éditeur.

Urtubay, L. de. (1982). Quand une inquiétante réalité envahit le travail du psychanalyste. *Revue française de psychanalyse* 46/2, número especial.

Widlöcher, D. & Miller J.-A. (2003). " L'Avenir de la psychanalyse ", debate coordenado por Bernard Granger em 1º de junho de 2002 ; publicado em *PSN* 1, jan.-fev. 2003.

Para além do todo-traumático: a imaginação narrativa e as novas temporalidades da sessão

Jean-Jacques Tyszler
Paris, França

A crise sanitária mundial que atravessamos desde março de 2020 leva a seu paroxismo o sentimento coletivo de incerteza, e os efeitos desta incerteza coletiva sobre as subjetividades são particularmente nítidas para os psicanalistas. A epidemia vai se atenuar ou ter um novo salto? Tal medicamento é útil ou prejudicial? O uso da máscara protege o suficiente? As vacinas chegarão logo e para todos? A incerteza toca também, claro, o emprego, a seguridade social, a possibilidade de se deslocar, de ver os seus etc.

E se o axioma freudiano *Wo Es war, sol Ich werden*, "Lá onde estava o Isso, um Eu deve advir", encontrasse aqui um limite inédito, no duplo sentido de um limite-obstáculo e de um limite-apoio para um eventual salto? Para falar sobre o futuro, devemos de fato olhar o passado – esse é todo o percurso de um tratamento analítico. Mas quando o horizonte é tão incerto e cada dia que passa é talvez aquele em que serei contaminado, ou mesmo contaminarei alguém próximo, então toda lembrança parece uma perda, até mesmo evoca uma renúncia. Há aqui um tipo de melancolia ligada à perda de sentido.[1] Para muitos, hoje nada parece poder voltar a ser "como antes"; o beijo (tão típico de nossas interações afetuosas na França), as mãos estendidas (de praxe nos encontros cotidianos em nosso país), nossas expressões faciais familiares, em suma, nossas alegrias as mais simples e as mais humanas se escondem doravante sob as máscaras e as medidas de prevenção. Esses tempos de incerteza transtornaram a prática com as crianças e com os adultos (para não falar das pessoas idosas e das populações vulneráveis, como os requerentes de asilo). Assim, a partir deste contexto inédito para todos nós, proponho-me a explorar aqui três pontos:

1. As alterações da prática profissional, tanto em consultório particular como em instituição e, mais especificamente, o que esta pandemia nos permitiu, a mim e a meus colegas, compreender melhor sobre a função do enquadre, e principalmente, a *temporalidade da sessão e do tratamento*.

2. De fato, a pandemia nos confirmou a necessidade de revisitarmos o que chamamos de traumático, mas também o fantasmático – e isso de maneira absolutamente prática, modificando nossa maneira de conduzir os tratamentos, tanto no consultório quanto em instituição.

---

1 Talvez uma perda de sentido vizinha daquela evocada por Christopher Bollas (2018).

3. Enfim, gostaria de depor a favor de uma descompartimentalização das perspectivas psicanalíticas tornada possível pela crise atual, e dos remanejamentos práticos e conceituais que ela demanda. Raramente se terá percebido melhor a proximidade surpreendente entre os princípios freudianos e lacanianos que me inspiram, bem como a meus colegas, e certos avanços tão notáveis das escolas britânicas (Bion, por exemplo).

Mudanças materiais do enquadre analítico: invenções e extensões

Exerço a psicanálise em Paris em dois endereços, em consultório particular e um serviço de pedopsiquiatria (centro médico-psico-pedagógico). Se a prática liberal em consultório se assemelha na maior parte das grandes cidades do mundo, não se passa o mesmo com essas instituições tão singulares que na França chamamos de centros médico-psico-pedagógicos (os CMPP). À diferença dos centros médico-psicológicos (os CMP), ligados a serviços universitários de psiquiatria e que acolhem adultos, adolescentes e crianças, os CMPP se ocupam sobretudo de crianças. Em geral, eles estão sob a tutela de grandes associações não estatais (como a Cruz Vermelha), mas com um importante financiamento público. Ademais, eles têm laços fortes com os serviços sociais e judiciários de proteção à infância e com os estabelecimentos escolares. O que dirijo está colocado sob a tutela de uma companhia mutualista de seguros muito grande, que fornece serviços de seguro e cuidados médicos ao corpo de professores na França. O conjunto do sistema, CMP e CMPP, visa a oferecer gratuitamente cuidados mentais à disposição de toda a população, o que é uma conquista extremamente importante, politicamente, e quase um marcador de identidade do sistema de saúde francês. Voltarei a esta exigência de *universalidade*. Mas, com os anos, os CMPP e os CMP às vezes divergiram pouco a pouco: os CMP, que dependem dos centros universitários e, portanto, da *World Psychiatry* (DSM, psicofarmacologia etc.), em alguns casos se tornaram menos receptivos à psicanálise; por outro lado, a autonomia institucional relativa dos CMPP frequentemente lhes permitiu manter uma forte presença da psicanálise junto às crianças e aos adolescentes. Este é um dos fatores que explicam a singularidade francesa: a permanência de uma pedopsiquiatria psicanalítica forte e viva nas instituições públicas.

Esse enquadre nos permite atender crianças muito doentes por um período muito longo, em coordenação não apenas com os pais, mas também com a escola e às vezes com a justiça. As psicoterapias individuais e de grupo são de fato a norma, porque estamos relativamente a salvo de restrições financeiras (limitação do número de sessões ou da duração dos atendimentos), com um forte investimento pessoal dos cuidadores. O funcionamento da instituição não faz, pelo menos, obstáculo ao estabelecimento da transferência.

Ora, a pandemia veio perturbar nossa prática: não fazíamos até então as sessões por telefone e, para as crianças e os pequenos, temíamos ter que interromper completamente o acompanhamento. Algumas referências habituais da sessão psicanalítica foram prejudicadas. Os horários, por exemplo, perderam rapidamente sua significação. Os pacientes às vezes chamavam tarde da noite, no fim de semana, até mesmo nas férias. Não se podia mais interpretar os atrasos ou faltas: primeira crise da temporalidade habitual da nossa prática.

No CMPP, a inventividade dos psicólogos simplesmente me siderou.² De acordo com a situação clínica a intervenção do terapeuta se fazia apenas pela voz, ao telefone, e as coisas aconteceram bastante bem. Por outro lado, para as crianças autistas ou psicóticas, que não suportavam ser forçadas a se segurar apenas na voz, o Skype permitiu modular as formas da presença. Se, por um lado, os psicólogos temiam penetrar demais na intimidade dos domicílios de uns e de outros, os pais se sentiam mais bem incluídos nos meandros das chamadas. E essa dimensão cooperativa, frequentemente deixada de lado nos serviços ordinários de pedopsiquiatria por falta de tempo, uma vez mais mostrou todo seu interesse. Porque a angústia contínua dos pais deve ser acolhida; do contrário a criança, em seus sintomas, apresenta sofrimento dos seus. À demanda de uma associação de professores de jardim de infância, e pelos mesmos motivos, fornecemos textos para sustentar o esforço das professoras e dos professores para salvaguardar o laço educativo com as crianças confinadas às suas casas.³

Certamente era mais difícil oferecer um substituto aos grupos terapêuticos, e isso reforçou o isolamento de muitos de nossos pequenos pacientes. Contudo, a experiência se revelou salutar sob um outro plano: quase toda família pode se beneficiar de um acompanhamento não apenas mais regular, mas mais frequente que o usual. Enfim, com a ligação por vídeo, certos aspectos winnicottianos do desenho da criança puderam sempre ser solicitados. Às vezes, eles felizmente substituíram, e ao menos transitoriamente, os objetos colocados à disposição das crianças no espaço habitual do jogo terapêutico. No entanto, nem tudo eram flores. Nas

---

2 Ver, on-line, Jean-Jacques Tyszler e Ilaria Pirone, "Tenir le fil de la vie par la voix", disponível no site da Association générale des enseignants de maternelle (AGEEM): https://delecolealamaison.ageem.org/tenir-le-fil-de-la-voix-par-la-voie/.

3 *Ibid.*

crianças um pouco maiores, ao redor de dez anos, observamos um recrudescimento dos pesadelos, até mesmo de terrores noturnos, e das fobias muito extensas ao sair do confinamento.[4]

Certos fatos novos também emergiram, os quais integramos à nossa prática no consultório, ao passo que eles se impuseram primeiro na instituição. Com os analisantes em tratamento clássico, um primeiro ajuste se impôs por conta própria. Nós falávamos *sem dissimetria notável* da experiência comum em curso. Ora, nas nossas coordenadas práticas e teóricas habituais (nos antípodas, por exemplo, de certos clínicos intersubjetivistas americanos), isso não tem nada de evidente. Aqui, observa-se esta atitude do analista mais regularmente com os psicóticos. Com o paciente psicótico, trocamos sobre literatura, poesia, pintura, e às vezes respondemos mesmo às questões que ele nos coloca sobre nossa própria vida, nossa família, nosso trabalho... É um *savoir-faire* que na França provém da tradição da psicoterapia institucional como praticada em alguns serviços de psiquiatria. Freud (1950c) usa a expressão *Nebenmensch*, o "próximo", e Lacan (2006, pp. 224-225, 1986) insistiu sobre sua alteridade, sobre o problema real que ele coloca, enquanto inassimilável pelo sujeito. O que nós descobrimos é antes o *Mitmensch*, "aquele ao lado de quem se está", lado a lado. Contudo, este ou aquele(a) analisante nos expressava rapidamente a esperança de voltar aos relatos de sonhos e às associações livres. Este tempo de compartilhamento, bem real, é certamente necessário, mas ele só podia acontecer manifestamente em um tempo determinado e limitado. No entanto, mantive esta dimensão da *partilha do tempo da incerteza*, dando-lhe uma chance no enquadre da sessão. É uma inflexão notável de nossa prática freudo-lacaniana, que não é, de modo nenhum, regressão ao bate-papo, mas necessidade

---

4   Esperamos que se beneficie desta experiência um trabalho cuja escrita está em curso: *Vocabulaire de la psychanalyse avec l'enfant et adolescent* (Paris: Érès), a ser publicado no início de 2021 sob a direção de Ch. Rey, D. Janin e C. Tyszler.

ética. Os verdadeiros parâmetros do lugar de onde um analista age são determinados, parece, pela ferida psíquica da qual ninguém pode escapar, porque ela é coletiva.

Ora, entre todas essas modificações materiais, parece que a temporalidade é a questão principal. Tornou-se um lugar comum da crítica social falar da aceleração geral da vida contemporânea (*cf.* Rosa, 2016). Na França, observamos seus impactos deletérios nos cuidados psíquicos. Mas pode o enquadre psicanalítico, em particular o tempo da sessão de análise, ficar indiferente a essa questão? A questão é formidável. Como se sabe, contra os analistas freudianos clássicos, Lacan iniciou um movimento de encurtamento das sessões, ditas "sessões curtas". Ele o justificava por uma prática interpretativa fundada sobre o jogo literal dos significantes, visando aos efeitos de significação induzidos pelas escansões, em outras palavras, os cortes nos enunciados do analisante. Se a hipótese metapsicológica subjacente é que a psicanálise concerne o sujeito da estrutura significante, e se ele emerge nesta estrutura de maneira essencialmente *sincrônica*, então se concebe que não é de modo nenhum necessário esperar muito para que ele se manifeste, e a escansão interpretativa pode ser eventualmente muito rápida. Esta estratégia se opõe evidentemente à toda ideia do sujeito em psicanálise, que deveria levar um tempo para regredir narcisicamente.[5] Levar em conta a literalidade no seio das associações significantes, em outras palavras ir imediatamente ao simbólico seco e marcado que o sonho dilata em contraste com o tempo psicológico das imagens, eis aí o aspecto inovador de Jacques Lacan, seu "retorno a Freud". No entanto, isso autoriza também técnicas e direções de tratamento que, no fundo, casam-se com os tempos atuais: ir sempre mais rápido. A sala de espera está cheia, é preciso

---

5   O que faz da crítica do narcisismo e da regressão um ponto chave da posição de Lacan. Ver, muito recentemente publicado, o estudo de Renato Mezan (2020).

ir rápido, sempre mais rápido. Não se trata apenas da duração das *sessões*.

A experiência com pacientes psicóticos e depois com crianças e adolescentes já tinha modificado nossa maneira de trabalhar, e tomamos o tempo necessário, um tempo não codificado como devendo imperativamente ser curto, mas variável. A pandemia apenas me encorajou nessa ideia. Talvez não seja tanto se opor tão radicalmente à compreensão dita "lógica" do tempo em Lacan e à sua maneira de reconstruir a gênese significante da "certeza" típica do Eu (ou seja, de seu desconhecimento fundamental do inconsciente (Lacan, 1945)), quanto a observar duas coisas. A primeira, que ele supunha uma ordem social, dito de outro modo uma ordem de discurso, particularmente articulada, onde, em outras palavras, não havia a menor dúvida de que todo sujeito estava efetiva e profundamente "assujeitado" a toda uma bateria constituindo um sistema de significantes comuns, de ideais coletivos explícitos etc. Voltarei a isso em seguida. Mas a segunda é, simplesmente, que esta temporalidade lógica só pode se encarnar concretamente nisso que concerne cada um no momento em que ele é, isto é, presentemente, em um tempo de crise e de incerteza coletiva. Entendido assim, o "tempo para ver", como diz Lacan, é já o de ver os efeitos coletivos da conjuntura atual sobre a vida cotidiana, o trabalho, a saúde simplesmente; segue um "tempo de compreender" a singularidade do caso, porque cada paciente se escuta, claro, no caso a caso; quanto ao "tempo de concluir", sobre uma interpretação, um relance, uma questão, ele pressupõe os dois outros no tempo da sessão. Uma certa maneira lacaniana de tornar Lacan mais lógico e abstrato do que ele é negligenciaria esse substrato, particularmente evidente neste momento, porque ele não coloca em jogo apenas o Eu isolado nas suas "certezas" e seu desconhecimento do inconsciente, mas também sua solidariedade, até mesmo a fraternidade à prova.

Mas pensamos igualmente que o acento colocado sobre o simbólico, ou o significante, encontra de agora em diante seu limite na práxis. Porque é regularmente como um defeito do imaginário, uma carência de narrar, que nós nos deparamos na clínica. Eis o que exige ferramentas, se não desconhecidas, pelo menos inabituais em nosso campo analítico lacaniano.

Nem é tudo que é traumático: a defecção do fantasma como proposição teórica e clínica

A crise sanitária que vivemos é forçosamente um momento traumático para cada um de nós; tememos cotidianamente uma má notícia para tal ou qual de nossos próximos, e nos alarmamos permanentemente ao sabor das notícias. Freud nos previne que o pavor – *Schrek* em alemão – é o ponto não dialetizável e irrepresentável, porque ele está para além da abordagem neurótica habitual (*cf.* Freud, 1920g, 1926d; ver também Tyszler, 2010). Não se deve perder isso de vista, porque o traumatismo freudiano não tem por medida, e ainda menos por critério, uma experiência psíquica de dor nem uma dor específica. Essa visão psicológica e "dolorista" é popular. Para a psicanálise, é antes de tudo um atentado real à armação psíquica, do funcionamento mesmo da estrutura subjetiva. Nada impede por exemplo que se manifeste por uma total incapacidade de sentir a dor psíquica. O pavor freudiano atenta à *forma* possível do vivido, não se deve deixar fascinar por seus *conteúdos* eventualmente ricos e múltiplos. No CMPP que dirijo, estamos tão advertidos disso que tomamos a delicada responsabilidade de intervir junto a uma população que ninguém queria: os filhos dos migrantes, principalmente dessas multidões de sírios, iraquianos e afegãos que aterraram há alguns anos nas calçadas do norte de Paris, alguns esperando ingressar no Reino Unido. Até mesmo fizemos acordos com as instituições que acolhem essas famílias de refugiados para que seus filhos pudessem ter acesso a cuidados psíquicos oferecidos por psicanalistas. Bem antes da crise sanitária, nosso serviço de pedopsiquiatria se voluntariou, em Paris, para fazer face à crise migratória. E pudemos observar *in vivo* quanto o pavor encontrado nos trajetos do exílio forçado tem um aspecto traumático particular, ligado aos lutos impossíveis. Recebíamos jovens, às vezes muito jovens, acompanhados por suas famílias ou pelo que delas restavam e que tinham podido fazer a viagem até Paris. Rapidamente topamos com um fato clínico que eu não saberia qualificar melhor do que como "congelamento da temporalidade". As crianças contavam ou desenhavam a cada sessão as mesmas cenas, as mesmas cenas traumáticas de extorsão, de assassinato, de estupro que eles haviam visto ou sofrido. Este congelamento da temporalidade é difícil de suportar transferencialmente porque não é uma repetição freudiana ordinária. O mesmo desenho monstruoso volta idêntico, com a mesma obscuridade, semana após semana. Cada criança estava confiada a terapeutas do serviço, pessoalmente muito investidos, mas os procedimentos habituais não eram suficientes. Sem contar que os próprios terapeutas estavam com grande dificuldade frente à amplitude dos traumas.

Com a experiência dos acompanhamentos, pouco a pouco tivemos a medida do caráter contraprodutivo que havia ao tratar as questões clínicas quando um jovem sujeito se apresenta a um tal ponto devastado à luz, digamos, do "todo-traumático". E, para minha grande surpresa, a crise sanitária, tão rica, contudo, de ocasiões traumatizantes suplementares, antes reforçou esta hipótese. É um pouco como se nosso encontro com os filhos desses exilados violentados nos tivesse preparado para os novos traumatismos da pandemia e nos tivesse dado certas ferramentas para encará-la. Este é o ponto que gostaria de desenvolver agora.

É, portanto, pela vertente do fantasma e de sua defecção, e não do traumatismo, que preferimos abordar as coisas. De fato, é o fantasma como janela de entrada no mundo que padece de um fechamento de seu horizonte, ou da destruição do ponto de fuga da perspectiva que ele abria: sem se tornar fantasmatizável, sem erotização do que nos liga. Uma forma de hipocondria pode facilmente sobrevir nesse contexto, sem nenhuma dimensão psicótica, mas como uma defesa contra o inimigo invisível que veicula talvez o vizinho, o amigo, o colega... o conjunto. Portanto, é como se a hipocondria fosse generalizada: todo mundo é atingido por ela, todo mundo pode atingir não importa quem, e ela dá consequentemente uma qualidade patógena e patológica ao laço social em geral.

A questão se torna: como devolver as cores ao cenário fanstamático?

O tédio, isto sobre o que nós não podemos intervir diretamente sobre a escritura fantasmática (quer dizer, sobre os significantes das fórmulas do fantasma, com suas conexões e permutações, concebidas aqui sob o padrão lógico-formal de "Bate-se em uma criança"). Toda interpretação um pouco forçada, como nós propomos às vezes (desde Freud) na histeria, apareceria muito crua, até mesmo obscena, em um contexto traumático. Com a criança, no entanto, criamos o hábito de sugerir aos pais de *re-poetizar* sua vida pessoal e conjugal para que a criança compreenda que um desejo simplesmente ainda é possível. Se o outro parental não se movimenta, a respeito disso, a criança apenas ficará imóvel e "congelada". Re-poetizar, isso envolve coisas muito simples: dar uma flor, dar as mãos durante uma caminhada, fazer um gesto afetuoso. Pudemos verificar nesses tratamentos o quanto os desenhos da criança ganhavam então novamente cores e paravam de repetir cenas de pesadelo povoadas por monstros noturnos.

Contudo, é por uma outra proposição geral que pensamos poder caracterizar o que significa "devolver as cores" à vida fantasmática. Apoiamo-nos sobre isso que nos habituamos a nomear *os imaginários*. Distinguimos, a partir do Imaginário lacaniano (Lacan, 1962a (13/6) e 1962b (28/11)): a) o imaginário que se convencionou referir ao "estádio do espelho" (que Lacan (1949) e depois Winnicott (1967) acrescentam a Freud); b) o imaginário fantasmático (que Lacan recebe de Freud); c) um *terceiro* imaginário que nomeamos como "narrativo". No empreendimento que consiste em "devolver as cores" ao fantasma, é sobre ele que nos apoiamos preferencialmente.

Uma imagem, de início, para dar uma ideia: os vitrais de uma catedral. Um vitral é um *relato visual* cujos elementos revelam sua cor à luz do dia. Esse relato conta sempre alguns mistérios do vivente, os grandes dogmas da fé, a concepção que se tem da morte, mas também do amor. Como para ler o inconsciente literalmente, deve-se fazer um esforço para decifrar um vitral. Para as categorias lacanianas, esse relato é tecido por palavras, segundo a dimensão simbólica, mas também tramada por "cores", que formam em seguida imagens, até mesmo o estofo dos sonhos e das fantasias diurnas, ou seja, o imaginário, e bordeja sempre um real, em outras palavras um além de toda ordem simbólica, que figura aí como um impossível essencial (como com os "mistérios" da religião, principalmente o do Mal e o da Redenção pela morte de Cristo).

Mas onde encontrar esse imaginário que eu chamo "narrativo"? De onde vem seu poder próprio, revitalizante? Conjecturo que o poder desse imaginário narrativo se encontra nos mitos, lendas e contos. Talvez se devesse dizer que as crianças, mas também os adultos, foram cruelmente separados deles. Muito se glosou sobre o declínio das "grandes narrativas", como a da emancipação comunista, e fez-se dela mesmo a pedra de toque da pós-modernidade

(Lyotard, 1979). A ecologia lhe substituirá? Confrontado com as dificuldades das crianças e dos adolescentes, o psicanalista talvez não tenha que se pronunciar sobre essas generalidades ideológicas e culturais. Ele só pode, no seu nível, constatar clinicamente a secura e a aridez das articulações de um universo de significantes rígidos, ou de símbolos literais e desencarnados, mais reais que simbólicos, que oferecem a triste escolha entre um pensamento calculista automatizado e um pensamento estilhaçado (esquizoparanoide?). A defecção do fantasma, como se os elementos que compõem o vitral não pudessem mais vibrar no sol, difratando suas ricas cores, e, portanto, animar os elementos do simbólico, eis aí um fator menosprezado da *impotência de narrar*. Ela se manifesta de forma opressora na vida psíquica dos filhos de migrantes, cuja angústia reflete o desastre político, social, cultural, e não apenas familiar ou privado, que os fez aterrar nas calçadas de Paris.

Essa impossibilidade de narrar se encontra redobrada na crise sanitária na qual estamos mergulhados. Os dados científicos são infinitamente difíceis de representar (não apenas figurar, salvo as curvas, que não têm significação para as crianças). A incerteza generalizada que evocávamos no preâmbulo inibe *ao mesmo tempo* a simbolização *e* a imaginarização. O que se propagou por toda parte com o coronavírus é precisamente aquilo com que lidamos há muitos anos com os filhos de migrantes e seus pais vulneráveis: não exatamente simples sequelas traumáticas, mas um deficit da capacidade de encantar fantasmaticamente o mundo.

Não se pode negar que eu me limite a uma simples descrição. Esses três fios do Imaginário (o do espelho de Lacan, o do sonho e do fantasma freudianos, e o que eu chamo "narrativo") são enodados juntos, e é preciso um trabalho técnico de separação-articulação tanto para devolver consistência a cada um como também à trama que eles formam, tomados todos juntos.

Para seguir com a metáfora do vitral, nós podemos lembrar que a utilização de tintas puras separadas se misturando oticamente segundo métodos fundamentados apareceu tardiamente. Na história da pintura, foi preciso esperar a passagem do impressionismo ao neoimpressionismo. Foi Georges Seurat o inspirador, com *Uma tarde de domingo na Ilha de Grande Jatte*, mas também Camille Pissarro, seu filho Lucien, assim como Paul Signac. Este último conta melhor com suas próprias palavras:

> *Os neoimpressionistas, como os impressionistas, tinham apenas cores puras na sua paleta, mas eles repudiam absolutamente qualquer mistura sobre a paleta, salvo, claro, a mistura de cores contíguas no círculo cromático. (...) Mas, pela mistura ótica destas poucas cores puras, variando sua proporção, eles obtêm uma quantidade infinita de tintas, desde as mais intensas até as mais cinzentas (Signac, 1899, p. 63).*

Devolver luz, contraste e cores ao Imaginário, é também para a psicanálise pegar cada fio isoladamente antes de justapô-los e, depois, de enodá-los.

Comecemos pelo estádio do espelho. Ele é descrito desde a primeira infância. Mas, isso não é suficientemente sublinhado, ele se atualiza ao longo de toda a vida: na adolescência, quando das transformações corporais e das marcas de sexualização, quando das gravidezes, dos acidentes variados que tocam o corpo e sua imagem, e finalmente na aurora da velhice, claro. A imagem no espelho é solicitada nos tratamentos de crianças autistas e psicóticas por terapeutas especializados. Mas trabalhar a imagem do espelho poderia ter também seu interesse na anorexia e na bulimia, sem esquecer das diferentes psicoses crônicas nas quais todas as formas de encenação e de teatralização da presença são solicitadas (principalmente pela via da arteterapia). Não esqueçamos a mais simples: como exigimos de um ou uma paciente que ele ou ela aceite se vestir, cuidar de sua aparência antes de ir a uma consulta, inclusive numa instituição. Tudo isso devolve cores à imagem do espelho.

Mesmo se, em seguida, não intervenhamos abruptamente no imaginário do fantasma, devemos nos lembrar de sua dimensão de construção permanente desde a preparação do esboço inicial, mas também reatualizada ao longo da vida sensível e erótica. A respeito disso, é forçoso reconhecer que as vidas íntimas e a conjugalidade foram fortemente afetadas durante o período de confinamento. Por todo o mundo, observou-se tiranias domésticas das quais as mulheres padeceram, mas também, mesmo que falemos menos, das dessexualizações sob a forma de renúncia a toda atividade com o parceiro. A pandemia, em nossa opinião, acelerou uma tendência que havíamos reportado em nossa obra *Actualité du fantasme de la psychanalyse* (Tyszler, 2019): a interrupção de toda a sexualidade, a escolha "assexual". Este é um fenômeno estranho, mal explicado, que as estatísticas, sobretudo estadunidenses, desvelam para toda uma classe de jovens adultos, mais nos homens que nas mulheres, mas igualmente entre os heterossexuais e os homossexuais. A hipocondria generalizada, o medo de tudo que vem do corpo, não é gratuita nesse "gelo" inédito do fantasma. De maneira prática, em cada sessão de psicanálise, confrontados com essa hipocondria, foi-nos preciso retomar um a um todos os clichês enunciados às pressas no que diz respeito à transmissão do vírus. Mas se vislumbra em filigrana processos mais obscuros, inconscientes e impermeáveis à explicação, dos quais se percebe que eles não são diretamente dependentes de um traumatismo, mas mais precisamente de uma alteração da capacidade de fantasmar – alteração que tem uma lógica relativamente independente e se imbrica ocasionalmente no traumático.⁶

Tendo lembrado e precisado esses dois primeiros fios do imaginário, quais dispositivos implementamos para ajudar na reativação do imaginário "narrativo"? Como adaptamos isso que elaboramos em contexto traumático extremo, com os filhos de migrantes, à crise moral e psicológica da Covid-19?

Sob o impulso de nossa colega Ilaria Pirone (professora de ciências da educação), implementamos uma oficina intitulada "Mitos". Trata-se de um grupo terapêutico com as crianças sobre os mitos. Alguns se espantarão que oferecêssemos a leitura da mitologia grega a crianças vindas do outro lado do mundo. Mas é também porque não queríamos singularizar esta oficina, porque

---

6   Para dar um exemplo lateral, mas importante do trabalho sobre a imagem, a erotização e a narração, citemos, em nossa experiência recente no CMPP, os encontros tão decisivos com as mulheres exiladas requerentes de asilo na França por causa das mutilações sexuais rituais a que elas haviam sido submetidas em seu país de origem; nem tanto para se refugiar elas mesmas do que para proteger suas filhas. Graças à presença cúmplice e atenta de algumas de nossas psicólogas clínicas e de nossa assistente social, essas mulheres puderam evocar sua sexualidade, as características das mutilações sofridas e as repercussões tanto sobre sua autoestima quanto sobre sua capacidade de dar e receber no próprio ato de amor. Pudemos, tentando manter um certo tato, indicar a essas mulheres, frequentemente ainda jovens, que não era preciso renunciar nem ao desejo feminino nem a viver com dignidade enquanto esposa, mãe, amante, filha... Encaminhamos algumas a um serviço de cirurgia reparadora, uma vez que ele começa a existir. Esse tipo de intervenção vem a um só tempo devolver seu valor à imagem do corpo e à anatomia; não unicamente para o sujeito, mas também para seu parceiro fantasmático. Ele permite igualmente autorizar um prazer e gozos antes interditos ou recusados (e sabe-se que a sexualidade feminina é mais rica em nuances do que Freud quis relatar na sua época). É preciso ainda que o terapeuta e o cirurgião plástico saibam *narrar* à sua maneira as mudanças possíveis, e até então impensáveis, quer dizer, *fora da fantasmatização*. Em nosso serviço, estes casos foram muito emocionantes e ensinaram muito.

ela acolhia os pequenos sujeitos do exílio, crianças levadas, portanto, a entrar em contato com crianças e adolescentes que vinham se consultar por motivos totalmente diferentes. O mito grego, além disso, carrega uma história de *universalidade* à qual as crianças se agarram qualquer que seja sua origem. Dizer isto não se opõe nem à psiquiatria transcultural nem à etnopsiquiatria. Mas escolhemos ficar sobretudo no fio do universalismo tal qual o próprio Freud havia convocado ao generalizar o Édipo à humanidade (e que os franceses prezam tanto, que é um princípio "republicano" no trabalho em nossa instituição).

Como as coisas acontecem? Uma criança começa a ler, porque é sempre uma criança quem lê ou pede ajuda para ler. O herói, por exemplo, entra na caverna do Minotauro. De um certo ponto de vista, o tempo já está congelado, é previsto que ninguém saia vivo do encontro com o monstro. Contudo, o herói avança, como avança a criança decifrando palavra por palavra, letra por letra, e então, de repente, momento especular, irrupção *unheimlich* do espelho, surge o olhar da besta. Pedimos então um momento de silêncio na leitura, porque a continuação é capital: na troca de olhares, Teseu descobre estupefato o olhar de *criança* do Minotauro, porque, como se sabe, esse monstro era uma criança desgraçada que foi descartada e, por isso, tornou-se monstruosa. Uma outra criança continua a leitura e vai se chocar com o ponto do real, isto é, com o impossível absoluto, com a morte que deve golpear um ou outro dos protagonistas. Depois do reconhecimento da mesma humanidade, da mesma infância, do mesmo exílio e do mesmo abandono, a luta até a morte começa. E, para vencer, o herói deve imitar estritamente os gestos do monstro que ele combate. Aqui é onde todo o imaginário fantasmático da criança se "colore", como eu gosto de dizer, via o desdobramento espetacular do tema freudiano que se deve compreender na sua dimensão de verdade estrutural: "Bate-se em uma criança" (até mesmo *mata-se* uma criança).

Um garotinho de 7 anos pôde fazer este comentário incrível: "Então, quando entramos no labirinto, nos tornamos um monstro". Ele soube interpretar melhor que nós esta identificação que apenas a psicanálise é capaz de aceitar.

O mito, repitamos, enoda com um talento inegável esses diferentes registros de temporalidade e de coloração da vida fantasmática. A morte; o amor frequentemente não correspondido ou repelido; todos os grandes temas da vida psíquica se encontram no mito. O mais formidável é que as crianças distinguem muito bem, e muito pequenas, a diferença entre um mito, uma lenda e um conto: "Um conto, basicamente, termina sempre bem", "Uma lenda é a memória de um grande personagem", "Um mito talvez seja verdade" – é isso que a criança diz. Como a criança, a psicanálise sabe conceder a alguns discursos a verdade (e não a exatidão). A única pequena objeção que de vez em quando aparece diz respeito à pluralidade dos deuses: "É assim mesmo, existem deuses?", se perguntam alguns. É preciso então colocar em perspectiva monoteísmo e politeísmo.

A oficina "Mitos" foi, portanto, nosso laboratório. São as respostas e as reações das crianças à esta injeção de mitos, contos e lendas que permitem perceber porque é necessário distinguir entre as devastações do traumatismo e a defecção do fantasma, mesmo se, em muitos dos casos, os dois estão enlaçados. A mesma inventividade terapêutica que foi inicialmente empregada pelas crianças de migrantes traumatizadas se revelou particularmente preciosa quando do confinamento, e para tratar das sequelas nas crianças desamparadas pela Covid-19. Como se vê, não se tratava de reparar as feridas do Eu nem de reassegurar com fins de normalização. Tratava-se sobretudo de remontar as capacidades de fantasmar, respeitando as potencialidades de sujeitos muito jovens para o desejo. Ora, claramente, conceitualizar este pequeno deslocamento imposto por circunstâncias práticas, obrigou-nos a revisar nossas posições teóricas sobre dois pontos: a) o tempo que é preciso para "devolver as cores" ao imaginário pelo viés do imaginário "narrativo" (tempo relativamente diferente desse que temos o hábito de invocar na teoria lacaniana); b) uma certa reabilitação do imaginário, cuja dimensão não aparece de modo nenhum – como é no entanto corrente no lacanismo – como o lugar negativo da ilusão do Eu e da sedimentação do sintoma. Ao contrário, sua consistência forte se torna essencial à vida psíquica do sujeito.

Retorno a Freud e descompartimentalização teórica da psicanálise

Provavelmente há, na crise sanitária que atravessamos, uma dimensão fecunda de não saber trabalhando por trás de algumas palavras habituais que utilizamos, como "traumatismo". Apresentei neste artigo algumas expressões inéditas para nós mesmos: "hipocondria generalizada", "congelamento do relato". Ainda não sistematizamos seu uso em uma nova clínica. Mas a bússola freudiana nos guia. Estamos em pleno processo de elaboração.[7]

Essa incerteza teórica vem, para nós, tornar sempre mais desejável uma certa descompartimentalização, já em curso, das tradições dogmáticas da psicanálise. Em um serviço de pedopsiquiatria francês, os praticantes estão bem longe de usar exclusivamente Freud ou Lacan, como seria, ao contrário, a regra se eles se ocupassem de adultos. Eles se apoiam também sobre os grandes autores da tradição anglo-saxã, Winnicott, Melanie Klein, mas também

---

[7] Propus (Tyszler, 2019), em continuação às considerações precedentes sobre o fantasma, revisitar a clínica contemporânea a partir da ideia de "neurose pós-freudiana" ou de "neurose *a*", em referência ao objeto *a* de Lacan. Mas estou bem consciente de que tudo isso ainda precisa ser estabelecido.

Bion e muitos outros autores estadunidenses ou britânicos. Mesmo os clínicos formados em divãs lacanianos buscam sair do excesso de formalismo trazido frequentemente pelo gosto pela matematização próprio de certas escolas dessa corrente. Nós mesmos aprendemos o que Bion trouxe de crucial para o trabalho de grupos terapêuticos, que não é em nada redutível ao que Freud disse sobre a psicologia das massas. Inversamente, podemos nos surpreender agradavelmente que os autores freudianos ou anglo-americanos façam referência a Lacan (*cf.* entre outros, *RFP* 82/4 (2018); Feher-Gurewich, Tort, 1999). Na América Latina, esta mistura é antes a regra, parece, e não dá a sensação de uma salada mal temperada. A crise sanitária que atravessamos vai acelerar, cremos, a abertura de certas escolas umas às outras e permitirá, talvez, um reencantamento da doutrina.

Em todo caso, a ideia mereceria ser aprofundada para saber se o deslocamento proposto neste artigo, que complexifica a questão do traumatismo com aquela da defecção do fantasma, não apresenta certas afinidades com sugestões célebres de Bion. De fato, poder-se-ia comparar, pelo menos sob certos pontos de vista, a ideia de imaginário "narrativo" com aquela de *rêverie* no mestre britânico. No mesmo espírito, é possível que o deslocamento que sugiro em relação ao primado formal do significante e do simbólico lacaniano autoriza uma aproximação com a noção de "continente" em Bion. Por fim, parece-me digno de nota que esses deslocamentos e remanejamentos têm uma origem *prática*, o "grupo terapêutico" com as crianças. É a maneira que elas se agarram à oferta de mitos que apoia clinicamente minha proposta, em particular porque o que parecia válido para crianças extremamente traumatizadas pelas violências do exílio mostrou-se pertinente para negociar as consequências penosas da crise sanitária atual, que atinge infinitamente mais pessoas. No estado atual de nossa reflexão, tudo isso permanece certamente hipotético. Em todo caso, essa abertura em direção a Bion não procede realmente de uma confrontação entre teorias. Ela resulta de arranjos práticos impostos por circunstâncias extraordinárias.

Além disso, a psicanálise encontraria talvez uma vantagem em recolocar em jogo seus conceitos não ao preço de difíceis transações exegéticas ou conceituais, mas sob a pressão do real. Uma condição, contudo, na minha opinião, para que esta pressão do real seja verdadeiramente fecunda seria não classificar tudo sob a categoria miscelânea de traumatismo, e de recolocar em jogo a noção de fantasma e de imaginário narrativo. Assim fazendo, as abordagens teoricamente exclusivas, até aqui, seriam levadas a se considerar reciprocamente sob uma nova luz. No melhor dos casos, uma crise suscita um sobressalto de inventividade e renovação.

A crise sanitária, de qualquer forma, leva-nos a meditar sobre todo um conjunto de elementos a meio caminho entre a nosografia tradicional e francas novidades. Do lado do que se deve esperar, há, claro, elementos fóbicos extensos produzidos pelo confinamento, alguns sujeitos ficando amedrontados em qualquer espaço público, sobretudo nos transportes, mas também na rua. Alguns jovens usam o pretexto do vírus para se isolar ainda mais, se relacionando apenas pelas redes sociais. Os rituais obsessivos de limpeza se redobram, já que se convencionou que eles fazem parte das medidas protetoras necessárias e exigidas de todos. As manifestações de histeria coletiva voltam à moda, às vezes sob a forma de protestos e provocações endereçadas às instruções estatais; isso se desenvolve em todos os países, às vezes paradoxalmente pela incitação de alguns chefes de Estado eles mesmos... Um clima paranoico prevalece, em particular na recepção de todo esclarecimento médico que diz respeito tanto aos gestos de "distanciamento social" quanto aos eventuais tratamentos e vacinas. Muitos pensam abertamente que vivemos em uma vasta conspiração. Esta forma do que se poderia chamar "paranoia ordinária", que não é uma psicose propriamente dita, mas que tem efeitos coletivos bem mais graves, porque ela aglutina os indivíduos e os cola imaginariamente uns aos outros, como se eles fizessem "um". Sublinhemos a propósito que distúrbios psíquicos complexos acompanham as convalescenças das vítimas de coronavírus. Somaticamente, aliás, as sequelas são múltiplas em diferentes órgãos do corpo, como o sistema nervoso central. Há todo um conjunto de desordens neuropsiquiátricas e somatopsiquiátricas que os pesquisadores começam a explorar (isso lembra o que aconteceu com a encefalite de von Economo nos anos 1920). Uma forma de hipocondria particular tende enfim a emergir, porque os pacientes aparentemente em boa saúde, curados do vírus, se queixam de algias difusas, impossíveis de identificar (presentemente, de qualquer forma). Também, claro, não se conta as depressões. Algumas são evidentemente compreensíveis nas pessoas golpeadas na sua vida, seu trabalho e seu futuro. Mas há outros casos mais complexos, que vêm alimentar a semiologia da "bipolaridade". Nesses casos particulares, não estamos ainda em condições de separar entre o que é realmente novo ou o que não é. Mas é precisamente este tempo de incerteza que dá as cartas e que nos obriga ainda mais a um ajustamento ao caso a caso antes de se generalizar muito rapidamente. Será preciso nomear novas síndromes? Ninguém sabe.

Mas isso não é tudo. Há também o imprevisto, movimentos inéditos da subjetividade que não se pode classificar tão facilmente nisso que acabo de enumerar. E a psicanálise é, ainda e sempre, um excelente meio, se não o único, e lhes dar a atenção que eles merecem. Falamos, assim, da noção de fantasma. Mas há também o termo pulsão, cujo interesse histórico é inegável, e especialmente a pulsão de morte. É suficiente escutar o rádio ou abrir o jornal de manhã, mesmo em um período traumatizado pelo vírus como o nosso: os atos de guerra e de barbárie se sucedem. O homem nunca está quite com a destrutividade. Isso não terminou, isso ainda pulsa, como o *Drang* freudiano, como a pulsão (de morte). Primo Levi dizia que cada um de nós talvez fosse o Caim de algum Abel, que o abateria no meio de seu campo, sem o saber. A seu modo, Freud (1915b, p. 30) retoma esse tema nas suas *Considerações atuais sobre a guerra e a morte* para nos dizer que "a história das origens da humanidade é cheia de assassinatos. Ainda hoje, o que as crianças aprendem na escola sob o nome de História é essencialmente uma sequência de assassinatos entre os povos".

Seria necessário em seguida redialetizar esse axioma, e reconectar com o esforço de Freud em oferecer uma resposta ao mal-estar na civilização. A crise sanitária presente, e tudo o que ela anuncia para os próximos anos, deveria certamente ser considerada sob esta luz: o que ela nos diz da pulsão de morte? A ambivalência de toda uma parte da população para com isso que se deve fazer ou não é compartilhada na maioria dos países. Alguns zombam loucamente da morte de pessoas idosas ou frágeis; é a seleção natural, dizem eles. Outros, mais doutos, lembram que a economia dita tudo, que o importante é consumir. Os discursos os mais contraditórios são o prêmio desses momentos, com esses mecanismos poderosos de clivagem, de negação (*déni*), de quase perda da noção de real. Percebemos, ao escrever, que a maioria das palavras da clínica são convocadas em uma azáfama da qual linhas de força sairão pouco a pouco. Suportamos nas nossas ilhas de certeza, retomar pelo fantasma ou pela identificação as pedras fundamentais do edifício freudiano, parece-nos ainda mais necessário.

Concluamos provisoriamente com uma grande filósofa, Rachel Bespaloff (1943, p. 70), exilada nos Estados Unidos durante a Segunda Guerra Mundial, que se suicidou em 1949: "As crises que perturbam o indivíduo não alteram as constantes do futuro humano. A história continua sempre sendo esta sucessão emaranhada de catástrofes e de tréguas, de problemas provisoriamente colocados, resolvidos ou escamoteados. Contudo, o homem que provou o abatimento da impotência total e sobreviveu a esta experiência não se resigna a viver como se tivesse sido nada. Ele tenta conservar o uso dos supremos recursos que o desespero lhe revelou".

Alpes du Sud, França, verão de 2020

J.-J. T.

Com a ajuda da Dra. Corinne Tyszler, pedopsiquiatra

Traduzido do francês por Luiz Eduardo de Vasconcelos Moreira

Referências

Bespaloff, R. (1943). De l'Iliade, Paris, Allia, rééd. 2004.

Bollas, C. (2018). Sens et mélancolie. Vivre au temps du désarroi, Paris, Ithaque, 2019.

Feher-Gurewich, J. & Tort M. (dir.), (1999). *Lacan and the New Wave in American Psychoanalysis*, New York, The Other Press Professionnal.

Freud, S. (1915b). Considérations actuelles sur la guerre et sur la mort, *in* Freud, 1981, pp. 9-115.

Freud, S. (1920g). Au-delà du principe de plaisir, *in* Freud, 1981, p. 41-115.

Freud, S. (1926d/1925). *Inhibition, symptôme et angoisse*, Paris, Puf, 1965.

Freud, S. (1950c/1895). " Projet d'une psychologie ", *in* S. Freud, *Lettres à W. Fliess 1887-1904*, Paris, Puf, 2006, p. 626.

Freud, S. (1981). *Essais de psychanalyse*, Paris, Payot.

Lacan, J. (1945). Le temps logique et l'assertion de certitude anticie pée, *in* Lacan, 1966, pp. 197-214.

Lacan, J. (1949). Le stade du miroir comme formateur de la fonction du je, *in* Lacan, 1966, pp. 93-100.

Lacan, J. (1962a). L'Identification, *séminaire IX*, Paris, Le Seuil.

Lacan, J. (1962b). L'Angoisse, *séminaire X*, Paris, Le Seuil.

Lacan, J. (1966). *Écrits*, Paris, Le Seuil.

Lacan, J. (1986). L'Éthique de la psychanalyse, *Le Séminaire livre VII* (1959-1960), Paris, Le Seuil.

Lacan, J. (2006). *D'un Autre à l'autre*, Paris, Le Seuil, pp. 224-225.

Lara, A. C. de. & Servant, B. (2018). Lacan aujourd'hui, *in Revue française de psychanalyse* 82/4, pp. 855-859.

Lyotard, J.-F. (1979). *La Condition post-moderne*, Paris, Minuit.

Mezan, R. (2020). *Lacan, Stein et le narcissisme primaire*, Paris, Ithaque.

Rosa, H. (2015). *Social Acceleration: A New Theory of Modernity*, Columbia University Press.

Signac, P. (1899). D'Eugène Delacroix au néo-impressionnisme, Paris, H. Fleury Libraire-Éditeur, 1911.

Tyszler, J.-J. (2010). " Freud et le traumatisme ", Journal français de psychiatrie 1/36, pp. 3-4.

Tyszler, J.-J. (2019). Actualité du fantasme de la psychanalyse, Paris, Stilus.

Winnicott, D. W. (1967). Le rôle de miroir de la mère et de la famille dans le dévelopement de l'enfant, *in* D. W. Winnicott, *Jeu et Réalité. L'Espace potentiel*, Paris, Gallimard, 1971, pp. 153-162.

Parte V
Diários clínicos

Catábase, anábase: o trabalho em pós-UTI da Covid-19 em um hospital público

Steven Jaron
Paris, França

Srta. B. está deitada em seu leito, em posição fetal, pressionando os próprios joelhos firmemente contra o abdome. Seu rosto está contraído pela dor e ela arfa ao respirar. Ela aos poucos controla a respiração, contendo a dor e reduzindo a frequência respiratória; vai soltando os joelhos e, aos poucos, estica as pernas.

No que me parece apenas um breve instante ela levanta o olhar e me vê, ainda que me pareça que ela já houvesse sentido minha presença no quarto antes – como se ela soubesse que está sendo observada, sem querer que eu soubesse que ela sabe que estou lá. Nesse momento eu me apresento e conto a ela que a médica acompanhando seu caso pediu que eu a visitasse.

Ela diz não entender o que lhe aconteceu. Entre caretas e ainda tentando controlar a respiração ela me explica que estava com alguns amigos uns dias atrás, conversando sobre seu trabalho em uma ONG na África Subsaariana, quando subitamente caiu no chão do café em que estavam. Os amigos acharam que ela tivesse engasgado com alguma coisa que comeu, mas ela, de alguma forma, conseguiu dizer que não, que estava com dificuldade para respirar. Então ela desmaiou, e uma ambulância chamada às pressas a levou ao hospital. Essa noite com os amigos acontecera apenas dois dias antes das medidas de *lockdown* serem adotadas na França no dia 17 de março de 2020, e ela foi uma das primeiras pessoas hospitalizadas nos hospitais de campanha dispostos pelo país em função da pandemia de Covid-19.

Ela parecia bem adaptada para trabalhar em condições perigosas. Desde jovem queria ajudar os outros; assim que a idade permitiu fez o treinamento em primeiros socorros e se envolveu com trabalhos em ONG. Ela então partiu para uma zona de conflito quando uma oportunidade surgiu; sentia-se em casa ali. O único problema, que ela parece não ter percebido de início, é que deixar a França significava também deixar seu namorado; ela achou que poderiam lidar com a separação temporária, mas ele não estava tão seguro disso, e algum tempo depois ele acabou se envolvendo com outra mulher. Ela ficou devastada com a traição – ela estava sacrificando tanto de si para ajudar os desvalidos!

Enquanto conta sua história ela segue tentando controlar sua respiração. Ela também mexe em um oxímetro, instalando-o atabalhoadamente em seu indicador. Quando lê o resultado da medição ela se acalma – "está tudo bem", ela diz, "estou com a oxigenação boa". Fico surpreso ao vê-la manipulando o instrumento, que não é parte do equipamento do hospital, e sim parte de seus pertences pessoais.

Subitamente seu rosto se contrai uma vez mais, e ela leva as mãos à região do estômago; fico aturdido pelo autoerotismo no gesto de medir sua própria saturação de oxigênio, e digo que ela parece estar tentando cuidar de si mesma, enquanto pessoas caras a ela a tinham desapontado. Ela me olha como se eu fosse um louco.

Pergunto quanto tempo ela tinha passado no hospital, e ela me diz que foram apenas dois dias. Eles haviam realizado todos os testes possíveis para checar se ela tinha contraído o vírus, mas todos vieram negativos. Como pacientes estavam chegando às enxurradas, eles tinham que liberar os leitos e por isso ela foi transferida ao nosso hospital.

Depois da conversa com B. eu encontro com a colega que havia me solicitado a consulta. Ela confessa que ficava desconfortável com ela: "é o tipo de paciente que eu tenho dificuldade de lidar. Nada explica os sintomas dela! Aparentemente ela está sentindo intensa dor abdominal e dificuldades respiratórias intermitentes, mas os exames clínicos não revelam nenhum tipo de distúrbio de natureza orgânica. Mas ela não pode ser liberada, nem que seja apenas por precaução".

Ela me pergunta, então, como foi meu encontro com ela, e eu digo que me parecia que ela era histérica. "Transtorno conversivo?", ela pergunta, abalada, mas também intrigada. Os sintomas de B., em minha hipótese, mimetizam aqueles de pessoas sofrendo de uma infecção respiratória aguda; seu *self*, nos termos de Christopher Bollas, foi "*transformado em um evento*" (Bollas, 2000, p. 162). Ou seja: o evento externo estaria atuando seu conflito inconsciente. Minha colega acha a explicação convincente, e chegamos à conclusão de que a disseminação do coronavírus se dá não apenas física, mas também mentalmente.

A brevidade da internação de B. não permitiria que se avançasse em uma psicoterapia, mas nossos encontros poderiam ser úteis para começar a articular seus sintomas com sua história de vida – e é isso que faço conforme elaboramos juntos, de maneira que beirava o lúdico, sua gestualidade florida. Por trás da respiração atribulada e da dor abdominal nós imaginamos uma mulher em trabalho de parto, mas completamente só, dando à luz sem ter sequer o apoio de uma parteira. Os sintomas remitem em grande medida ao longo do trabalho e, uma vez dispensada do hospital, B. pode iniciar tratamento com um analista mais próximo de sua casa, prosseguindo e aprofundando o processo.

Há outro paciente, o sr. P., com quem me encontro diversas vezes durante o período de pico da epidemia, mesmo que apenas por breves entrevistas (o máximo que ele parece conseguir suportar); é um homem magro e alto e usa solidéu, e eu o encontro sentado em uma poltrona. Ele teve um dente removido para facilitar o processo de intubação, e só soube disso quando despertou do coma induzido. Isso aconteceu em outro hospital (o nosso não conta com UTI). Quando nos encontramos ele só fala do quanto isso o aborrece, já que aquele dente era usado para firmar sua dentadura. Ele se apresenta apático e parece indiferente ao mês em que esteve inconsciente e ligado a um respirador, indiferente mesmo à minha presença. Um pedal que ele tem usado para fortalecer suas pernas está aos seus pés; ele está fisicamente debilitado e fazendo fisioterapia. Eu o observo enquanto ele olha para baixo, mirando o chão, e move seus braços e mãos à volta, como se estivesse procurando pelo objeto perdido. Trata-se de uma compulsão à repetição face a experiências traumáticas não ditas, quiçá indizíveis: perder o fôlego e não o encontrar mais; morrer; coisas que não podem ainda ser vividas, recordadas ou elaboradas. Seus movimentos me sugerem que ele está às voltas com angústias primitivas de despedaçamento; a compulsão à repetição parece suprir o que está faltando – o dente, claro, mas não só o dente: mais importante que isso, o que parece faltar é um entendimento consciente e implicado do trauma. Como Thomas Ogden afirma, fazendo referência a Winnicott: "o medo do colapso é o medo de um colapso que *já aconteceu*, mas *ainda não foi experienciado*" (Ogden, 2014, p. 55, itálicos do autor).

Um terceiro paciente, o sr. D., é um senhor de sessenta anos se recuperando da internação com a ajuda de respiradores não invasivos, e ele já se encontra fisicamente bem o suficiente para receber alta. No entanto, durante a reunião de equipe matinal meus colegas o descrevem como "deprimido e retraído", e eu vou vê-lo em seu quarto.

Encontro-o sentado sobre a cama feita, seus pertences acomodados numa pequena mala de viagem a seu lado. Ele já aguardava minha visita e sugere que eu sente em uma poltrona logo ao lado da cama. Pergunto como ele se sente e ele, tentando sorrir, diz que sinceramente não sabe. Eu vejo que ele está confuso; quando ele me explica que será liberado à tarde, sinto que sua alta talvez seja prematura.

Um amigo virá buscá-lo. Ele não vai poder entrar no hospital (visitantes estão proibidos de acessar o hospital): um atendente levará D. até o saguão e o amigo o levará de volta a seu apartamento. Considerando seu olhar confuso, eu me questiono sobre seu estado cognitivo e pergunto se ele entende por que seu amigo não é autorizado a entrar no hospital e vir a seu quarto, e ele me diz que sim, entende.

Nesse momento dou-me conta de que até este momento D. não me disse nada sobre como se sente. Eu pergunto há quanto tempo ele está internado em nosso hospital, e ele responde: "há pouco mais que uma semana". Antes ele esteve em outro hospital por três semanas, duas delas em coma induzido e ligado a um respirador mecânico, mas ele não se lembra de nada desse período. Eu pergunto a ele como ele chegou àquele hospital, e ele responde "em uma ambulância": outra resposta superficial, desvitalizada.

Ele então desenvolve um pouco a resposta: tinha estado sozinho em seu apartamento, porque sua esposa já estava hospitalizada em outro lugar; ela adoecera alguns dias antes dele.

E então ele silencia.

Eu me pergunto o que estaria acontecendo por trás do silêncio; contemplo-o através de minha máscara, observando seu corpo de aparência tão frágil. O rosto de D. parece fino, a cabeça parece pesada demais, precariamente acomodada sobre os ombros e pescoço emagrecidos. Ele então me diz que a equipe do hospital tem sido ótima, que eles inclusive ligaram para o zelador de seu prédio para que ele possa fazer algumas compras básicas, já que ele estará em confinamento em seu apartamento por um tempo.

Sinto, neste momento, que ele está tentando se reassegurar em relação à saída do hospital. Reflito então sobre o que ele está me dizendo, e percebo que uma vez mais não há nenhum sinal acerca de como está se sentindo ou como foi para ele atravessar esse duro processo – sua fala é descritiva e ele enfatiza fatos e procedimentos, deixando-me sem representações acerca de seu mundo interno, a não ser o que parece ser um vazio.

Permanecemos sentados em silêncio, e eu deixo o silêncio operar, abrindo quem sabe um espaço em que D. possa começar a se expressar. Ele então começa a falar sobre seu apartamento, contando-me que ele não tem certeza do que vai encontrar quando chegar lá; silencia novamente, e seu olhar se desvia em direção à janela ao nosso lado. Eu sigo deliberadamente seu olhar, pensando comigo mesmo que essa pode ser uma forma de oferecer uma contra-catexia a seu retraimento psíquico: compartilhemos da *rêverie*, vamos ver o que acontece.

A unidade dedicada aos casos de recuperação de Covid-19 em que estamos foi instalada no quinto andar do hospital, seu andar mais alto, de forma que contemplamos juntos, D. e eu, um horizonte amplo da paisagem parisiense, composto basicamente por telhados acinzentados dispostos contra um céu nublado.

Estou ali, confortavelmente instalado em minha aposta técnica, quando ouço D. associar livremente, entregue aparentemente à triste paisagem lá fora – "o apartamento agora está basicamente vazio, à exceção de uma ou outra peça de mobília; não há nada nas paredes".

Eu pergunto, então, porque não há nada, e ele me explica que um pouco antes do adoecimento da esposa e da disseminação avassaladora do vírus, o apartamento havia sido repintado. Ele e a esposa estiveram animados com o processo, que acabou exigindo um bom tanto de preparação para retirar tudo que estava pendurado ou apoiado em todas as paredes, transportando uma boa parte da mobília da casa para um depósito.

Eles voltaram ao apartamento apenas uma semana antes da hospitalização da esposa, à qual se seguiu a sua própria.

"De fato não há nada lá, está tudo vazio".

Mais silêncio.

"Meu caso era relativamente leve. O da minha esposa, não. Fiquei sabendo que ela não conseguiria sobreviver quando eu mesmo estava a caminho do hospital. Eu mesmo tinha estado fraco por um tempo, com febre e tosse. Minha filha me disse, então, que eu tinha que chamar uma ambulância imediatamente. Sabíamos que minha esposa estava morrendo. Ela foi cremada, suas cinzas estão em uma urna".

Ele então se dá conta de que não sabe onde a urna está. "Tudo aconteceu tão rapidamente", ele diz, enunciando cada palavra com cuidado, como se estivesse estabelecendo as bases sobre as quais um edifício será construído. Uma vez mais, então, ele tenta se reassegurar, lembrando que o zelador vai providenciar as compras, que tudo já foi providenciado.

A crise que D. viveu – testemunhando o adoecimento de sua esposa, em seguida vivendo o seu, e enfim sabendo do falecimento dela – parecia ter pouco, talvez nenhum sentido para ele quando nos vimos; a experiência de dor psíquica não havia encontrado expressão. No breve momento de nosso encontro (um único encontro), parece ter sido possível, todavia, ajudá-lo a iniciar o processo mental em que representações iniciais de medo, confusão e perda pudessem "tecer um caminho de reparação para a cosedura que se rompeu" (Levine, 2013, p. 53).

*

Desde meados de março e atravessando a primavera eu mantive minhas consultas em meu consultório, mas através de um *setting* remoto, atendendo no começo da manhã e no período do final da tarde até o início da noite (Jaron, 2020); a maior parte do dia, no entanto, eu passava no hospital *Quinze-Vingts*, especializado em oftalmologia.

Quando a crise sanitária emergiu, foi instalada ali uma unidade de recuperação pós-UTI. Recebemos pacientes em processo de recuperação da Covid-19 que haviam sido hospitalizados em outras instituições parisienses que precisavam da liberação dos leitos nas suas UTI, considerando o afluxo de pacientes requerendo sedação pesada e ventilação mecânica por semanas a fio. Ou seja: os pacientes que recebíamos já haviam passado pela fase aguda em outros locais, e nós monitorávamos sua recuperação até que pudessem ser encaminhados a um centro de fisioterapia ou até que recebessem alta e voltassem a suas casas.

Quando reorganizamos o hospital na segunda quinzena de março para receber os pacientes de Covid-19 (mantendo, ainda, nossos pacientes usuais), o chefe de meu departamento me procurou para uma conversa. Sentamo-nos em minha sala e ele me disse que me queria na equipe *enquanto fosse possível*, para que eu pudesse trabalhar com os pacientes e suas famílias (o contato com os familiares aconteceria apenas por telefone). A expressão *enquanto fosse possível* me impactou. Estávamos nos primeiros momentos da pandemia, e muitas perguntas sobre formas de proteção e de contágio ainda não tinham resposta. Nosso hospital teve a sorte de não sofrer com a escassez de materiais que se abateu sobre outros (ainda que em alguns momentos estivéssemos a poucos dias de esgotar nossos estoques de suprimentos), mas parte da equipe já havia sido infectada. Eu evidentemente tinha plena consciência do perigo potencial à minha saúde física e mental trabalhando num ambiente como aquele – e não tenho dúvida de que angústia de morte era uma parte essencial de minha disposição contratransferencial em todos os encontros clínicos que realizei ali.

O uso de transporte público era contraindicado em função do vírus, e por isso eu percorria de bicicleta os trajetos de ida e volta ao hospital. Certa manhã, no início de abril, logo após eu passar pelo hospital *Pitié-Salpêtrière* e próximo à estação de trem de *Austerlitz* o tráfego estava sendo redirecionado, com cones posicionados ao longo do bulevar. Mais perto da estação de trem vi formações de policiais militares armados e trajando uniformes pretos, gesticulando de forma autoritária. Que diabo eles estariam fazendo tão cedo numa manhã ademais tão calma e quieta, com a rua virtualmente vazia, praticamente sem nada a policiar?

Lembrei-me, então, de uma reportagem que havia lido na noite anterior: como os hospitais de Paris estavam ficando lotados, um trem-bala estava sendo equipado com ventiladores e ocupado com equipe médica para evacuar pacientes com Covid-19 para hospitais na região da Bretanha; o trem partiria da estação de *Austerlitz*.

Entendi, então, que o governo evidentemente não queria ninguém interferindo com a operação, e por isso montou toda essa cena. Temerosamente passei, por fim, pedalando ao longo das linhas policiais, atordoado com o que imaginava encontrar dali a alguns minutos na lida com meus próprios pacientes de Covid-19 no *Quinze-Vingts*.

De uma perspectiva psicogeográfica, a jornada ao hospital me remetia à imagem de uma descida. Meu consultório fica no limite da margem Oeste da cidade e o *Quinze-Vingts* fica na margem Leste, próximo ao Sena e à Bastilha; assim, o caminho me levava numa jornada descendente em direção ao centro da cidade, onde ao longo de milhões de anos o rio construiu seu fundo leito.

Todos os acessos ao hospital haviam sido fechados para restringir a movimentação, com exceção da entrada principal. Normalmente pacientes, visitantes e a equipe podiam entrar e sair conforme desejassem, mas agora eram obrigados a passar por uma zona de triagem (ou centro de processamento) posicionada ali, em que se submeteriam a uma checagem de temperatura e receberiam uma máscara cirúrgica e álcool em gel – procedimentos conduzidos por profissionais de enfermagem vestidos com um equipamento de proteção que cobria todo seu corpo.

Minha temperatura corporal quando eu chegava ao hospital após vinte minutos pedalando no clima de início de primavera era, claro, assustadoramente baixa, quase como a de um moribundo. Tiritando de frio, eu encontrava os profissionais da enfermagem totalmente cobertos pelos equipamentos de proteção, e eu simplesmente não conseguia reconhecê-los quando me cumprimentavam. Eu tremia, e me sentia constrangido conforme um deles apontava o termômetro à minha testa para aferir a temperatura (constatando, em geral, gélidos 32ºC ou 33ºC). Numa tentativa de atenuar meu desconforto com a situação, mas ainda sem poder discriminar com quem estava falando, eu lançava uma piadinha encabulada, que expressava bem a angústia de morte que me habitava então, dizendo que eu estava gelado porque era um morto-vivo num apocalipse zumbi.

Passada essa provação eu ia à minha sala, fazia o possível para me esquentar e me preparava para o trabalho. Horas depois, quando terminava meu turno, eu me sentia tão aliviado que parecia como se estivesse ressurgindo das trevas conforme percorria a jornada de volta.

Assim, todo dia acabava transcorrendo como um ciclo composto por uma *catábase* (uma descida às profundezas) e uma *anábase* (uma ascensão em retorno), começando com a descida à profundeza gélida e terminando com o retorno acalentador à superfície. Esse ciclo me trouxe à mente os versos terríveis que a sibila de Cumas endereça a Enéias em sua descida ao Submundo:

> *(...) facilis descensus Averno:*
> *noctes atque dies patet atri ianua Ditis;*
> *sed revocare gradum surperesque evadere ad auras,*
> *hoc opus, hic labor est. (...)*
> *(Virgílio, Eneida, Canto VI, versos 126-129)*[1]

A tradução para o inglês de Heaney[2] alude a pelo menos dois de seus próprios trabalhos: sua segunda coletânea de poesias, *Door into the dark* (1969), em que descreve o acesso a uma forja com "uma porta negra" (um poema é forjado, como o é a consciência,

---

[1] "Descer a Dite é fácil/ Dia e noite seus cancelos o Tártaro franqueia/ Tornar atrás e à luz, eis todo o ponto,/ Eis todo o afã" (Virgílio, s/d/1854, p. 164).
[2] Eis a versão em inglês proposta por Heaney: "It is easy to descend into Avernus/ Death's dark door stands open day and night./ But to retrace your steps and get back to upper air/ That is the task, that is the undertaking. (Heaney, 2016, Aeneid, 6: lines 174-177).

individual ou nacional), e *Human Chain*, sua última coletânea (2010), em que discorre sobre sua recuperação após um derrame (retornando "ao ar superior") mas também sobre o nascimento de um primeiro neto, sempre usando o sexto canto da Eneida como um referente arquetípico. Dessa forma pode-se ver que através de toda sua vida de escritor Seamus Heaney tomou Virgílio como um contemporâneo.

O ideal seria definir o período passado na unidade hospitalar de tratamento da Covid-19 como "entre parênteses", remetendo à fórmula de David Jones para a expressão que dá nome ao seu poema-testemunho sobre o tempo em que serviu na Primeira Guerra. "Este escrito é intitulado 'Entre Parênteses'", afirma Jones no prefácio, "pois o escrevi em uma espécie de espaço intermediário – não sei bem entre o quê, mas é como quando se dá meia volta para fazer algo; também porque, para nós, soldados amadores (...), a própria guerra era um parêntese – como acreditávamos estar contentes em colocar os pés para fora daqueles colchetes, no final de 1918... E, também, porque nossa curiosa existência se dá, em última instância, entre parênteses" (Jones, 1937, p. xv). Essa expressão, "entre parênteses", reflete a maneira como me sinto com relação àquelas primeiras semanas da pandemia em que pairava sobre a França uma ameaça de devastação. Esse período se estabeleceu, ainda que superficialmente, "em uma espécie de espaço intermediário": o limiar entre o momento anterior à disseminação do coronavírus e o momento atual, em que este está amplamente contido – ao menos neste país, e ao menos por enquanto. Isso não passa de fantasia. Na verdade, os parênteses não foram fechados para David Jones no final de 1918. Jones foi acometido por *breakdowns* ao longo de toda sua vida, e uma nova guerra teve início apenas alguns anos mais tarde. Da mesma forma, nossos próprios parênteses não estão definitivamente fechados. Estamos cientes (e o grau de conscientização varia de pessoa para pessoa) que o coronavírus não foi nem totalmente erradicado, nem inteiramente derrotado. É bem possível que ele ganhe força novamente, ceifando as vidas de suas vítimas e, mais uma vez, alimentando o medo entre a população em geral (sendo que boa parte desta permanecerá em negação (*denial*)).

Cabe notar que David Jones estabelece o tom de sua narrativa numa oscilação entre a primeira pessoa do singular, escrevendo sobre sua própria experiência enquanto soldado da infantaria, e a primeira pessoa do plural – como na expressão "*nossa* forma curiosa de existência..." (o itálico é meu). Sua experiência é evidentemente apenas sua, portanto a indelével marca de uma subjetividade particular, mas ele acredita que ela reflete a experiência de outros (daí o recurso à primeira do plural).[3]

Essa articulação de experiências compartilhadas traz à mente outro poema-testemunho de experiências infernais vividas "no interstício": me refiro aqui ao *Inferno* de Dante, cujo primeiro verso diz "*Nel mezzo del cammin di nostra vita*"[4] (Alighieri, 1320/2017): o poeta, como se vê, está "em meio" não apenas da *sua*, mas na *nossa* vida. Este primeiro verso é seguido pela expressão "*mi ritrovai*" ("encontrei-me"), que indica que o poeta está, todavia, falando de si mesmo, na primeira pessoa do singular. E está falando sobre um tempo que está recorrendo, como o prefixo *ri-* indica: ao narrar, lá está ele uma vez mais – um período passado, que se revive ao se recontar. Mas ao usar o plural mostra, ele sugere que as experiências que seu poema veicula são emblemáticas para outros, ou melhor: para outros que possam se relacionar, ao lê-lo, com o que ele está descrevendo.

No caso de Dante, trata-se de uma questão temporal: os eventos que ele narra, como aqueles narrados no poema de David Jones,

---

3   Nota do tradutor.
4   "A meio caminhar de nossa vida", em português.

acontecem em uma "espécie de espaço intersticial". Mas Dante não está apenas contando uma história: ele está, mais especificamente, descrevendo um estado mental, caracterizado pela desordem ou confusão mental. Nesse sentido, a tradução ademais bastante útil de Charles Singleton[5] apenas parcialmente capta a *forma* dos estados mentais que o texto em italiano expressa: "*nel mezzo del*", vertido por "a meio caminho", também pode significar "no meio de".[6] E eu quero enfatizar aqui a dimensão pictográfica das palavras, porque seu padrão opera uma espécie de espelho: se você quebrar ao meio a palavra central, *mezzo*, obterá: *nel mez/zo del*.

O resto do terceto de abertura segue:

> (...) *per una selva obscura,*
> *che la diritta via era smarrita.*

Ou, em português:

> (...) *Fui me encontrar em uma trilha escura:*
> *estava a reta minha via perdida* (p. 25)

A mera perspectiva de ter de lembrar ter estado perdido em uma "trilha escura" enche o poeta de "medo" ("*la paúra*") – posso até vê-lo tremer de medo.

Pois bem, aqueles que se descobrem desorientados na obscuridade da floresta têm duas opções: podem tentar retornar ou forjar

---

5 N.T.: Para o inglês – a observação vale também para a tradução para o português por Italo Mauro utilizada nesta tradução.
6 N. T.: A tradução feita por Charles Singleton referida pelo autor verte o terceto ao inglês nos seguintes termos: "Midway in the journey of our life/ I found myself in a dark wood,/ for the straight road was lost" (Dante Alighieri, 1320, pp. 2-3).

um caminho adiante. Outra opção, claro, é aguardar, pensar antes de agir.

Eu pauso, então, e retorno à abertura do poema, *Nel mezzo del*. Em vista das linhas que completam o terceto, e considerando o *après-coup*, percebo que a repetição de duas letras, *l* e *z*, até então aparentemente casuais, ganham relevância. A letra *l* e é reta e comporta a solidez de uma coluna, ao passo que a letra *z* se comporta como um ziguezague errante. Assim, a forma do pensamento que informa o poema de Dante é figurada mesmo nas primeiras palavras, como se ele dissesse: "se ao menos o caminho seguisse reto; mas ele não o é, e eu me encontro profundamente confuso e amedrontado".

A assustadora condição de estar *nel mezzo* – no entremeio, entre parênteses – é desenvolvida ao longo de todo o *Inferno*. No entanto, há um momento específico que se destaca, no mínimo porque lá encontramos uma vez mais a palavra *mezzo*.

Já num ponto avançado do testemunho de sua descida ao inferno, Dante relata como ele monta o dragão Geryon acompanhado de seu "mestre" e "autor", seu "guia" e "líder" Virgílio, que segue sentado atrás dele conforme se preparam para mergulhar rumo a círculos ainda mais profundos. Isso se passa no décimo sétimo canto, ou seja, exatamente na metade do *Inferno* (composto por trinta e quatro cantos).

Nesse contexto, Dante oferece o que me parece um detalhe muito significativo acerca de como montaram Geryon: Virgílio já está montado no "*fiero animale*" ("animal feroz") e aconselha o poeta, encorajando-o quando o medo assomava:

> *Or sie forte et ardito.*
> *Omai si scende per sì fatte scale;*

> *Monta dinanzi, ch'i' voglio esser mezzo,*
> *Sì che la coda non possa far male.*

> Ora sê forte e destemido;
> esta, para a descida, é a escada atual;
> monta à frente, aqui eu fico, na suspeita
> que te possa a sua cauda fazer mal (p. 124).⁷

A "*coda aguzza*" de Geryon, sua "cauda pontiaguda", chicoteará de forma selvagem e ardilosa (o tema do canto é o pecado da fraude) e Virgílio, agindo não só como guia, procura também proteger Dante desse tipo de achaques. E por isso ele "ao *mezzo* irá sentado", ou seja: entre o poeta e a cauda de Geryon. Pois bem, *mezzo* remete não apenas ao verso de abertura do poema, em que Dante se encontra "em meio", mas também o lugar no texto em que este canto em específico está situado; e assim a qualidade de estar em meio, estar nos limites do horror, terror e medo, define a atmosfera mental do Inferno conforme Virgílio e Dante fundem-se um ao outro – cada um é *mezzo* – montados sobre o dorso de Geryon.

Ossip Mandelstam, um comentador contemporâneo a David Jones (para quem Dante não era, em sua própria avaliação, exatamente um contemporâneo, já que ele não era capaz de ler Dante no original), destaca outro elemento significativo acerca de Geryon enquanto figura poética: Mandelstam chama atenção não apenas para os conteúdos do poema, mas para um aspecto específico do trabalho de Dante, a "ligação" "como uma metamorfose contínua

---

7   Na edição em inglês utilizada pelo autor a tradução é a seguinte: "Now be strong and bold:/ henceforward the descent is by such stairs as these./ Mount in front, for I wish to be in between,/ so that the tail may not harm you" (Dante Alighieri, 1320, pp. 178-179).

daquele substrato que é, para ele, a matéria poética em si" (Mandelstam, 1933, pp. 42-43). Ele sugere que essa operação é possível porque os componentes fonéticos, materiais e semânticos da matéria poética possuem um potencial transformativo, cujo precedente estaria nas *Metamorfoses* de Ovídio – potencial que ele denomina "convertibilidade" ou "mutabilidade" (Mandelstam, 1933, p. 88).

Clarence Brown descreverá esse processo como "a sutil cadeia associativa e de derivação implicativa que faz com que uma imagem dê origem a outra, e esta a uma terceira, emprestando ao conjunto um sentido, ainda que inconsciente, de inevitável correção e lógica" (Brown, 1965, p. 61; ver também Brown, 1973, p. 285). Mandelstam acrescenta que o poema em si, por consistir em matéria poética, é o resultado de uma "explosão criativa" que, conforme argumenta, é mais importante do que a sintaxe poética, que "confunde" ou "ofusca" (Mandelstam, 1933, p. 87). Matéria poética autêntica, portanto, está sujeita não apenas a "convertibilidade", mas também a "reversibilidade" (Mandelstam, 1933, p. 88): um nominativo pode *e deve* ser vertido em um dativo se se deseja que haja interdependência entre o poema e sua interpretação.

Esses princípios de substituição e reversibilidade são também parte essencial do pensamento freudiano – são observados com frequência no trabalho dos sonhos: conteúdo manifesto pode expressar o oposto do conteúdo latente (Freud, 1916-1917, p. 178), e o princípio de um sonho pode antecipar seu desenlace (Freud, 1909, pp. 230-231). E isso, por sua vez, se assemelha à forma como um psicanalista ouve o discurso de um paciente, atinado às possibilidades daquilo que Christopher Bollas chama de "trilhas de pensamento" "ligadas por alguma lógica oculta que conecta ideias aparentemente desconexas" (Bollas, 2009, p. 6) expressas em momentos de associação livre.

A obscuridade do inconsciente, dessa forma, pode ser pensada como um rio subterrâneo do pensamento (como o Aqueronte, o Estige, o Lete), um fluxo de inconsciência, que tentamos trazer à luz através da interpretação no curso de um processo analítico. *Catábase* se transformando radicalmente em *anábase*.

Se a *"ombra"*, a "sombra" de Virgílio (Dante Alighieri, 1320, pp. 6-7) é contemporânea a Dante, e se Dante é contemporâneo de Mandelstam, assim como Virgílio o é de Seamus Heaney, ambos os poetas clássicos são certamente contemporâneos de Freud. Mas Freud faz mais do que simplesmente estabelecer um diálogo imaginário com essas figuras: num certo sentido, ele se funde a elas; trata-se de mais do que mera afinidade ou filiação – trata-se da introjeção do objeto. Vemos isso com clareza na carta de 6 de agosto de 1899 a Fliess, em que Freud narra (assumindo algo próximo à leveza) como concebeu a estrutura de *Interpretação dos sonhos*:

> *A coisa está planejada segundo o modelo de um passeio imaginário. No começo, a floresta escura dos autores (que não enxergam as árvores), irremediavelmente perdidos nas trilhas erradas. Depois, uma trilha oculta pela qual conduzo o leitor – meu sonho exemplar, com suas peculiaridades, pormenores, indiscrições e piadas de mau gosto – e então, de repente, o planalto com seu panorama e a pergunta: em que direção você quer ir agora? (Freud, 1986/1899, p. 366).*

As alusões à *Eneida* e ao *Inferno* não são nem um pouco dissimuladas – parecem mesmo constituir o tecido do pensamento de Freud. Isso também ocorre no início do capítulo sete, o capítulo final do Livro dos Sonhos:

> *Devemos estar cientes de que o trecho agradável e confortável de nosso caminho ficou para trás. Até agora, todos os caminhos que percorremos nos levaram, a menos que eu muito me engane, em direção à luz, ao esclarecimento e à compreensão plena. Mas, a partir do momento em que buscamos nos aprofundar nos processos psíquicos envolvidos no sonhar, todos os caminhos conduzem à escuridão (Freud, 1900/2019, pp. 518-519).*

Freud cita uma vez mais, desta vez conscientemente, a *Eneida* na própria epígrafe do livro: "*Flectere si nequeo súperos, Acheronta movebo*" (Se não posso dobrar os poderes celestiais, agitarei o Inferno) (Freud, 1900/2019, p. 12). E no capítulo VII, durante a discussão acerca dos processos primários e secundários, em que ele enfatiza que a "interpretação dos sonhos é a *Via regia* que leva ao conhecimento do inconsciente na vida psíquica" (Freud, 1900, p. 608). Jean Starobinski sugere que ao citar duas vezes este verso de Virgílio, referindo-se ao sonho como veículo para evocar o que está reprimido no inconsciente, torna-a um motivo que emoldura todo o argumento do livro (Starobinski, 1987, p. 396*f*).

E assim vemos Freud iluminando ao mesmo tempo em que busca iluminação, guiando ao mesmo tempo em que é guiado, nessa jornada que deriva da "reta via" em direção à "trilha escura", o "*Inferno*" do inconsciente. Nessa jornada, que funda a psicanálise, ele não fez nada menos que fundir-se ao propósito e à razão de Virgílio e Dante.

*

De bicicleta (Geryon, poder-se-ia dizer) eu volto ao consultório, após um turno matutino que invade um tanto da tarde, e inicio minhas terapias e análises, por telefone ou plataforma de vídeo, seguindo até às oito da noite. Não sei dizer quantos pacientes atendi no hospital, e todos que atendo em clínica privada estão enfrentando as complexidades do *lockdown* e sua interação com suas respectivas organizações psíquicas. Sinto-me exausto e sobrecarregado, e aliviado ao fechar meu consultório pela noite e começar a curta caminhada de volta à minha casa, onde finalmente poderei "alcançar a superfície".

Saio do prédio e entro na avenida *d'Italie*. É noite, e nenhum carro passa pela avenida deserta; todos os bares e cafés estão fechados. Parece haver um silêncio absoluto, que eu capto e saboreio por um momento, até que ele é interrompido por uma, e depois outra janela se abrindo. Soa uma corneta, como se viesse de algum estádio nas redondezas. Ouço assovios e panelas sendo batidas. Eu olho para cima e vejo os moradores dos prédios reclinando para fora de suas janelas, assoviando e celebrando.

Não faço ideia de que se passa. Estou sozinho na rua. Mas subitamente me dou conta do que está se passando, algo que se tornará uma ocorrência regular pelas próximas semanas.

Sinto um nó na garganta.

É claro que ninguém aplaudindo sabe como eu passei meu dia, e eu mesmo dificilmente consigo admitir que o que eles estão fazendo é dirigido a pessoas como eu. Penso comigo mesmo que não é algo que eu queira, mas é algo, suponho, que eu devo aceitar – suas intenções, afinal, são sinceras e é certamente positivo para o moral coletivo.

Não é que eu não aceite sua expressão de gratidão – na verdade eu não quero *nada* disso, porque estou profundamente consciente de quanto nosso mundo mudou e da grande e duradoura turbulência em que essa mudança nos arremessa. Ademais, me perturbam outras expressões dessa mudança radical que afloram em nosso corpo social: incidentes de ataques contra profissionais de saúde envolvendo violência física, psicológica e material (os perpetradores, muito menos numerosos que aqueles que aplaudem junto às janelas às oito da noite, consideram que somos vetores para contágio); o diretor de recursos humanos do hospital chegou a circular um memorando emitido pela polícia, sinalizando que devemos ser discretos quanto ao fato de sermos funcionários de um hospital para não sermos visados pelos ataques. Existem, então, duas características opostas no inconsciente grupal contemporâneo ao vírus, aquilo que Freud nomeia como "a polaridade de amor e ódio, com uma oposição hipotética entre as pulsões de vida e de morte" (Freud, 1921, p. 102, nota 1) – e eu, conjuntamente com meus colegas profissionais de saúde, me encontro visado pelos dois polos.

"Or sie forte et ardito".

Na manhã seguinte, estou de volta ao consultório para as sessões por telefone e plataformas de vídeo. Um *playground* escolar fica logo ao lado da janela da sala de espera, e pacientes atendidos durante o dia costumam entrar no consultório comentando sobre os sons vivazes que escutam vindos de lá; árvores ao redor também acolhem pássaros que chilreiam.[8]

Durante o perturbador ápice da crise de Covid-19 na França, eu não recebi nenhum de meus pacientes presencialmente no

---

8 A algazarra das crianças e o cantar dos pássaros podem passar despercebidos a alguns, enquanto para outros ressoam algo íntimo, evidentemente: associações diferem de paciente a paciente.

consultório, e por isso, enquanto nos falávamos por um ou outro dispositivo, nenhum deles mencionou aquele tema outrora recorrente: os sons de crianças e pássaros que nos chegavam pela sala de espera. Conforme pensava sobre este aspecto da mudança no *setting*, veio-me à mente Virgílio, e particularmente aquela terrível passagem na *Eneida* em que ele escreve que no Averno não há pássaros. Senti então um momento de silêncio nauseante crescendo em mim conforme imaginava que tampouco há grupos de crianças brincando no Submundo, nem alegre nem terrivelmente, seja em Virgílio ou em Dante.

S. J.

Traduzido do inglês por Wilson Franco

Referências

Alighieri, Dante. (1320/2017). *A Divina Comédia*. Edição bilíngue, tradução para o português por Italo Eugenio Mauro. São Paulo: Editora 34.

Alighieri, Dante. (1320/1970). *The Divine Comedy: Inferno*. Italian text with English translation by Charles S. Singleton. Princeton: Princeton University Press, 1970.

Bollas, Christopher. (2000). *Hysteria*. São Paulo: Escuta.

Bollas, Christopher. (2009). "Free Association." In *The Evocative Object World*. London and New York: Routledge, pp. 5-45.

Brown, Clarence. (1965). The Prose of Osip Mandelstam, in *The Prose of Mandelstam: The Noise of Time, Theodosia, The Egyptian Stamp*. Translated from the Russian by Clarence Brown. Princeton: Princeton University Press, pp. 3-65.

Brown, Clarence. (1973). *Mandelstam*. Cambridge: Cambridge University Press.

Freud, Sigmund. (1899). "Carta de 6 de Agosto de 1899." *A correspondência complete de Sigmund Freund para Wilhelm Fliess, 1887-1904*. Edição de Jeffrey Moussaieff Masson, tradução de Vera Ribeiro. Rio de Janeiro: Imago, 1986.

Freud, Sigmund. (1900/2019). A Interpretação dos Sonhos – tradução de Paulo César de Souza. São Paulo: Companhia das Letras.

Freud, Sigmund. (1909). "Some General Remarks on Hysterical Attacks." *SE* 9, pp. 229-234.

Freud, Sigmund. (1916-1917). *Introductory Lectures on Psychoanalysis*. *SE* 15.

Freud, Sigmund. (1921). *Group Psychology and the Analysis of the Ego*. *SE* 18, pp. 69-143.

Heaney, Seamus. (2010). *Human Chain*. London: Faber and Faber.

Heaney, Seamus. (2016). *Aeneid Book VI: A New Verse Translation*, bilingual edition. New York: Farrar, Straus and Giroux.

Jaron, Steven. (2020). "Psychoanalysis in the Time of Covid-19." *Psychoanalysis Today*. http://www.psychoanalysis.today/en-GB/PT-Covid-19/Psychoanalysis-in-the-Time-of-Covid-19.aspx. Retrieved on July 3rd, 2020.

Jones, David. (1937), *in Parenthesis: seinnyessit e gledyf ym penn mameu*. Introductory note by T.S. Eliot. New York: Chilmark Press, 1961.

Levine, Howard B. (2013). "The Colourless Canvas: Representation, Therapeutic Action, and the Creation of Mind." *Unrepresented States and the Construction of Meaning: Clinical and*

Theoretical Contributions. Edited by Howard B. Levine, Gail S. Reed, and Dominique Scarfone. London: Karnac, pp. 42-71.

Mandelstam, Osip. (1933). Entretien sur Dante. *Entretien sur Dante* précédé de *La Pelisse*. Translated from Russian into French by Jean-Claude Schneider in collaboration with Vera Linhartovà. Florian Rodari (preface). Geneva: La Dogana, 2012, pp. 15-88.

Ogden, Thomas. (2014). Fear of Breakdown and the Unlived Life. *Reclaiming Unlived Life: Experiences in Psychoanalysis*. London and New York: Routledge, 2016, pp. 47-67.

Starobinski, Jean. (1987). *Acheronta Movebo*. Translated by Françoise Meltzer. *Critical Inquiry* (volume 13, number 2), pp. 394-407.

Virgílio, Publio. (2005). *Eneida*. Tradução para o português por Manuel Odorico Mendes. Cotia: Ateliê Editorial.

Onde mora o analista? Sobre o manejo do enquadre na análise on-line de uma menina de três anos com autismo

Patricia Cardoso de Mello
São Paulo, Brasil

Onde mora o analista?

A essa pergunta enigmática, muitos dos nossos pequenos pacientes responderiam categoricamente: no consultório. De fato, eles expressam com frequência a fantasia de que o consultório é a casa do analista.

Esta resposta, singela à primeira vista, parece finalmente bastante profunda. Afinal, é no consultório que o analista se faz analista. E ele entretém com seu lugar de trabalho uma relação bastante peculiar. Aparentemente há algo de sua identidade que ali habita: algo denso e essencial que fica assim transferido. De fato, também existimos em nossas coisas.

Com a chegada da pandemia, porém, o analista se viu impedido de receber pacientes em seu consultório. O atendimento a distância tornou-se praticamente inevitável, e tem sido praticado pela grande maioria dos analistas, no que me parece ser um largo passo em direção ao movimento de renovação que André Green (2006) chamou de fim do reino do divã. Em todo o caso, não resta dúvida de que o analista contemporâneo está amplamente convidado a sair do clássico e a pesquisar novas maneiras de se fazer psicanálise.

Ao mesmo tempo, sabemos que o trabalho analítico precisa de certas condições para se desenrolar. Para que haja processo, para que sejam possíveis movimentos regressivos, para que se possa escutar os conflitos e transformar o mundo interno, analista e paciente devem se apoiar num determinado número de elementos constitutivos do enquadre.

Numa teorização que retoma e complementa os aportes de Bleger (1967) sobre o enquadre, Green (2002) propõe diferenciarmos uma dimensão variável (composta pelos aspectos materiais e formais, como a frequência das sessões, os honorários, o uso do divã ou do face-à-face etc.) e uma dimensão constante (definida pelo núcleo dialógico do processo analítico, referente à comunicação verbal e não verbal entre analista e analisando). Neste contexto, alterações dos aspectos materiais e formais têm por objetivo manter a possibilidade de funcionamento do núcleo dialógico – matriz simbolizante que encarna o método freudiano e funda o processo analítico.

Desenvolvendo suas ideias sobre o pensamento clínico, Green (2000) introduz a noção de "enquadre interno do analista". A função do enquadre interno é assegurar a dimensão simbolizante do pensamento clínico do analista e garantir o estatuto analítico do processo, situando-se para além das variações circunstanciais do enquadre externo e dos impasses inerentes ao percurso da análise, Urribarri (2005). Graças a ele, continuamos a exercer a psicanálise nos contextos mais diversos – em hospitais psiquiátricos, clínicas públicas, na rua, on-line. Se o analista mora no consultório, podemos dizer que o analítico mora no enquadre interno.

Impossibilitando-nos de atender presencialmente, a quarentena nos deu a oportunidade de experimentar. De construir novos enquadres. De pesquisar acerca dos nossos enquadres internos. Enfim, de nos transformarmos como analistas.

Esse texto tratará de reportar um pouco desta experimentação e dos ensinamentos técnicos que dela surgiram. Abordarei o atendimento por celular de uma menina de três anos com autismo, mostrando o impacto do confinamento imposto pela pandemia sobre a sua vida e sobre a nossa relação. Ao longo de cinco meses de trabalho, veremos que à ruptura brutal do enquadre analítico, seguiu-se a construção de um novo enquadre on-line, capaz de produzir efeitos terapêuticos tão interessantes quanto inesperados. Em particular, descreverei o surpreendente devir do celular e seu duplo estatuto: como dispositivo organizador da situação analítica e como brinquedo/ferramenta de subjetivação.

E agora?

Em nossa última sessão presencial, quando me despedi de Lélia (3 anos e 9 meses) e seus pais, estávamos os quatro meio desnorteados. Lélia sem entender completamente que separação era aquela tão diferente das outras. Os pais, sem entenderem como fariam com a filha sem as nossas sessões. E eu, sem entender como atenderia à distância uma menina tão pequena, com recursos simbólicos ainda tão precários.

Os pais de Lélia me procuraram através da indicação de um pediatra, por um quadro de fechamento autístico típico: ausência de relação com o outro, evitamento do olhar, estereotipias, nenhuma linguagem. Depois de um ano e meio de trabalho, ela havia evoluído consideravelmente: foi se abrindo de maneira progressiva, criou vínculos vivos com os pais, surgiram palavras e depois frases simples. As palavras vieram prontas, inteiras, e as frases, quase completas – ainda que ambas muito esparsas.

Os pais construíram comigo uma relação de confiança, e estavam solidamente apoiados no nosso trabalho. Com a chegada da pandemia e consequente necessidade de interrupção do atendimento presencial, surgiram intensos sentimentos de desamparo. Eu me vi também bastante apreensiva, já que situações desse tipo – rupturas inesperadas, separações longas, futuros incertos – representam um risco gigantesco de intensificação do retraimento em crianças com autismo.

Antes da pandemia: sobre as fundações do processo analítico e a função simbolizante do enquadre

Quando chegaram ao meu consultório, os pais de Lélia rapidamente aceitaram a minha proposta de vir, falar e pensar juntos. Os dois faziam questão de estarem presentes em todas as sessões semanais (duas com a criança e uma com o casal), com real disponibilidade para ajudar a filha.

Nas sessões com Lélia, porém, me deparei com questões que operavam como entraves para a implementação do trabalho analítico. Em primeiro lugar, os pais estimulavam Lélia com demasiada intensidade, criando uma situação de excesso invasiva para ela.[1]

Em segundo lugar, eles mantinham uma intensa disputa fálico-narcísica pela criança. Cada um queria tomá-la para si, estabelecendo com ela uma relação dual devoradora, sem nenhum espaço para o terceiro e para o pensamento. Essa experiência era profundamente desorganizadora para Lélia. Ela ficava no meio da disputa, dividida entre dois movimentos antagônicos – "como um cachorro de dois donos", nas palavras do pai –, e se despedaçava. O Eu extremamente frágil era em permanência transbordado por um investimento excessivo e caótico. Ao tentar me aproximar dela, mesmo procurando regular o sobreinvestimento dos pais, eu acabava funcionando como mais uma fonte de estímulo, e contribuía para incrementar o excesso ao invés de moderá-lo.

Lélia e sua mãe tiveram grandes dificuldades em criar um vínculo. Desde muito cedo, Lélia oscilava entre a indiferença e o evitamento. Estes comportamentos eram mais brandos na relação com o pai.[2] Mas na tentativa de amparar a filha, ele acabava dela se apossando, deixando a mãe de fora, em sofrimento. Pais e mães costumam se alternar com maior ou menor harmonia nos cuidados e funções, mas aqui havia uma destituição da mãe do lugar materno.

Em terceiro lugar, os pais apresentavam dificuldades em me acompanhar nas minhas intervenções, em assumir uma posição mais passiva, em me dar lugar. Na relação com a filha, não

---

1 Sabemos que a falta de resposta da criança autista às solicitações dos pais gera neles um comportamento desesperado de hiperestimulação, que por sua vez acaba reforçando o fechamento. Esse fenômeno é chamado de *regulation up*.

2 Na minha experiência com crianças autistas, o evitamento da relação com a mãe é primário, e se generaliza progressivamente para as demais relações.

conseguiam fazer movimentos regressivos que permitissem acessá-la. Descritivamente, tinham uma espécie de desejo de protagonismo, e uma necessidade de afirmação narcísica que atropelava completamente a criança.

Nas sessões com os pais, conversamos a respeito desta dinâmica. Eu falava sobre a importância de fazerem uma parceria para cuidarem da filha, e pudemos colocar em palavras a rivalidade entre eles. O pai trouxe a ideia de que ambos, engenheiros de sucesso, habituados a gerenciar equipes, "tinham muita liderança e não aceitavam ser liderados". Propôs uma formulação interessante de que era preciso aprender a brincar de "Siga o mestre", aquela brincadeira de crianças em que um faz um gesto e os demais imitam, simplesmente seguindo. Aprender a seguir o corpo do outro, a acompanhar. A acompanhar a filha, a se acompanhar, a acompanhar a analista.

Mas apesar das nossas conversas, a situação não se modificava. Nas sessões com Lélia, identificada a ela, comecei a me sentir angustiada e invadida. Eu patinava sem sair do lugar. Estava construindo em terreno pantanoso. Não era possível continuar daquele modo.

Então decidi propor aos pais algo inusitado. Que ao invés de estarem os dois presentes nas duas sessões semanais com Lélia, faríamos uma das sessões com cada um. Relutei um pouco em aceitar esta ideia, pois na minha experiência as sessões com os dois pais e a criança pequena constituem um espaço privilegiado de construção dos vínculos primários.

No entanto, esta intervenção teve efeitos decisivos. Algo de fundamental, relativo às bases narcísicas da criança, pôde a partir daí se organizar. O fato de cada um dos pais ter o seu lugar assegurado, não ameaçado pelo outro, – num reconhecimento do narcisismo deles enquanto pais – gerou condições para a emergência da alteridade. Garantidos os lugares dos pais, garantiu-se o lugar da criança.

Transformando de algum modo duas mães devoradoras em um pai e uma mãe com lugares diferenciados, a intervenção viabilizou a integridade psíquica da criança. Para não parti-la ao meio, partiu-se o tempo ao meio. O enquadre se presta perfeitamente a esses arranjos.

Desta maneira, foi possível sustentar os pais para que se tornassem capazes de favorecer a construção do narcisismo da criança, convertendo-a progressivamente no "Mestre" ou em "Sua Majestade a Menininha" (Freud, 1914). Nesse contexto, a sessão semanal com o casal adquiriu uma função extra: integrar as experiências que um e outro tinham nas sessões com Lélia, favorecendo a formação de uma criança comum.

Nos últimos anos, em atendimentos de crianças e adolescentes, tenho feito esse tipo de ação terapêutica que eu chamo de "intervenção enquadrante". Trata-se de uma mudança de algum aspecto preciso e concreto do enquadre. Ela opera exercendo uma função terceirizante que sustenta o transicional, favorecendo a criação/transformação de limites do Eu do paciente. Esta ação no plano intersubjetivo instala determinada prática e se materializa numa alteração no funcionamento da parte variável do enquadre.[3] O aspecto concreto desta solução me parece fundamental, porém seu caráter simbólico é o verdadeiro responsável por sua eficácia.

Esse tipo de intervenção se apoia numa paciente e minuciosa compreensão do campo analítico (M. e W. Baranger, 1969). Sua construção se dá em processo, isto é, a partir de diversos pequenos movimentos transfero-contratransferenciais que vão se ajustando

---

3 Muitas vezes, ao invés de modificar um elemento temporal, como aqui, a intervenção se dá em termos do espaço.

até que se produza uma crise e um impasse, que pressionam o analista em direção a uma mudança. Em suas teorizações sobre a "função enquadrante do analista", Urribarri (2010) destaca o tripé "enquadramento/desenquadramento/re-enquadramento" como ferramenta essencial do trabalho com pacientes não neuróticos.

Aqui, reconfigurando os dispositivos e as dinâmicas das relações, a intervenção produziu as condições necessárias para que o processo analítico pudesse, literalmente, ter lugar. Meu trabalho de criação de vínculo e de atribuição de sentido tinha agora onde se apoiar.

Fomos assim caminhando, até que veio a pandemia.

"Toc Toc": a primeira sessão por vídeo

A primeira sessão por vídeo se fez com Lélia e sua mãe, através do celular desta última. Com a chamada em curso há alguns segundos, entramos as três no quarto de brinquedos, onde possivelmente aconteceriam os nossos encontros a partir de então. Ao entrar, me senti completamente alheia àquele lugar novo e estranho para mim. A sala parecia imensa, árida, impessoal. Contratransferencialmente, era como se tudo de tão delicado que construímos ao longo de muitos meses de trabalho tivesse sido perdido, deixado para trás.

Durante a sessão, a mãe foi me contando como haviam sido os primeiros dias de confinamento. Lélia perambulava pela sala, parecendo perfeitamente alheia à nossa conversa. A mãe tentou engajá-la algumas vezes, sem sucesso. A certa altura, no entanto, Lélia foi até a prateleira de livros e para a minha surpresa, pegou um chamado "Toc Toc". Andou alguns passos na nossa direção, sentou no chão e se pôs a ler à sua maneira, folheando as páginas. Eu comecei a falar sobre o livro e a mãe naturalmente se aproximou da filha para poder melhor enquadrá-la com a câmera do celular, criando o espaço para um momento de intimidade entre nós.

Este não é um livro qualquer. Primeiro, porque é um livro que eu tenho no consultório e que eu li uma ou duas vezes para Lélia no início do atendimento. Seus pais compraram um exemplar para ter em casa, coisa que eu não sabia naquele momento. Segundo, pelo próprio conteúdo do livro.

"Toc Toc" mostra um menino pequeno entrando sozinho numa casa, de dia. Ele vai abrindo portas coloridas, uma depois da outra. As portas são do tamanho da página, de modo que virar uma página corresponde a abrir uma porta. Antes de abrir cada porta, o menino diz sua cor e bate. Por exemplo: "Porta amarela, toc toc!". A cada porta aberta, o menino pergunta: "Alguém em casa?" e em seguida descreve a cena curiosa que vê. Por exemplo: "Quatro macacos jogam almofadas, pulam e brincam." O menino vai assim, abrindo portas e relatando cenas, até que abre a última e se vê repentinamente do lado de fora da casa. Então diz: "Ninguém em casa... A lua brilha, vamos embora...".

Este livro encanta os pequenos. Numa aparente simplicidade, ele condensa uma série de organizadores da simbolização expressos em pares de opostos: abrir/fechar, cheio/vazio, dia/noite, dentro/fora, perto/longe, encontro/separação, presente/ausente. É uma espécie de brincadeira de esconde-esconde, de busca do encontro com o outro, numa cadência muito particular. Além disso tem cores lindas, um pouco pálidas, em sintonia com a experiência de separação.

O momento forte da narrativa é a quebra de ritmo presente na chegada no vazio do lado de fora da casa, à noite: "Ninguém em casa...". Ele é preparado pela repetição da pergunta "Alguém em casa?", que é feita a cada nova porta que se apresenta. À entonação ascendente da pergunta se contrapõe a entonação descendente da resposta, modulando afetos de expectativa e decepção. Do lado de fora, à noite, sem ninguém: esta última página do livro figura os sentimentos de vazio e abandono. Deixamos a casa, estamos sós, o livro acabou.

Quando leio o livro para Lélia e sua mãe durante esta primeira sessão num novo lugar, ela me olha com muita intensidade justo no momento em que digo com uma voz triste: "Ninguém em casa... A lua brilha, vamos embora." Este olhar fugaz de extrema profundidade aparece a cada vez que digo a Lélia algo muito preciso, que faz sentido para ela. Nestes momentos, há entre nós um verdadeiro encontro de olhares, onde ela está.

Posso então colocar em palavras, sintonizadas com os afetos presentes no livro, como estamos tristes de não podermos nos encontrar, de não podermos estar no consultório juntas. Eu digo: "Acabou o consultório. Pobre Lélia, pobre Patricia, pobre mamãe", fazendo referência à brincadeira que fizemos meses a fio, na qual ela me deixava sem suco de uva e repetia, séria: "Acabou a uva." – primeira frase dita em sua vida, seguida, depois de algumas sessões, por: "Pobre Patricia". Essas sentenças simbolizam a experiência de perda da mãe vivida com o nascimento de Clara, sua irmã dois anos mais nova. Articuladas na brincadeira, transformam sua vivência passiva em ativa, colocando em mim todo o seu sofrimento.

Nesse contexto, "Toc Toc" é sem dúvida uma alusão às sessões interrompidas, ao meu consultório e ao desejo de me reencontrar. A casa onde ele fica é aliás divertidamente parecida com a casa do livro. Parece-me muito significativo que Lélia tenha elegido no quarto de brinquedos um elemento idêntico ao do meu consultório. Provavelmente, o único de fato idêntico presente em todo aquele espaço. A relação de identidade estabelecida através dessa escolha tenta restaurar a continuidade perdida pela enorme ruptura de enquadre que representa fazer as sessões num local diferente, sem a minha presença física. Criando uma ponte entre o passado e o presente, Lélia traz de volta o nosso consultório.

Ao mesmo tempo, o livro figura de maneira surpreendente a minha entrada pela primeira vez na casa de Lélia, no quarto de brinquedos, nesse nosso novo lugar. Todos esses aspectos estão condensados na escolha do livro. Quando Lélia o escolheu para lermos juntas, eu soube que ela permanecia conectada comigo através do celular – onde agora moravam a minha imagem e a minha voz – e que o atendimento a distância seria possível.

A cabana mal assombrada

O isolamento social decorrente da necessidade de quarentena implicou em múltiplas perdas para Lélia. Além de perder pessoas, relações, espaços, ela perdeu a rotina – o que representa uma espécie de terremoto para o psiquismo de uma criança com autismo.

Durante as duas primeiras semanas, sentimentos de cunho depressivo vieram à tona. Ela passava bastante tempo deitada, chupando chupeta e segurando sua almofadinha. Ficou muito sensível às frustrações e crises de um choro sentido apareceram. Ela disse uma vez: "A Leli tá muito triste."

Quase sempre, o desencadeador do choro era alguma questão ligada à Clara, por quem Lélia nutre sentimentos de ciúmes avassaladores. Durante o confinamento, estar fechada com a irmã em casa tem sido desafiador para ela. Invadida de ódio, ela tenta desesperadamente controlar os movimentos da pequena. Diz de maneira repetitiva: "A Clara não vai brincar lá embaixo", "A Clara vai nanar", e "É minha!", frase pronunciada em relação aos objetos, sempre no feminino, provavelmente referida em última instância à mãe.

Ao cabo destas duas semanas, os sentimentos depressivos desapareceram e Lélia foi sendo tomada por uma agitação crescente. Houve um aumento notório dos comportamentos autísticos. Ela passava longos momentos sozinha, deitada no chão, empurrando carrinhos e fazendo sons de motor, inacessível aos outros. As estereotipias ficaram mais frequentes: ela se abaixava para a frente, dobrando seu corpo com os braços para trás, e torcia os punhos fechados. Em movimentos repetitivos e excitados, corria para lá e para cá, emitindo sons guturais.

Ocorreu em seguida um movimento regressivo que durou uns dez dias, provocando muita angústia nos pais. Por um lado, Lélia perdeu o controle dos esfíncteres e escaparam fezes e urina, o que não acontecia há meses. Por outro lado, pela primeira vez ela começou a se comportar como a irmã, pedindo para tomar leite na mamadeira, no colo da mãe. "A Leli quer mamar", ela disse.

Depois desse primeiro mês de quarentena bastante tumultuado, tivemos uma sessão que parece ter sido um divisor de águas. Quando a mãe liga a câmera, Clara está dentro de uma pequena cabana de índio, que Lélia chacoalha nervosamente, com toda a força. Tentando instaurar uma brincadeira, eu digo: "Nossa, parece que o vento está balançando a cabana!", "Socorro! O vento está muito forte!", "Será que a cabana vai desabar?", "Que medo!". Mas ela acaba por empurrar a irmã, que é retirada da sala pela babá.

Lélia pega então um carrinho, se deita no chão e começa a deslocá-lo para lá e para cá, fazendo sons de motor. A mãe tenta interagir, mas ela se mostra impermeável. A mãe me conta que Lélia está ainda mais "focada" nesses últimos dois dias, depois da volta da casa da praia, na qual a família tem estado confinada metade do tempo durante a quarentena. Relata que esta noite Lélia acordou gritando, terrivelmente assustada. Não houve meios de fazê-la dormir de novo.

Falo longamente do medo de ficar de novo sozinha à noite, sem o papai e a mamãe no quarto, já que na casa da praia estava dormindo com eles. E do fato de ter tido um pesadelo tão assustador. Me pergunto em voz alta, de maneira brincalhona, sobre o que teria sido este pesadelo. Será que Lélia tem medo de que Clara vire um fantasma e venha assustá-la no meio da noite, quando está dormindo? Um pouco como ela estava fazendo quando chacoalhava a cabana com a Clara dentro?

Ela fica muito interessada no que eu estou dizendo. Se levanta e vem até mim. Me olha de perto, longamente, muito sorridente. Desde que o atendimento a distância começou, é a primeira vez que ela consegue sustentar seu olhar no meu desta maneira. Começa a fazer "Mmmm" com a boca fechada, mordendo os lábios para dentro, como se tentasse falar amordaçada, numa gestualidade nova. Eu a imito e ela morre de rir, o que me faz lembrar da brincadeira do "Acabou a uva", na qual eu chorava fazendo um barulho similar, e ela se deleitava. Ficamos assim alguns minutos, olho no olho, e depois ela tapa a boca com as duas mãos, uma sobre a outra, continuando a fazer o mesmo som. Eu falo do quão difícil é estar fechada na quarentena, no apartamento de São Paulo, sem poder sair. Que ela parece estar se sentindo presa dentro de casa, como a sua voz e o seu choro, que estão presos dentro da boca, fazendo força sem conseguir sair. Digo também que no apartamento de São Paulo parece que Clara está em todo lugar, que ela é dona da casa toda – e até da mamãe. Que Clara se mexe sem parar, que é impossível controlar seus movimentos, e que isso dá muito medo e muita raiva.

A partir desta fala, Lélia se organiza e se acalma de forma notável. A mãe propõe que ela se sente à mesa para fazer uma pintura.

Ela pede tinta vermelha – primeira frase dita nesta sessão – e eu falo sobre a lancha vermelha pela qual ela tem verdadeira obsessão, que estava estacionada na casa da praia, e que ela me mostrou na última sessão por vídeo. Recuperamos assim a representação daquele objeto investido narcisicamente, favorecendo um movimento de reorganização da experiência desestruturante da volta da praia. Ao nos despedirmos, a mãe diz: "Parece outra menina".

Nesta sessão, vemos como a nova ruptura que representa a volta para São Paulo, bem como o fato de estar fechada no apartamento com a irmã, somados à dificuldade de suportar os pais dormirem juntos e sem ela, fragilizam Lélia. O Eu é invadido por sentimentos incontroláveis de ódio e ciúmes, e se desorganiza. A tempestade pulsional ameaça destruir a frágil cabana de índio. Fantasias agressivas a assombram. É insuportável estar fora e insuportável estar dentro.

A temática da invasão é central no autismo. As falhas na constituição dos limites da estrutura do narcisismo primário forçam o Eu a instalar um sistema defensivo de fechamento extremamente rígido. Para evitar a invasão pulsional desencadeada pelos movimentos do objeto, o Eu bloqueia de maneira drástica suas fronteiras, tornando-as completamente impermeáveis. Ao mesmo tempo, há um desinvestimento do processo representativo, que visa suprimir a presença do outro no mundo interno. Na clínica, vemos crianças que fecham ativamente seus orifícios e seus sentidos, bloqueando toda e qualquer entrada do outro. Crianças que não olham nos olhos, que parecem não enxergar e ouvir bem, que desenvolvem estrabismo etc. – tentativas desesperadas de manter o outro fora do campo.

Parece-me que a criança autista busca negativizar o outro para evitar a tempestade pulsional que ele – por ação ou omissão – é capaz de provocar. O outro não é o objetivo primário do evitamento:

ele é rejeitado enquanto objeto-trauma desencadeador da pulsão, da dor, dos afetos de desamparo. Neste sentido, o bebê é jogado fora com a água do banho. Ou seja, para combater os efeitos do outro, suprimi-se o outro – através da implementação de um funcionamento narcisista negativo (Green, 1983) radical.

Parte do efeito transformador das intervenções da sessão parece oriundo do estabelecimento de uma figurabilidade criadora de nexo simbólico entre vários interiores: a cavidade da boca, a cabana, o quarto escuro. No dia seguinte, Lélia conta para a babá: "A Leli teve um sonho com a lancha vermelha", "A Leli tomou um susto com a lancha vermelha". Pela primeira vez, ela organiza uma narrativa sobre esse outro estado anímico que é o sonho. Ela verbaliza, com alívio, que teve um pesadelo, o que sugere o reconhecimento do sonho sonhado como experiência do mundo interno – expressão de um novo passo de subjetivação na constituição do duplo limite do Eu (com o objeto e com o Id).

Fazendo casinhas

Na semana seguinte, uma passagem interessante inaugura uma longa série de brincadeiras onde Lélia passa a explorar com prazer a interioridade dos objetos e dos espaços.

Lélia e sua mãe estão sentadas no chão brincando de colocar objetos dentro da caçamba de um caminhão. Para que eu possa ver bem a cena, a mãe põe o celular com a minha imagem sobre o sofá. O caminhão vai ficando repleto de pequenos instrumentos de música. Lélia diz: "Vai carregar o caminhão". E depois: "O caminhão tá cheio de construção". Os objetos empilhados na caçamba começam a se desequilibrar e caem para fora. Ela pede, aflita:

"Ajuda, mamãe!" e esta fica um longo tempo segurando a precária edificação, para evitar um transbordamento/desabamento.

A uma certa altura, Lélia coloca o caminhão em cima do sofá, bem ao lado do celular, deixando este último entre uma almofada e a parte traseira do veículo. Ela acha graça no que vê, mas eu não entendo imediatamente. Então ela vai puxando devagarinho o xilofone que está sobre o caminhão, para que visualmente ele ficasse sobre o celular, como um telhado. Desta forma, o celular se encontra perfeitamente enquadrado entre esse "telhado", essas duas "paredes" e o "chão". É como se o aparelho – e, portanto, a imagem do meu rosto – estivesse dentro de uma casinha, diz a mãe. Foi isso que fez Lélia sorrir. A antecipação que ela faz do que poderia vir a ser uma casinha me parece digna de nota.

Então Lélia tenta enfiar a sua cabeça dentro da casinha, de modo que seu rosto se aproxima muito do meu, me dando a sensação de estarmos as duas dentro de um espaço fechado. Ela se aproxima e se distancia algumas vezes, devagarinho, me olhando bem nos olhos. Parece aquela brincadeira de "cabaninha" que fazem as crianças pequenas: nariz contra nariz, as mãos em arco em volta do rosto simulando telhado e paredes, criando uma sensação de ambiente íntimo, escurinho, só de dois.

Essas brincadeiras que as crianças pequenas adoram, de habitar junto com o outro um espaço interior restrito e bem delimitado – em casinhas, esconderijos, embaixo do cobertor –, colocam em cena fantasias relativas à consolidação do narcisismo primário. Sob um fundo de separação primária sujeito-objeto, explora-se prazerosamente o encontro, na construção da experiência da intimidade. Fazer casinha é desfrutar do prazer de estar dentro e junto.

Na passagem descrita, há sentimentos de bem estar oriundos do prazer do compartilhamento afetivo, com a mãe e comigo. Mas a continência ainda está sob ameaça, revelando que o vínculo com o outro não está estavelmente internalizado: Lélia depende da mãe para segurar fisicamente os objetos dentro/em cima do caminhão e provavelmente da minha presença no interior da casinha para torná-la habitável. Green (in Urribarri, 2005) afirma que o sujeito é aquilo que resta quando o objeto se retira. Neste sentido, ainda não temos aqui um sujeito plenamente constituído.

O novo enquadre

O novo enquadre foi pouco a pouco se constituindo no contexto das sessões à distância, sob um fundo de maleabilidade da minha parte, Milner (1952).

Como descrito, a primeira sessão se realizou através do celular. Nas sessões seguintes, o pai fez algumas tentativas de utilizar o computador ou a TV, para que Lélia pudesse me ver maior. Mas depois de experimentar, optei por manter o celular. Em primeiro lugar, porque nele a comunicação olho a olho funciona muito melhor do que nos outros dispositivos – e para mim esse era um aspecto vital para trabalhar com esta criança. Em segundo lugar, porque sendo móvel, esse dispositivo permite que se acompanhe de perto os movimentos da criança. De fato, o pai e a mãe de Lélia têm passado boa parte das sessões segurando o aparelho, de maneira a me mostrar a filha – o que fazem de um modo preciso e natural.

Nas primeiras semanas de trabalho, as sessões com Lélia aconteciam no quarto de brinquedos. Mas espontânea e progressivamente, ela e seus pais começaram a se deslocar pela casa, de maneira que quando eu me dei conta nossas sessões não tinham mais um lugar fixo para acontecer.

Dada a idade e o funcionamento de Lélia, pensei que não seria produtivo restringir seus movimentos. No meu consultório, que é composto de várias salas e um pequeno jardim, em atendimentos de crianças pequenas, costumo utilizar diferentes espaços em função do que está sendo trabalhado. Deste ponto de vista, recriamos aqui uma dinâmica semelhante, que estabeleceu uma relação de continuidade com o atendimento presencial.

Na ausência de um espaço físico constante, sem me dar conta, o celular se transformou no único objeto concreto estável, presente em todas as sessões. Ele virou o elemento permanente e principal da dimensão material do enquadre. Isso contribuiu para que ele fosse investido e objetalizado, de modo a adquirir uma função decisiva no processo de simbolização de Lélia, como veremos a seguir.

O celular

Antes da quarentena, Lélia usava raramente um celular. Mas a partir de então, foi desenvolvendo uma autêntica paixão por esse objeto. Identifico duas razões para isso. Por um lado, trabalhando de casa, os pais têm feito muitas reuniões através de seus celulares-objetos-de-desejo. Por outro lado, o celular é o instrumento através do qual Lélia se relaciona comigo.[4]

---

4   Sabemos que os dispositivos eletrônicos comportam um risco importante de alienação para qualquer criança, dado seu potencial aditivo e dessubjetivante. No caso de crianças com autismo, sua utilização pode facilmente incrementar o fechamento, contribuindo para deixar o outro fora do circuito pulsional. Mas em determinadas circunstâncias, podem ser utilizados a favor da criatividade e da relação com o outro. Neste sentido, nos últimos anos, tenho trabalhado bastante com eletrônicos na sala de análise.

Desde o início do atendimento à distância, fiquei muito surpresa com sua possibilidade de manter a conexão comigo através da tela. Durante o primeiro mês, ela me lançava olhares furtivos, e por vezes repetia algo dito por mim. Mesmo a uma distância considerável e sem me olhar, ela permanecia referida à minha voz e às minhas palavras. Eventualmente, se dirigia a mim de maneira direta. Depois de algumas semanas, com o suporte dos pais, ela passou a me cumprimentar com prazer no começo e no fim de cada sessão. Gradualmente, no decorrer dos cinco meses de trabalho aqui descritos, os momentos de interação comigo foram sendo dilatados e diversas brincadeiras cada vez mais ricas e menos repetitivas foram sendo criadas.

Segundo descreveremos, houve neste processo uma surpreendente transformação do estatuto do celular. No início, celular e analista estão identificados, mantendo entre si uma relação de concretude. O celular é a analista. Ou a analista mora no celular. De maneira progressiva, no entanto, Lélia vai explorando e descobrindo de forma lúdica as funções representativas e comunicativas do celular, o que vai provocando a diferenciação entre a representação da analista e sua imagem na tela. Lélia se apropria do celular e utiliza-o como dispositivo de simbolização. O celular ganha uma função transicional. Finalmente, Lélia começa a se apoiar no funcionamento do aparelho para desenvolver suas próprias capacidades representativas. Isso culminará, no fim do quinto mês de quarentena, em uma evolução notável da linguagem. O celular é então concebido como meio de representar e a analista ganha existência própria, estando claramente diferenciados. O desenvolvimento da função de representação é correlato à passagem do predomínio do narcisismo negativo ao predomínio do narcisismo positivo.

No início do segundo mês de quarentena, aconteceu uma situação que ilustra como o celular e a pessoa da analista estão indiferenciados – ao mesmo tempo que mostra como o aparelho está sobreinvestido por ter nele apoiado todo o peso do enquadre material. Numa sessão, o celular do pai com a minha imagem, que estava colocado na mesa, escorregou e caiu deitado. Lélia assustou e disse várias vezes: "e, e, e", muito agitada. Então eu falei: "Nossa, que susto! Parece que a Patricia caiu! Mas foi só o celular". Ela pegou o objeto e o derrubou de propósito várias vezes, retomando a situação angustiante ativamente no intento de elaborá-la. Este movimento abre o trabalho de simbolização que distingue entre a imagem da analista (na tela) e a pessoa da analista, dando lugar à dimensão da representação do objeto.

Nesta mesma semana, Lélia descobriu que podia aumentar e reduzir a minha imagem na tela do celular, de maneira que a imagem dela, ao mesmo tempo e inversamente, se reduzia e aumentava. Ela ficou muito interessada por essa possibilidade. Durante várias sessões experimentou esta alternância, mostrando prazer em ser capaz de me deixar grande e pequena, perto e longe. Como se assim pudesse, em algum nível, controlar a distância e a separação. Um jogo da bobina (Freud, 1920) digital e elementar: em um toque de dedo, como num passe de mágica, a analista vai para longe e depois volta para perto.

Diferentemente das pessoas, as máquinas obedecem rápida e exatamente aos comandos, numa previsibilidade reasseguradora. Enquanto o universo humano é caótico e hipercomplexo, o mundo mecânico das máquinas se deixa adivinhar. A questão do imprevisível é crítica para as pessoas com autismo, tocando diretamente à problemática da confiabilidade do objeto. A construção de um objeto confiável é uma das condições primordiais para a superação do funcionamento autístico.

Desde muito pequena, Lélia tem fascínio por máquinas: liquidificadores, cafeteiras, impressoras, cortadores de grama, veículos etc. Este fascínio parece relacionado ao poder das máquinas e ao fato delas não terem afetos. São objetos idealizados e ao mesmo tempo temidos.[5] A peculiaridade desta máquina aqui – o celular – é que ela circunscreve a minha imagem viva – e ao vivo. Assim, por um lado é passível de ser manuseada, manejada, dominada, contando com a dimensão da confiabilidade, mas por outro, traz uma conexão com a presença humana da analista e com todo o universo do analítico, pleno de sentidos e emoções. É um objeto composto e complexo, com esta dupla natureza.

Outra mudança importante começou a acontecer a partir da descoberta de Lélia quanto à possibilidade de alternar os tamanhos das nossas imagens no celular. Por vários minutos, ela deixava sua imagem grande e a minha pequena, e ficava se olhando longamente na tela, como num espelho. Quando fazia algo novo – por exemplo, tocar um instrumento –, se aproximava para repetir o feito e se olhar realizando-o, com um prazer narcísico evidente.

O interesse pelo espelho já havia aparecido no consultório, nos dando indícios sobre a formação da imagem unificada do corpo (Lacan, 1949). Mas a particularidade aqui é que ao se olhar no celular-espelho, ela me via. Eu estava na imagem reduzida, olhando para ela. O celular era como um espelho com olhos. Um espelho menos perigoso que o olhar do outro, porém mais humano que um espelho de vidro. Um espelho onde é prazeroso se ver sendo vista, e que pode assim desempenhar uma função auxiliar na organização do narcisismo. Poderíamos imaginar aqui uma experiência do tipo "se olhar sozinha em presença do outro", no sentido descrito por Winnicott (1958).

O olhar da mãe, que habitualmente tem um papel primordial na construção do Eu (Winnicott, 1967), não desempenha esta

---

5   Encontro frequentemente em crianças com autismo o medo e o desejo de se transformar em objetos inanimados.

função nas crianças com autismo. O olhar do outro é vivido como intrusivo e desestrutura o narcisismo, ao invés de organizá-lo. Por isso é evitado de maneira drástica, entravando por sua vez drasticamente o processo de construção da especularidade e da identidade.

A sensibilidade das crianças com autismo ao olhar do outro é imensa. Aconteceu algumas vezes de Lélia aproximar seu rosto do celular me olhando nos olhos, e de eu reagir espontaneamente me aproximando um pouquinho também, causando nela um movimento de afastamento. Mesmo através da tela, minha pequena aproximação era abrupta demais para ela. Para que haja uma interpenetração de olhares prazeirosa (Haag, 2008), é preciso muita delicadeza. No consultório, passávamos vários minutos face a face, ela dentro da casa e eu fora, no jardim, olhando-nos fixamente através do vidro de uma janela, numa brincadeira repetitiva de pular e de fazer gestos onde ela era o Mestre e eu a imitava. Ela ficava de pé sobre uma mesa baixa, para que nossos olhos ficassem na mesma altura. Desta forma – mediadas pela janela e pela imitação –, ela era capaz de sustentar demoradamente seu olhar no meu com deleite.

No meio do segundo mês de atendimento on-line, surgiu outra novidade. Lélia começou a pedir aos pais que a filmassem fazendo alguma façanha. Por exemplo, dar uma cambalhota. "Quer o vídeo!", ela dizia. Em seguida, via o filme muitas e muitas vezes, orgulhosa de suas realizações. Aqui também, o celular possui uma função narcisisante. Mas além disso, parece desempenhar um papel importante na construção da representação de si, a partir da qual se desenvolve a possibilidade de se autoinvestir libidinalmente.

Logo Lélia começou a filmar e a fotografar sem a ajuda dos pais. Ela simplesmente pegava um dos celulares e usava. Mais tarde, os pais encontravam centenas de fotos e pequenos filmes que ela havia feito. Neste período, ela se pôs a querer fazer tudo sozinha. Foi rapidamente ganhando autonomia em relação a inúmeras atividades cotidianas.

Um movimento inédito de oposição e enfrentamento dos pais aparece então ao longo do terceiro mês de confinamento. Tal movimento foi desencadeado pela decisão da mãe de não mais permitir que Lélia colocasse a fralda no momento de defecar – apesar do pleno controle dos esfíncteres, ela ainda tem a necessidade deste subterfúgio para poder se separar das fezes. Mas aqui ela se recusa terminantemente a evacuar sem fralda e depois de poucas semanas a mãe desiste de seu projeto. Aqui Lélia é capaz de dizer não ao objeto para poder dizer sim a si mesma, Green (1993) – momento crucial da constituição do Eu.

Neste contexto, o precioso celular de trabalho da mãe vira elemento de disputa passional entre elas. Num braço de ferro com a mãe, Lélia pega o celular contra as suas ordens, joga-o no chão provocativamente etc. Como sinal de protesto contra o fato de os pais terem ido passar um fim de semana sem as filhas, ela quebra o objeto em mil pedaços, jogando-o contra o muro. Esse movimento raivoso é muito significativo, marcando a possibilidade de Lélia de expressar o ódio e exercer a agressividade na relação com a mãe.

No início do quarto mês de quarentena, Lélia começou a pedir que os pais refizessem cenas que a surpreenderam para poder filmá-las e assisti-las novamente. Por exemplo, a mãe um dia tropeçou e Lélia pediu que ela tropeçasse novamente para filmá-la tropeçando e poder assistir o tropeço muitas vezes, tornando-o previsível.

Outro exemplo vai no mesmo sentido. Lélia caiu, bateu a cabeça e precisou ir ao hospital para levar pontos no ferimento. Alguns dias mais tarde, numa sessão com a mãe, ela começa a brincar de médico, invertendo as posições em termos de passividade/atividade. Primeiro vai examinando e cuidando da mãe. Depois pede para ela chorar. Daí começa a filmar o rosto dela chorando. Com a outra mão, bate nela devagar para fazê-la chorar mais, ainda brincando. Mas a uma certa altura, bate com toda a força e a mãe grita de verdade. Ela diz: "A Doutora Lélia bateu na perna da mamãe". O filme mostra exatamente o rosto da mãe gritando de surpresa e dor. Ela assiste o filme infinitas vezes.

Nestas duas cenas, vemos como o celular se transforma num instrumento de apropriação subjetiva dos acontecimentos potencialmente traumáticos. Ele permite que se grave uma cena desagradável, de maneira a repetir, representar e elaborar. Essas funções essenciais do psiquismo ficam como que estendidas ao celular, que se torna ferramenta do processo de simbolização.

A função de representação que encontra suporte no celular é seguramente uma derivação do processo analítico. Sou eu quem coloca em palavras as situações difíceis vividas por Lélia, ajudando-a a metabolizar os acontecimentos impactantes, já que os pais têm poucos recursos para fazê-lo.

Neste período, Lélia ganha um celular velho. Ela começa então a filmar e a fotografar o próprio corpo, e a gravar a própria voz. Ela grava barulhos de moto que faz com a boca, gritos e canções, e depois escuta. O celular é como uma ferramenta de autoconhecimento. Pela via da transferência da função simbolizante do analista sobre o celular, este é transformado em dispositivo de subjetivação.

Ao mesmo tempo, o aparelho se converte num instrumento de investigação do mundo. Lélia parece filmar, gravar sons e fotografar para pesquisar e compreender a natureza das coisas. Numa sessão, no colo da mãe que se desloca pela casa, ela vai fotografando o entorno e depois olha foto por foto várias vezes, reconstituindo o caminho por onde passou. Em outros momentos, se diverte jogando o celular para cima com a função de filmar ativada, de modo a poder ver em seguida a trajetória do ponto de vista (do observador) do celular. A curiosidade em relação ao mundo, aos outros e a si mesma nos dá sinais de que o processo de objetalização está em curso.

No fechamento autístico, há um estado gravíssimo de desobjetalização. A vitória completa deste processo dá origem ao autismo "clássico", tal como foi descrito por Kanner (1943), onde os efeitos e as sequelas, inclusive cerebrais, gerados pela falta de relação com o outro, são devastadores. Do meu ponto de vista, o autismo seria uma forma extrema de narcisismo negativo, onde o fechamento é ativamente implementado para neutralizar a dor do desamparo proveniente de um desencontro radical com os objetos primários.[6]

Em todas estas atividades em que Lélia usa o celular como objeto de registro, há um aspecto que me parece fundamental. As gravações de áudio e vídeo podem ser visualizadas *ad infinitum*, diferentemente da vida real, que se desenrola sem possibilidade de volta. Existe assim expresso um desejo de dominar o tempo. De capturar o presente, impedindo que as experiências passem e sejam perdidas.[7] O celular é como um objeto mágico que dá suporte à onipotência – experiência imprescindível para se superar a lógica negativa originada no desamparo.

A utilização do celular nas sessões de análise parece ter operado igualmente como suporte da comunicação, incentivando Lélia a utilizar outros meios para estabelecer a relação com o outro distante. Assim, ela começou a usar o aparelho para telefonar e mandar mensagens. Durante as sessões, às vezes me enviava emojis e

---

6   O que, evidentemente, não descarta a existência de fatores constitucionais da criança na determinação deste processo.
7   O medo de perdê-las faz pensar na precariedade da memória e ao mesmo tempo na hipermnesia de muitas crianças com autismo.

digitava muitas letras juntas, como se fossem palavras. Ligava para os pais através dos interfones da casa, através do relógio moderno do pai, e usava a babá eletrônica para chamar os adultos quando precisava. Este desejo intenso de se comunicar é obviamente significativo no contexto do funcionamento autístico de Lélia.

Este processo de objetalização, de investimento do mundo e do outro, permite uma lenta passagem do narcisismo negativo (predomínio do fechamento, da desobjetalização e do desinvestimento) ao narcisismo positivo (autoinvestimento libidinal, emergência da alteridade e do processo representativo). Lélia vai se abrindo, criando laços mais consistentes com os outros e saindo do fechamento por momentos cada vez mais duráveis.

O pensamento é uma casa feita de palavras

No final do quinto mês de atendimento on-line, após um período de dez dias de separação com a mãe, Lélia começou a dizer muitas frases, cada vez mais complexas e menos repetitivas – ainda que soltas e não organizadas num diálogo com o outro. De uma ou duas frases pronunciadas por sessão no início do confinamento, e uma dezena antes da viagem da mãe, passamos a uma cinquentena de sentenças, muitas delas dirigidas a mim.

Esse florescimento inesperado da linguagem testemunha do importante trabalho de elaboração da ausência que Lélia tem podido fazer em análise, quiçá potencializado pela ausência física da analista. Atualmente, analista e celular estão claramente diferenciados. A primeira é representada, imaginada, como estando presente em outro lugar – espaço este que Lélia é capaz de conceber e nomear. Ela diz: "A Patricia vai brincar de casinha no quarto dela". Ou "A Patricia vai chegar na casa do papai".

O desenvolvimento do uso da linguagem em sessão se inscreve na dinâmica de trabalho inaugurada pela brincadeira do "Acabou a uva" – que Lélia vai sofisticando e transformando, sempre de maneira a que eu explicite, de forma lúdica, suas frustrações e sentimentos de abandono e ódio: "A Patricia não vai comer brigadeiro", "A Patricia não vai ver a cama da Leli", "Patricia, você não tem nada", "Acabou a Leli, Patricia", "Patricia, a mamãe vai pôr você de castigo" etc.

Com o meu suporte, Lélia vai aprendendo a brincar de me fazer viver as agruras que ela experimenta, e a colocar em palavras o que ela está sentindo, de forma a tornar pensáveis e suportáveis suas emoções. Ela diz: "A Patricia vai ficar com medo do cachorro", "A Patricia tá com medo da lancha vermelha", "Patricia, você tá com medo da mamãe?", para que eu as verbalize em forma de brincadeira, sem temor. Ela precisa que eu coloque em cena seus sentimentos transformando-os, para que num segundo momento eles possam ser por ela interiorizados. Trata-se de desgastar os sentimentos a fim de que fiquem menos nocivos psiquicamente, num trabalho de transformação que faz pensar nas teorizações de Bion (1962) sobre a função da rêverie materna. Toda essa metabolização do negativo – da ausência, da dor, da frustração – é fundamental: ela libera o Eu da pulsão de morte, viabilizando um investimento positivo de si e do objeto.

Em certos momentos, parece-me que eu sou para Lélia uma espécie de duplo: uma outra Lélia, que vive e expressa o que ela sente, permitindo a instauração de um circuito elaborativo alternativo à expulsão. Um duplo capaz de conviver com emoções brutas. Capaz também de sustentar determinadas posições. Por exemplo, recentemente, quando o pai estava brincando de morder sua barriga de uma maneira incômoda para ela, ela disse: "A Patricia não deixa". E depois a frase se transformou em: "Eu não deixo", e tem sido usada veementemente em momentos em que ela não quer que se faça algo.

Em momentos de fragilidade, em vez de se desorganizar ou de precisar da presença concreta do outro para se recuperar, Lélia começa a poder se expressar através das palavras – por vezes com uma clareza inesperada. Numa sessão na beira da praia, assim que a mãe ligou o celular, Lélia disse, procurando me afastar para ficar com a mãe só para ela: "A Patricia não vai ver a Lélia" e "A Patricia não vai ver nada" E então: "A mamãe vai deixar a Patricia aqui", se referindo ao mar. Depois: "Tchau Patricia, bom trabalho!" Essa sequência de frases espontâneas e articuladas mostra como Lélia vai adquirindo a possibilidade de dizer não, e como seu o pensamento vai se estruturando (Freud, 1925).

Lélia nos mostra como os pensamentos expressos em palavras exercem a função de estabelecer os limites com o outro, substituindo pouco a pouco o que antes era um sistema de fechamento autístico muito rígido. Numa sessão recente na casa da praia, criamos uma brincadeira onde ela se fechava na rede-casinha, me deixando de fora, infeliz e com frio. Ela disse: "É a casa da Leli e a Patricia não vai entrar" – frase primorosa que dá sinais do andamento do processo de apropriação de si e de construção dos próprios limites.

O processo analítico de Lélia nos confronta à extraordinária potencialidade do psiquismo para se transformar. Apesar do contexto ambiental e relacional extremamente adverso imposto pela pandemia – o confinamento, a perda da rotina, a ruptura do enquadre analítico – vemos essa menina de três anos com autismo conseguindo se apoiar em um novo e improvável enquadre, fazendo dele o caminho para um surpreendente avanço no processo de subjetivação.

P. C. de M.

Referências

Baranger, W. & M. (1969). La situación analítica como cámpo dinámico. *Problemas del campo psicoanalítico.* Buenos Aires: Kargieman. pp. 129-164.

Bleger, J. (1967). Psicoanálisis del encuadre psicoanalítico. *Simbiosis y ambigüedad: estudio psicoanalítico.* Buenos aires: Paidós. pp. 237-250.

Bion, W. R. (1962). *O aprender com a experiência.* Rio de Janeiro: Imago.

Freud, S. (1920). Além do Princípio do Prazer. *Obras Completas, Volume 14, (1917-1920).* São Paulo: Companhia das Letras. pp. 120-178.

Freud, S. (1914). Introdução ao Narcisismo. *Obras Completas, Volume 12, (1914-1916).* São Paulo: Companhia das Letras. pp. 13-50.

Freud, S. (1925). A Negação. *Obras Completas, Volume 16, (1923-1925).* São Paulo: Companhia das Letras. pp. 249-255.

Green, A. (1983). *Narcissisme de vie, narcissisme de mort.* Paris: Minuit.

Green, A. (1993). *Le travail du négatif.* Paris: Minuit.

Green, A. (2002). *La pensée clinique.* Paris: Odile Jacob.

Green, A. (2000). Le cadre psychanalytique. Son intériorisation chez l'analyste et son aplication dans la pratique. *La clinique psychanalytique contemporaine.* pp. 5-29.

Green, A. (2006). *Unité et diversité des pratiques du psychanalyste: colloque de la Société psychanalytique de Paris.* Paris: PUF.

Haag, G. (2008). De quelques fonctions précoces du regard à travers l'observation directe et la clinique des états archaïques du psychisme. *Enfances & Psy*, 41, (4), pp. 14-22.

Kanner, L. (1943). Autistic disturbances of affective contact. *Nervous Child*, 2. pp. 217-250.

Lacan, J. (1949). Le stade du miroir. *Ecrits*. Paris: Seuil. pp. 93-100.

Milner, M. (1952). O papel da ilusão na formação simbólica. *A loucura suprimida do homem são: quarenta e quatro anos explorando a psicanálise*. Rio de Janeiro: Imago. pp. 89-116.

Tidholm, A. C. (1998). *Toc Toc*. São Paulo: Callis.

Urribarri, F. (2010). Passion clinique, pensée complexe. A. Green, *Illusions et désillusions du travail psychanalytique*. Paris: Odile Jacob. pp. 243-271.

Urribarri, F. (2005). *Le cadre de la représentation dans la psychanalyse contemporaine*. F. Richard & F. Urribarri (Eds.) *Autour de l'oeuvre d'André Green: Enjeux pour une psychanalyse contemporaine*. Paris: PUF. pp. 201-216.

Winnicott, D. W. (1953). Objetos transicionais e fenômenos transacionais. Um estudo da primeira possessão Não-Eu. *O Brincar e a Realidade*. Rio de Janeiro: Imago. pp. 13-44.

Winnicott, D. W. (1967). O papel de espelho da mãe e da família no desenvolvimento infantil, *in O Brincar e a Realidade*. Rio de Janeiro: Imago. pp. 153-162.

Winnicott, D. W. (1958). A capacidade para estar-só. *O ambiente e os processos de maturação*. Porto Alegre: Artes Médicas. pp. 31-37.

Onde mora a Covid? Ansiedades osmóticas/difusas, isolamento e continência em tempos de peste

Joshua Durban
Tel Aviv, Israel

> *O exílio é mais do que um conceito geográfico. Você pode ser um exilado em sua terra natal, em sua própria casa, em um quarto.*
> Mahmoud Darwish

> *Eu completei a construção da minha toca e parece ter sido ser bem-sucedida. Tudo o que pode ser visto de fora é um grande buraco; que, no entanto, realmente não leva a lugar nenhum; se você der alguns passos você se depara com uma rocha natural firme. Eu não posso me orgulhar de ter inventado este truque intencionalmente; ele é simplesmente os restos de uma das minhas muitas tentativas de construção abortadas, mas me pareceu aconselhável deixar este buraco aberto. Verdadeiramente, alguns truques são tão sutis que se derrotam eles mesmos, eu sei disso melhor*

> *do que ninguém e certamente é um perigo que esse buraco chame a atenção para o fato de que pode haver algo nas proximidades que valha a pena investigar. Mas você não me conhece se pensa que estou com medo ou que construí minha toca simplesmente por medo. A uns mil passos deste buraco, coberta por uma camada móvel de musgo, está a verdadeira entrada da toca; ela está protegida com a maior segurança que pode haver neste mundo; ainda assim, alguém poderia pisar no musgo ou atravessá-lo, e então minha toca ficaria aberta, e qualquer um que quisesse – observe, no entanto, que habilidades bastante incomuns também se fariam necessárias para isso – poderia entrar e destruir tudo para sempre.*
> Franz Kafka, A Toca.

> *Somente o infortúnio do exílio pode fornecer uma compreensão profunda e uma visão geral das realidades do mundo.*
> Stefan Zweig.

Trabalhar na era da Covid-19 colocou muitos de nós em um estado de exílio mental do mundo familiar que acreditávamos conhecer. O distanciamento social e mental de nossas estruturas habituais de trabalho e proximidade demandou uma rápida reorganização interna, fortemente dependente da internalização prévia de relações objetais e modos de lidar com angústias avassaladoras. Assim, além do aumento das ansiedades depressivas e esquizoparanóides e da demonização do outro, houve também um aumento sutil das angústias existenciais[1] inconscientes arcaicas, dotadas de uma qualidade concreta e corpórea.

---

1 *Anxieties-of-being*, no original.

A ideia de que existimos como unidades distintas, contínuas, coerentes, coesas e conectadas no tempo e em um espaço tridimensional, foi gravemente ameaçada. Em certa medida, tanto o núcleo simbiótico da personalidade quanto a predisposição a ansiedades e defesas autísticas, descritas de forma tão pungente por Kafka – ou, como Tustin (1978) as denominou, "bolsões autísticos" – foram superestimulados. No entanto, como observou Stefan Zweig, essas turbulentas realidades internas podem proporcionar uma compreensão mais profunda e, principalmente, compassiva da realidade dessas catástrofes de desenvolvimento tão precoces, e também das catástrofes do mundo como um todo. Penso que o valor da psicanálise como um dos últimos bastiões da paixão compassiva pela verdade não pode ser superestimado.

Gostaria de compartilhar algumas reflexões preliminares sobre três processos psíquicos inter-relacionados, com os quais me deparei diversas vezes nas análises com crianças, adolescentes e jovens adultos durante a pandemia da Covid-19. Estes processos parecem indicar uma intensificação das ansiedades e defesas autísticas, não apenas em pacientes com Transtorno do Espectro Autista (TEA), cuja existência é pautada pela perpétua traumatização de sua constituição, mas também naqueles que parecem ser não autistas, mais bem organizados e razoavelmente funcionais. Houve uma *explosão de ansiedades osmóticas/difusas*, uma *falha do continente bissexual psíquico* e um *recuo da solidão para o isolamento..*

Onde mora a Covid?

Cerca de um mês após o primeiro *lockdown* da Covid em Israel, encontrei-me sentado diante da tela do computador para a minha sessão de análise com Ruti, uma menina de cinco anos de idade. Ela estava sentada do outro lado, em sua casa. Estávamos conduzindo nossas cinco sessões semanais remotamente; Ruti ficava em seu quarto, cercada por seus brinquedos, giz de cera e tudo o mais que a lembrasse da caixa de brinquedos que ela tanto amava, então abandonada em meu consultório. Ruti, uma menininha sensível, muito inteligente, vivaz e bastante ansiosa, foi encaminhada para análise após o nascimento de seu irmão, Toby. Ela ficou deprimida, parou de comer, começou a fazer xixi na cama e a fazer birra, além de ter dificuldade em se concentrar e brincar. Nas semanas anteriores, Ruti havia começado a ter pesadelos. Em um deles, recorrente, ela se perdia em seu próprio quarto, que se transformava repentinamente e depois desaparecia. Todas as paredes derretiam e seus pais e irmão viravam água. Ruti acordava berrando, aterrorizada, e reclamando de estar sufocando e se afogando. Antes disso, havíamos trabalhado intensamente seu ciúme, inveja e fantasias edipianas dirigidas a seu irmãozinho e aos pais, bem como a forte culpa inconsciente persecutória deles decorrente. O trabalho apresentou bons resultados. Entretanto, algum tempo depois, Ruti se deprimiu e se retraiu de forma preocupante. Tinha dificuldade em participar das atividades on-line de seu jardim de infância, voltou a chupar o dedo e apresentava graves sintomas obsessivo-compulsivos.

"Onde mora a Covid?", perguntou-me subitamente. "Você sabe?" De imediato, me veio à mente a resposta que me fora dada por um outro paciente, adulto, naquele mesmo dia: "Está em todo lugar e em lugar nenhum". Fiquei assustado com essa associação, que guardei para mim, e perguntei a Ruti, que parecia muito agitada: "Bem, o que você acha?" "Mamãe diz que vem da China," disse Ruti, "mas papai acha que vem de pessoas ortodoxas malvadas que não lavam as mãos, se reúnem em sinagogas e fazem festa o dia todo". "E o que você acha?", insisti. Ruti me olhou, se aproximou da tela e sussurrou, com um ar conspiratório: "Eu acho que está no ar, no céu, nas estrelas, na água e nas plantas, nas pessoas, nos animais, em Deus, e na comida. Está até no Toby" (seu irmão caçula, cujo nascimento alguns meses antes dera origem a várias novas angústias e sintomas). "Que assustador e perigoso!", exclamei, compreendendo melhor minha súbita associação anterior com a observação de meu paciente adulto. "Parece estar em todo lugar e, ao mesmo tempo, em lugar nenhum. Então, como podemos nos proteger? Como podemos proteger Ruti?".

Ruti se animou e começou a pular com uma perna só pelo quarto, quase caindo e esbarrando nos móveis. "Eu sei!", gritou, animadamente, "vamos encontrar uma caixa e preparar uma armadilha para a Covid. Vamos lhe dar algo gostoso para comer e quando ela estiver na caixa, enchendo a barriga, colocamos a tampa e jogamos a caixa no espaço!" Eu concordei que era uma boa ideia, e Ruti logo começou a analisar várias caixas para colocar a Covid. Após muita deliberação, ela finalmente escolheu um berço e propôs usar o penico da casinha de boneca como tampa de segurança. "Também vou colocar um cobertor em cima, só para garantir", disse Ruti, que parecia estar satisfeita com essa combinação de proteções macias e rígidas. "Agora estamos a salvo!", anunciou, orgulhosa.

Entretanto, a solução de Ruti de deter a ardilosa, onipresente e, ainda assim, invisível Covid no berço de seu invejado irmãozinho se revelou bastante frágil, suscitando novas ansiedades paranoicas e uma culpa psicótica. Após essa sessão, sua mãe relatou um aumento em seus rituais obsessivos e insônia. Ruti se recusava a dormir, insistindo que precisava ficar de olho no berço da bebê-Covid o tempo todo, para que ela não escapasse e matasse todo mundo. Quando ela chegou ao meu consultório uma semana depois, após o fim do *lockdown*, as coisas realmente pareciam estar piorando. Ruti estava confusa e desorientada, até que se escondeu debaixo do meu divã e começou a chupar o dedo violentamente.

Ela insistiu para que eu colocasse algo macio e rígido sobre ela. Sua amada avó paterna, que se encontrava em isolamento por pertencer ao grupo de risco, sem poder, portanto, encontrar Ruti pessoalmente, costumava enrolá-la em cobertores muito apertados quando ela era um bebê. Eu me tornei a avó e Ruti, de uma forma autopunitiva, tornou-se a perigosa bebê-Covid no berço duplamente coberto. Ruti frequentemente me explicava por que não podia encontrar sua avó e ser reconfortada por sua presença. "Se eu vir a vovó, ela pode morrer". "Mas se você não a vir", eu disse, "poderá sentir que está morrendo de saudade".

Fiquei particularmente impressionado com a maneira como Ruti tentava, sem sucesso, situar e conter sua ansiedade, que, como a temida Covid, parecia estar em todo lugar e, ao mesmo tempo, em lugar nenhum. Assim como em seu pesadelo recorrente, as paredes pareciam derreter e desaparecer, deixando Ruti exposta em um "espaço" saturado e letal, repleto de lixo tóxico. Ela se sentia vulnerável e permeável, sem sequer a presença de um bom objeto parcial para protegê-la. Bebês macios e vulneráveis pareciam ser particularmente propensos a serem atravessados pela letalidade da Covid. Seu processo de contenção se baseava, conscientemente, em seus pais e em suas próprias regiões e categorias geográficas e sociais (China, judeus ortodoxos, sinagogas e festas, céu, ar, água, plantas etc.) e, inconscientemente, em seus objetos internos e seu relacionamento turbulento com eles (seu invejado irmãozinho). Seus sentimentos ambivalentes para com o irmão e a consequente culpa inconsciente, bem como as tentativas de reparação maníaco--obsessivas, já haviam sido interpretadas por mim. No entanto, todas essas tentativas desesperadas de conter suas angústias (em que minhas interpretações anteriores serviam como um agente de contenção) pareciam estar falhando, e ela regredia para um estado de desamparo aterrorizado, silencioso e disforme. O fato de até mesmo Deus ter sido igualmente afligido e afetado pelo vírus refletia a presença de um superego letal, arcaico e persecutório em Ruti, incapaz de ajudá-la, como uma pura cultura da pulsão de morte. Após inúmeras sessões, Ruti removeu o cobertor da "armadilha da Covid" e fez furos nele. Interpretei essa ação para ela como uma forma angustiada de ela me mostrar como se sentia permeável, perfurada e paralisada. Senti que minha própria presença passou a ser excessiva, criando mais buracos no tecido de sua mente.

Martin Buber dizia que cada pessoa deve sair de seu exílio à sua maneira. No entanto, no caso de Ruti – e, como eu estava começando a perceber, em outros casos também, – essa saída, ou retorno, era apenas uma camada superficial sobre ansiedades profundamente difusas, sem contenção, uma espécie de "não lugaridade"[2] (Durban,2017) que emergiu e para a qual a pandemia da Covid-19 foi apenas um gatilho. O "homem de lugar nenhum",[3] atormentado por ansiedades osmóticas/difusas, sobrevive em um estado perpétuo de exílio. Eu também estava preocupado com a forma como a minha própria mente parecia se tornar osmótica, com conteúdos que se infiltravam e vazavam incontrolavelmente. Assim, conteúdos inconscientes de meu analisando adulto estavam pressionando osmoticamente minha interação com Ruti. Eu me tornei um cobertor macio e permeável repleto de buracos. A superfície rígida, que era a tampa de metal, foi descartada. Consequentemente, Ruti se sentiu desorientada e desequilibrada, pulando em uma perna só, frequentemente caindo e se machucando.

---

2 *Nowhere-ness*, no original.
3 *Nowhere-man*, no original.

Ansiedades sem contenção e a desintegração do continente psíquico bissexual

"Uma doença expõe outras doenças", afirmou David, o analisando adulto que invadiu minha sessão com Ruti, alguns meses após o surto da pandemia da Covid-19. Ele começou a explicar, à sua maneira didática, paranoica e exageradamente elaborada, que isso valeria não só para doenças do corpo, mas também para as doenças mentais e sociopolíticas. Quando lhe perguntei o que ele queria dizer com essas outras doenças, ele disse que a maioria das pessoas vivencia o "não saber", bem como o medo e a confusão que o acompanham, como uma doença. "O conhecimento é claro, rígido. A confusão, a dependência e o "não saber" são macios, vulneráveis e, portanto, perigosos. Isso tudo tem a ver com a angústia de morte, você sabe", acrescentou.

Senti que ele estava enfatizando algo com que me deparei diariamente em minha prática durante esses tempos estranhos e sinistros, em que o anormal se tornou o "novo normal", como comentou Irma Brenman-Pick (2020). O ritmo caótico de não saber muito sobre o vírus e suas múltiplas facetas, assim como o medo, a confusão, a decepção, a raiva e a saudade, em conjunto com as diferentes angústias que essas emoções suscitam, substituíram um ritmo de base de relativa segurança, ainda que precária. O físico e o concreto, saturados de angústia, ultrapassaram a mente. Retraimentos do tipo autístico, solidão e isolamento, acompanhados de rituais obsessivos bizarros ou uma falsa posição onisciente (como no caso de David) se tornaram, subitamente, realidades sancionadas para todos.

Como um psicanalista de crianças que trabalha com muitos pacientes psicóticos e com TEA, não posso deixar de notar como trabalhar remotamente, on-line, me tornou também, em algum nível inconsciente, um analista com TEA: claustrofóbico, orientado pelos sentidos e firmemente aderido aos modos visuais e auditivos disponíveis on-line. Fui privado de minha ferramenta analítica fundamental: registrar a complexa mera presença do paciente e ter a liberdade de não pensar (Lazar, 2017), de adentrar uma rêverie em desenvolvimento, sem perturbações, quando necessário. Continuei trabalhando, durante e após os *lockdowns*, dependendo quase que totalmente de meus objetos analíticos internos, bem como dos de meus pacientes. Como Howard Levine sucintamente (2020) observou, "trabalhar remotamente é, bem, apenas isso – remoto".

Pensando em Ruti e em outros pacientes crianças, lembrei-me de uma observação feita recentemente por Didier Houzel (2019, 2020), seguindo Bion (1962), sobre a perda do que chamam de "continente psíquico bissexual" durante o trabalho remoto. Esse continente bissexual primário, baseado nas identificações maternas de ambos os sexos masculino e feminino, permite com que nos movamos de forma lúdica entre os "rígidos" limites sólidos do enquadre e os conteúdos "macios", maleáveis e, muitas vezes, indefinidos da realidade psíquica. A junção feita por Ruti do cobertor de bebê macio com a rígida tampa de segurança seria um exemplo desse anseio por um continente bissexual protetor, que incorporasse o elo primário entre o pênis e o seio. Sua avó paterna seria outro continente dessa natureza. No caso de Ruti, devido a um influxo avassalador de ansiedades difusas e irrestritas, a continência falhou e o continente rachou, dividindo-se em pedaços de seus componentes não integrados.

Além disso, o excesso de culpa e inveja inconscientes impossibilitaram a reconstituição de um tal continente. Em outras palavras, ansiedades osmóticas/difusas estão consideravelmente relacionadas ao ataque ao continente bissexual e vice-versa. Além disso, as exacerbações das ansiedades difusas e a incapacidade de manter a integridade do continente bissexual arremessaram Ruti, primeiramente, a um estado de ansiedade paranoide e, em seguida, à utilização excessiva de defesas maníaco-obsessivas para, por fim, atingir uma "não lugaridade" isolada. Esse estado de isolamento, ou de "estar sozinho sem mim mesmo", é diferente da mera solidão (*loneliness*) psicótica (ser trancada e aprisionada por seus objetos persecutórios internos) ou da solitude (*aloneness*) depressiva na presença de um objeto interno bom (Klein, 1950).

Em sua versão benigna, o continente bissexual permite um movimento entre o que é cognoscível, previsível e claramente definido e a disformidade do enigmático. Ele une o protótipo do paterno ao do materno, o pênis ao seio. Em tempos *covidianos*, e em decorrência da explosão de ansiedades osmóticas/difusas, esse continente bissexual foi atacado, resultando, primeiro, em cisão e, em seguida, em pulverização. Assim, algumas das crianças em análise se tornaram excessivamente cooperativas inicialmente, atendo-se aos contornos "rígidos" do continente paterno em detrimento de todos os pedaços "macios" maternos. No início, ficou evidente para mim que meus pacientes e eu nos esforçamos muito para seguir adiante, em uma espécie de hiperconvocação maníaca, buscando recrutar tudo o que havia sido internalizado e estabelecido em análise até então. Ao mesmo tempo, esse hiperinvestimento do enquadre modificado frequentemente se tornou solo fértil para a resistência e para ataques vagos ao próprio processo.

Muitas vezes, a determinação em manter uma continuidade do cuidado a qualquer custo criou uma interação bastante superficial, bloqueando a conexão mais profunda e complexa estabelecida anteriormente. Essa hipervigilância, junto à sua recorrente "fadiga da Covid-19", relatada por tantos pacientes e analistas, foi um desdobramento da prevalente bidimensionalidade da experiência e da ameaça e diminuição de um espaço interno que permitisse uma revêrie em desenvolvimento. "Sua Majestade, a Tela" substituiu "Sua Majestade, o Bebê", tornando-se, para alguns pacientes retraídos, uma espécie de "terceiro", o que permitiu uma abordagem mais segura do objeto, enquanto para outros facilitou uma fuga psíquica persecutória (Steiner, 1993), ou um convite para o *acting-out* edípico com um ataque aos limites. Por exemplo, assim que começamos a trabalhar pelo Zoom, Ruti imediatamente me levou em uma visita guiada por sua casa, terminando no quarto dos pais, onde se arrastou para debaixo das cobertas com seu iPad (eu) na barriga. Seus anseios edipianos pareciam ter se intensificado assim que foram retirados de minha presença e protegidos pela tela.

A proteção benevolente proporcionada pela tela "rígida" e inanimada provou ser benéfica para Rami, um menino de oito anos com Transtorno do Espectro Autista. Rami é um menino severamente retraído, não verbal e não comunicante. Vivenciava seu corpo como deslocado, fragmentado e muitas vezes disforme, muito similar ao narrador do conto de Kafka – um animal escavador, antropomórfico e ambíguo, do qual apenas as patas e a testa são mencionadas de forma aparentemente desconexa.

Nas sessões anteriores em meu consultório, ele costumava se sentar e direcionar seu olhar vago para o espaço, empurrando a cauda de um lagarto de plástico duro em sua boca, frequentemente até sangrar. Quando passamos a nos encontrar pelo Zoom, Rami simplesmente se escondia de vista. Deparava-me com uma tela vazia e era inundado por sentimentos de isolamento e desamparo.

Rami ocasionalmente aparecia e tentava empurrar a câmera do computador para dentro de sua narina, e então desaparecia novamente. Basicamente, eu fazia interpretações usando palavras singulares e desconexas sobre seus sentimentos de não ser ninguém, não estar em nenhum lugar, estar isolado e tentar se cobrir com a tela fria, rígida e vazia. Eu também apontava outro desejo dele de colocar algo sólido para dentro, de modo que ele sentisse que existia. Mas a cauda sólida e rígida apenas atacava suas partes macias, fazendo com que elas sangrassem e vazassem.

Depois de um tempo, Rami apresentou alguns avanços extraordinários on-line, que desapareceram quando pudemos nos encontrar pessoalmente novamente. Assim que trocamos para o Zoom, Rami foi se aproximando da tela e iniciou o contato visual. Para minha surpresa, ele pressionou o rosto contra a tela, como se precisasse sentir sua rigidez concreta, e então a beijou. Eu disse que ele devia estar se sentindo mais seguro comigo, agora que tinha a tela fria e rígida para cobri-lo e proteger sua boca e seus olhos de serem tirados dele por mim. Rami respondeu enfiando os dedos agressivamente na boca. Eu disse que ele provavelmente estava sentindo falta da cauda do lagarto (que costumava representar um mamilo-pênis pontudo atacando sua cavidade oral). Eu peguei o lagarto de plástico e trouxe-o para perto da tela. Rami ficou muito animado e bateu na tela. Eu disse que ele devia querer muito aquilo, mas que a tela rígida que o protegia também estava mantendo-o longe de mim e de partes de seu corpo que foram abandonadas comigo.

Acrescentei que ele ansiava unir a cauda rígida com sua boca macia para se sentir inteiro e seguro. Rami ficou agitado, gritando e batendo violentamente na tela. Senti um pânico tomar conta de mim, pois parecia que essa barreira entre nós era impenetrável. Eu disse a Rami que podia lhe ensinar um truque que traria o lagarto para mais perto dele. Eu disse, "se você abrir bastante seus olhos e sua boca, como estou fazendo, e olhar para o lagarto e para mim por um longo, longo tempo, você poderá engolir a nós dois, tanto com seus olhos quanto com sua boca, e então nós estaremos com você". Para minha surpresa, Rami aceitou a minha sugestão bastante grosseira de uma fantasia de incorporação corporal. Ele arregalou os olhos, escancarou a boca e, em seguida, fechou-os com força e deslizou seus dedos suavemente para dentro de sua boca. Ele parecia relaxado e calmo. Algum tempo depois, ele se aproximou novamente da tela, dessa vez com uma pequena bola macia na mão, que ele tentou empurrar em minha direção. Fiquei comovido com essa tentativa de fazer um jogo a dois e repeti o procedimento de "engolir o lagarto", imitando o que Rami havia feito.

Quando Rami e eu retomamos nossas sessões no consultório, todas essas iniciativas novas e importantes desapareceram. O espaço seguro e inanimado criado pelo trabalho remoto deu lugar a uma inundação de ansiedades indiscriminadas. Rami gritava, batia nas coisas, se autoestimulava com a ajuda de vários objetos rígidos, ou se retraía em um estado de completa ausência. Creio que as tentativas de Rami de me trazer para seu refúgio seguro e autístico na tela estavam relacionadas à sua capacidade de modular e regular as diferentes proporções de "rígido" e "macio", "próximo" e "distante", com a tela servindo como um "outro" protetor. Uma vez confrontado com a realidade e os excessos da sua e da minha "alteridade" real, Rami foi novamente dominado por suas ansiedades osmóticas/difusas e se isolou. Vale notar que, ao longo do nosso último ano de trabalho, Rami oscilava entre pressionar objetos com força, como se tentasse atravessá-los, e espirrar água por toda a sala e em nós, para que tudo se tornasse escorregadio, embaçado, livre e fluido. Essa é uma manobra defensiva frequente em muitas crianças com TEA, cujo objetivo é aniquilar aquilo que é percebido como uma separação prematura traumática do objeto e manter uma união simbiótica alucinatória com ele. Entretanto, eu passei a entender isso como um *enactment* simultâneo dos horrores envolvidos em ser submetido a, e permeado por, ansiedades difusas e incontidas. Uma vez que comecei a compartilhar esse entendimento com Rami, ele se acalmou e foi conseguindo criar alguns objetos parciais persecutórios e perigosos bem definidos e distintos. Posteriormente, descobriu e criou novos objetos combinados, com os quais tentou reparar o continente bissexual fragmentado. A cauda do lagarto foi gradualmente substituída por um palhaço, cuja cabeça era feita de plástico rígido, mas cujo corpo era macio e fofinho. Rami tentou formar uma bola com as duas partes, esmagando-as, e depois tentou separá-las.

Acredito que as reações *on-line* e *off-line* de Rami demonstram o colapso do continente bissexual, a consequente explosão de ansiedades osmóticas/difusas e as tentativas de se defender delas, bem como o papel da "tela" na tentativa de estabelecer um continente externalizado, superficial e semelhante a uma concha. Esse continente-tela, por sua vez, fica saturado com ansiedades osmóticas/difusas, levando a um maior retraimento e isolamento autístico. No entanto, se a tela puder se tornar, por meio do analista, um objeto humanizado e compartilhado, a comunicação emocional poderá ser reestabelecida, a bissexualidade do continente restaurada, e as ansiedades difusas aliviadas e mais bem contidas.

Isso me leva à questão da técnica. Uma das principais dificuldades reside em encontrar o "posicionamento" adequado para o analista perante *as* ansiedades osmóticas/difusas. Assim, revelam-se cruciais as questões de "dosar" com sensibilidade as interpretações e a presença do analista, resistindo às seduções de simbiose, e detectar as formas pelas quais o paciente tenta reverter a situação, buscando usar a mente do analista como local de depósito de material tóxico, sem permitir qualquer diferenciação ou elaboração. Muitas vezes, a empatia, juntamente com a neutralidade analítica e uma certa barreira (ou tela) de distanciamento impessoal, ajudam a criar uma sensação de segurança no paciente. A proximidade, ou as interpretações profundas da transferência, são sentidas como uma ameaça. As interpretações podem ser rapidamente repetidas ou cooptadas como uma espécie de fardo pelo paciente, apenas para esconder sua confusão e um pânico profundo. Outra possibilidade é o paciente tentar invadir e confundir a mente do analista. A necessidade de um "distanciamento empático" e uma cuidadosa "dosagem" da presença do analista pode ser observada concretamente no exemplo a seguir, retirado de uma sessão recente com Rami.

Rami trouxe uma garrafa vazia para a sessão, que ele chacoalhou, bateu e mordeu. Inicialmente, interpretei para ele seu uso desse objeto autístico como uma tentativa de impedir o contato entre nós e bloquear minha existência, evitando, assim, qualquer percepção de separação.

Somente depois, nessa sessão, que eu percebi que ele estava me mostrando, de um modo muito concreto, sua percepção de si mesmo como um recipiente vazio, que poderia ser invadido e preenchido de forma osmótica e sem qualquer controle. Com isso, por exemplo, ele mergulhava a garrafa na água e gritava aterrorizado. Eu pude então dizer: "O pobre bebê Rami-garrafa está se afogando. Há água por toda parte e o bebê Rami não sabe de onde ela está vindo. Ela está entrando ou saindo? Sobe ou desce? É tudo confuso e perigoso. Rami vai se afogar". Em seguida, desliguei a água, dizendo: "eu sei de onde a água estava vindo, então posso salvar o bebê Rami". Assim que comecei a interpretar isso, de costas para ele, algum contato começou a ser estabelecido, seguido por suas primeiras palavras: "Não, fora, Rami saiu".

Ansiedades Osmóticas/Difusas e Isolamento

Herbert Rosenfeld (1987) utilizou pela primeira vez o termo "pressão osmótica" para descrever uma situação intrauterina fantasiada, na qual conteúdos psíquicos tóxicos não mentalizados da mãe (isto é, depressão) infiltram o feto, rompendo sua barreira contra estímulos. Rosenfeld descreveu uma distinção relativamente clara entre dentro e fora, condicionada a uma habilidade inicial de empregar o mecanismo de cisão e, assim, alcançar alguma forma de funcionamento categórico. Minha experiência com crianças com TEA e adultos que sofrem de ansiedades e defesas autísticas me leva a crer que essas ansiedades osmóticas, ou "pressões" (que, como demonstrou Rami, são sentidas de forma muito concreta e física), muitas vezes mascaram uma forma mais primitiva de ansiedades difusas que vêm à tona em indivíduos hipersensíveis e hiperpermeáveis (e, portanto, hipervulneráveis).

Essas ansiedades se infiltram e vazam de maneira difusa no espaço. Devido à sua natureza sem continência, nem no self, nem no objeto, essas ansiedades são sentidas como estando, simultaneamente, "em todo lugar e em lugar nenhum". Assim, indivíduos, e até mesmo ambientes inteiros, podem ser sentidos como infecciosos, poluídos, loucos, bizarros e ameaçadores de forma não específica. A tentativa de contê-los em algum lugar já é uma formação defensiva avançada de uma organização esquizoparanóide, baseada na cisão e na identificação projetiva, que muitas vezes fracassa. Assim, o "pânico organísmico",[4] como descreveu Grotstein (1990), é substituído por uma precária paranoia aleatória.

Inconscientemente, o indivíduo propenso a ansiedades difusas/osmóticas se sente, concretamente – e, muitas vezes, fisicamente – ameaçado de se dissolver, liquefazer, congelar, queimar, cair para sempre, quebrar, fragmentar-se, não ter pele ou ter uma pele cheia de buracos, tornar-se bidimensionalmente plano e perder a orientação. Embora tais ansiedades sejam comuns em distúrbios de desenvolvimento precoces, como no TEA e na psicose infantil,

---

4   *Organismic panic*, no original.

elas podem existir, em certa medida, em pacientes adultos aparentemente muito mais integrados (Levine, 2013) e que conseguem utilizar organizações patológicas "rígidas", como no caso de David a seguir.

Optei por me referir a esses grupos de ansiedades em conjunto, uma vez que, geralmente, as ansiedades osmóticas mascaram ansiedades mais difusas. Assim, o que inicialmente se apresenta como uma forma mais organizada de ansiedade, sentida como sendo infectada por substâncias invasivas e invisíveis contidas em um objeto ou objeto parcial externo, logo dá lugar a um colapso, em pânico, para um tipo difuso de ansiedade sem continência, onde o perigo é sentido em todo lugar e em lugar nenhum.

Recentemente, depois de não conseguir conter o vírus em algum lugar, Ruti ficou confusa, desorientada e violenta, gritando que a Covid estava "no espaço". Ela enfiou os dedos na garganta, na tentativa de vomitar e, assim, evacuar e expelir a perigosa Covid "para fora"; depois, tentou se aninhar sob meu divã. Quando aquele abrigo analítico falhou em acalmá-la, ela se retraiu, parecendo estar ausente.

A situação atual da Covid-19, em decorrência do colapso de muitas estruturas externas e internas e o concomitante auto isolamento, deu origem a essas ansiedades osmóticas/difusas de forma alarmante.

Em Israel, por exemplo, isso também se manifestou por meio de uma intensificação defensiva de aspectos "rígidos", radicais e paranoicos de posicionamentos políticos e sociais, muitas vezes resultando em violência real e acompanhados de rituais obtusos, paranoicos e obsessivos. David, o paciente que sentia que sua ansiedade estava "em todo lugar e em lugar nenhum", me perguntou recentemente, ecoando a pergunta da pequena Ruti: "Onde, exatamente, está esse coronavírus? Parece estar em todo lugar e, ao mesmo tempo, em lugar nenhum. Não é de se admirar que surjam todos os tipos de teorias e rituais sem sentido baseados em tão poucos fatos". Em seguida, ele descreveu um protesto de que participou para atacar as manifestações contra o governo. Ele descreveu os manifestantes, ou "esquerdistas", como vírus perigosos, infecciosos e infectados. Na sessão seguinte, ele oscilou entre tentar circunscrever suas ansiedades a vários elementos políticos de esquerda, recorrendo a ideologias "rígidas" e radicais acompanhadas por uma evidente paranoia, e momentos de "maciez" que deram origem a ansiedades não comunicáveis. Ele descreveu esse sentimento como uma "geleia grudenta". David acrescentou que essa sensação de geleia grudenta o lembrava de um sonho que ele havia tido alguns meses antes. Em muitos pacientes adultos que conseguem manter alguma medida de integração, as ansiedades osmóticas/difusas são, muitas vezes, "contidas" em seus sonhos.

Citando essa sessão:

Estou em uma nave espacial com outros astronautas. A espaçonave foi invadida por um plâncton espacial que nos torna apáticos – você não quer nada e não faz nada exceto desejar esse plâncton. É um vício mortal. Em algum momento, não sei por que, me aventuro pelo espaço para tentar resolver isso. Eu desconecto a mangueira de ar. De alguma forma, essa parece ser a maneira de consertar as coisas, drenar todo o ar e, assim, me livrar do plâncton. Quando tento entrar novamente na nave, eles não me deixam entrar. Estão todos infectados e fora de si.

Pergunto a ele o que vem à sua mente quando pensa sobre esse sonho.

David: "Isso me lembra algo que vi no canal *Nature* sobre formigas zumbis no rio Amazonas. Há um cogumelo que cresce nas árvores da região. Ele entra no cérebro das formigas – suas cabeças – e elas enlouquecem. Elas sobem nessas árvores, afundam suas mandíbulas na casca e explodem, e assim o cogumelo se espalha... Também me lembra o colesterol alto da minha irmã e o perigo disso para suas artérias entupidas. Ela não parece se importar de estar em perigo; é como se o plâncton houvesse entrado nela e a deixado apática. Nós também tínhamos cogumelos venenosos em nosso jardim. Minha esposa disse que deve ser a nova arma secreta palestina contra nós" (Ele ri). Eu sugeri a David que seu sonho era tanto um *insight* importante sobre sua situação interna atual, quanto uma biografia psíquica. Para não desaparecer em sua "não lugaridade", David criou um abrigo de metal rígido (a nave). Certa vez ele se referiu à sua mãe como fria, rígida e indiferente, embora eficiente e protetora.

Isso deveria ter dado a ele um lar, mas logo se transformou em um novo perigo. A natureza invisível, pervasiva e invasiva do plâncton remete à natureza letal, sem continência e difusa de suas ansiedades.

Vale acrescentar, embora eu ainda não tenha proposto isso a David, que eu pensei que essas ansiedades também poderiam ter se infiltrado em David por sua mãe, que foi hospitalizada duas vezes devido a surtos psicóticos – uma antes de ele nascer e outra logo após seu nascimento. Por diversas vezes, a mãe de David o culpou por não ter conseguido amamentá-lo quando era bebê, alegando que seus mamilos eram "macios demais" e as gengivas de David "a mordiam como um vampiro".

Continuei, acrescentando que essas ansiedades o tinham transformado em uma formiga zumbi, viciada, de forma autodestrutiva e obstinada, no fascínio sedativo da estupidez. Isso lembrava o fato de sua irmã não se importar com as artérias entupidas. Posteriormente, no sonho, ele se depara com um dilema impossível: permitir que a análise o "conserte" significa ser expulso da segurança obtusa e da proteção mafiosa de seu grupo. Ele sente que a solução é o assassinato e/ou o suicídio. Está tudo confuso, pois desconectar a mangueira de ar infectada da nave/eu "mãe" pode salvá-lo, mas também pode matar os outros. Entretanto, matando os outros – inclusive sua análise, – privando-lhes o "ar" (inúmeras vezes ele chegou atrasado e ficou em silêncio) ou privando os outros astronautas e a si mesmo de sua própria cura tóxica, David será excluído, ficará isolado e eventualmente morrerá.

Enfrentar um dilema tão impossível entre assassinato e suicídio, se tornou uma ocorrência diária em nossos tempos *covidianos*. A proximidade física, a familiaridade e a intimidade se tornaram, literalmente, equivalentes ao perigo de matar o outro. O distanciamento, o refúgio e o isolamento se tornaram um equivalente do suicídio psíquico. Essa situação interna impossível é o lugar-comum de todos os dias para nossos pacientes de "lugar nenhum", que invocam suas próprias curas autogeradas e autoadministradas. Seguindo uma observação feita por Irma Brenman-Pick (2019), chamo isso de "o dilema impossível da cura". Steiner (2011) apontou os perigos de se emergir de organizações patológicas ou refúgios psíquicos. Em crianças com TEA, por exemplo, conforme a análise avança, a perda de uma cobertura ou proteção concretos, sem ter ainda uma nova, mais integrada, bissexual e ajustada, pode representar um perigo real de descompensação e confusão, despertando ansiedades difusas (Durban, 2017).

Epílogo – Um lugar seguro para a Covid

"Eu encontrei um lugar seguro para a Covid", anunciou Ruti, confortavelmente acomodada em seu lugar favorito: o divã do meu consultório. "Isso é ótimo", respondi. "Você gostaria de me contar?" "Só se você guardar segredo. A Covid é muito travessa e sabe exatamente o que as pessoas pensam". Aguardei. "A mãe de Noa é enfermeira e o pai dela é médico", contou-me Ruti. "Eles disseram que o melhor lugar para a Covid é no hospital". "Sério?", perguntei. "Como assim?" Ruti ri e rola no divã: "Bobinho, você não sabe? A Covid está doente! É por isso. Ela estava doente e se sentindo muito, muito mal e é por isso que tem sido tão travessa, por causa do sentimento ruim dentro dela. Ela não sabia que estava doente. Ela pensou que todos estavam doentes e tentou ser amiga deles!" "Ahhh... Então", disse eu, "ficar amigos é a cura?" "Não", riu Ruti, "ser amigo não ajudou. Ela precisou de tratamento e de um laboratório. Um médico inteligente, grande e forte e, principalmente, uma enfermeira que cantasse e brincasse com brinquedos, e que soubesse dar uma injeção sem que você nem sinta". "Entendi", respondi, "então, somente se houver um médico forte e inteligente e uma enfermeira gentil trabalhando juntos, nós poderemos ajudar a pobre Covid a ficar melhor e mandá-la embora". "Sim!", exclamou Ruti, triunfante. "Ela pode voltar à Virussia (a amada avó de Ruti é originária da Rússia). Virussia é a terra dos vírus no Polo Norte, onde eles passam frio e congelam durante todo o ano, por isso que eles vêm para cá. Eles precisam de um pouco de calor. É por isso que eles gostam de muitas e muitas pessoas, porque é bom, confortável e quentinho". "Certo", concordei. "Assim como todo menino e menina. Eles precisam de um papai e de uma mamãe, um pouco de calor e ternura, e não ser deixados sozinhos". Ruti parece se sentir perturbada. "E vovós e vovôs precisam disso, também", acrescentei. "Sim", respondeu Ruti. "Agora chega de falar, vamos brincar".

Ruti compartilhou seu *insight* impressionante após nossa análise das diferentes manifestações de suas ansiedades paranoicas e osmóticas/difusas e de suas defesas maníaco-obsessivas. Ela entendeu, intuitivamente, que a preocupação e a compaixão pela vulnerabilidade e solidão do vírus mortal, sob a proteção de uma união segura e criativa entre o materno e o paterno, pode ser a maneira de aliviar suas ansiedades e contê-las de forma benigna.

Ela estava desenvolvendo uma crescente disposição a aceitar os fatos da vida ou, como descreveu Roth (2020), conformar-se com a realidade. Esse processo de desdemonizar o demônio, muitas vezes impossível quando se está inundado por ansiedades, é central para a psicanálise com crianças. Na verdade, a simples compaixão nunca foi declarada como uma ferramenta psicanalítica válida, nem a interpretação como um ato compassivo. Minha esperança é que o desafio da Covid, bem como a vivência, agora amplamente difundida, da angústia de desamparo e isolamento que todos nós compartilhamos em algum grau, possam mudar isso, ainda que de uma forma pequena, porém significativa.

J. D.

Traduzido do inglês por Pedro Hikiji Neves e Bartholomeu de Aguiar Vieira

Referências

Bion, W. R. (1962). *Learning from Experience.* London: Heineman.

Brenman, Pick, I. (2020). Personal communication.

Durban, J. (2017). "The Very Same is Lost": In Pursuit of Mental Coverage When Emerging From Autistic States, *in Engaging Primitive Anxieties of the Emerging Self: The Legacy of Frances Tustin,* edited by H. B. Levine, and D. G. Power, pp. 129-150. London: Karnac.

Durban, J. (2017). Home, Homelessness and "Nowhere-Ness" in Early Infancy. *Journal of Child Psychotherapy* 43: 175-191.

Grotstein, J. S. (1990). Nothingness, Meaninglessness, Chaos, and the "Black Hole" I—The Importance of Nothingness, Meaninglessness, and Chaos in Psychoanalysis10. *Contemp. Psychoanal.*, 26: 257-290.

Houzel, D. (2019). *Splitting of the maternal container, psychic bisexuality and autistic sensation shapes.* Paper presented at the IPA international congress, London, July 27, 2019.

Houzel, D. (2020). Private communication.

Klein, M. (1963). On the Sense of Loneliness, *in Envy and Gratitude and Other Works 1946-1963*, London: Hogarth Press, 1984.

Levine, H. B. (2013). The colourless canvas: representation, therapeutic action, and the creation of mind, *in* H. B. Levine, C.S. Reed and D. Scarfone (Eds) *Unrepresented States and the Construction of Meaning* London; Karnac Books.

Levine, H. B. (2020). Private communication.

Rosenfeld, H. (1987). *Impasse and Interpretation*, London: Routledge.

Roth, M. (2020). Transference in the time of Corona – Working through under a shared reality, *in* Ed: Giusepe Leo, *Environment crisis and pandemic*. A challenge for psychoanalysis. Italy: Frenis Zero Press.

Steiner, J. (1993). *Psychic Retreats*. The New Library of Psychoanalysis. Hove and New York: Brunner: Routledge.

Steiner, J. (2011). *Seeing and being Seen*. London and New York: Routledge.

Tustin, F. (1987). *Autistic Barriers in Neurotic Patients*. London: Karnac Books.

Parte VI

Conclusão

Vida covidiana

Howard B. Levine
Cambridge, Mass., USA

Dada a grandeza da ameaça e disrupção representadas pela pandemia de Covid, o caráter abrupto e brutal das vulnerabilidades, disparidades sociais, perturbações emocionais, culturais, econômicas e políticas e a sensação de perigo, desordem e deslocamento que estas produziram, é melhor começar alertando que provavelmente é muito cedo para algo mais do que primeiras impressões provisórias sobre seu impacto e suas oportunidades. Tempo, reflexão e consideração mais paciente serão necessárias antes que conclusões categóricas ou definitivas possam ser alcançadas. O que se segue são alguns pontos de partida e hipóteses que nós, como cidadãos e como psicanalistas, podemos achar interessantes ou úteis para ajudar a iniciar o período muito mais longo de investigação e diálogo que será necessário para chegar a hipóteses significativas e conclusões substanciais.

A *descarada brutalidade dos nossos tempos*

Estamos no meio de uma crise global e nacional[1] que pode, no final das contas, merecer ser chamada de *neurose atual traumática*. A combinação de uma nova e até então desconhecida pandemia que traz risco de vida, exigindo mudanças radicais e abruptas em nossas vidas diárias, sobrecarregando nossas capacidades de saúde pública e instalações médicas mal preparadas, com uma liderança nacional perversa e deficiente, desinformação contínua, isolamento social forçado, desconfiança realística de cada contato humano como um potencial portador mortal de doença, a perspectiva de dificuldade e ruínas econômicas, entre outras coisas mais, ameaçaram vidas, sublinharam as desigualdades econômicas, a avareza política, rapacidade e indiferença e expuseram as fraquezas e limitações do que outrora supúnhamos ser um arranjo social igualitário e democrático.

O desamparo e a raiva resultantes – alguns justificados e alguns ditados por tentativas desesperadas de manter ou reconquistar posições de poder, vantagem discriminatória e privilégio – produziram contrarrespostas e a recorrência a ações impensadas em nossa cultura, em nossa sociedade e em nós mesmos. É um axioma psicanalítico que existem duas categorias gerais de ação e resposta. Se ligada *a* e guiada *por* um sentido de realidade ponderado, a ação pode ser adaptativa. Se encontrarmos e reconhecermos um problema ou obstáculo ao nosso conforto e bem-estar, podemos tomar medidas para tentar aliviá-lo ou removê-lo. Se for movida pelo pânico ou pensamento otimista a serviço da recusa (*denial*), a ação é evacuativa. A diferença entre as duas pode nem sempre

---

1 Inevitavelmente, certas observações e descrições neste capítulo serão oferecidas dentro dos contextos sociais e políticos dos Estados Unidos. Deixo para os leitores de outros países a decisão de sua aplicabilidade às suas próprias situações nacionais e locais.

ser clara, imediatamente reconhecível ou fácil de discernir, mas as consequências são significativas.

A pandemia de Covid desafia e expõe nossa recusa (*denial*) "normal" da fragilidade da vida. Para alguns, incluindo muitos dos líderes políticos dos quais dependemos, a resposta inicial a esse desafio tem sido nos encorajar a desconsiderar o perigo ou buscar "inimigos" fictícios para culpar pela crise. Para outros, trouxe uma consciência da mortalidade, uma sensação de ansiedade e medo, acompanhada por uma percepção depressiva do caráter vulnerável e fugaz da vida. Isso contribuiu para o aumento da sensação de preocupação, tensão e fadiga relatada por tantos pacientes e analistas nas semanas iniciais da pandemia e levou muitos a posições ideológicas extremas ou ações cegas ou impulsivas.

Nos Estados Unidos, por exemplo, vimos um negacionismo[2] (*denial*) inicial galopante – Covid não é pior do que uma gripe; esses idosos teriam morrido de qualquer maneira; mais pessoas morrem de gripe[3] a cada ano –, teorias de conspiração política xenófobas ou partidárias – afirmações de que a Covid era um "vírus chinês", um produto da CIA que deu errado, uma tentativa do partido

---

2 N.T.: Utilizamos, como tradução de *denial*, o termo "recusa" quando referido a uma defesa psíquica individual, e "negacionismo" quando referido ao um processo coletivo, com implicações sociais e políticas. A referência no alemão de Freud é a noção de *Verleugnung*. Em outras passagens, onde o autor faz um uso mais coloquial do termo *denial* e do verbo *to deny*, utilizamos as palavras negação e negar.

3 Como se a brutalidade e a negligência envolvidas na falha em fornecer cuidados de saúde universal adequados e as tentativas de desfazer os planos de seguro de saúde escassos oferecidos pelo Obama-care fossem um "status quo" aceitável contra o qual a pandemia deveria ser medida! Isso em uma nação que geralmente lidera o mundo a cada ano em porte doméstico de arma e fatalidades relacionadas a armas de fogo... *America first* (sic)! (Lema político associado a Donald Trump e que possui o sentido geral de Estados Unidos em primeiro lugar).

democrata de comprometer a reeleição de Trump –, e esperanças de que remédios baratos e prontamente disponíveis, como tratamento com luz ultravioleta, quinino ou alvejante doméstico (!) oferecessem proteção suficiente. Talvez o mais impressionante de tudo seja o cálculo pró-negócios que fala sobre os efeitos na economia *versus* a necessidade de reduzir a disseminação da Covid, como se 'negócios' e 'economia' fossem de alguma forma independentes da saúde e do bem-estar das pessoas, que são os trabalhadores, distribuidores e consumidores da atividade econômica!

Será que realmente precisamos entrar em pânico nas compras e estocar papel higiênico ou esvaziar avidamente as prateleiras dos supermercados de produtos enlatados e massas nas primeiras semanas da pandemia? Como psicanalistas, podemos nos perguntar sobre esse súbito aumento na competição "eu contra você" por recursos que aparentemente se tornariam escassos que viola qualquer instinto humanitário de "como podemos ter certeza de que todos nós sobreviveremos, porque estamos todos juntos nisso?". Qual 'sujeira' inconsciente pensávamos que tínhamos que remover e limpar? De qual 'sujeira' pensávamos que tínhamos que nos proteger? Racismo? Classismo? Colonialismo? Inveja? Ganância? Quais podem ser as fantasias que estão de alguma forma relacionadas às disparidades sociais, econômicas e de oportunidades que foram reveladas de forma ainda mais brutal ao redor dos Estados Unidos nos últimos meses?

Além de suas premonições de doença física e morte, a pandemia também revelou sumariamente a existência de problemas sociais, econômicos e de saúde mental de longa data secundários para um governo indiferente e uma distribuição desigual de renda. Embora não seja o assunto esperado do discurso psicanalítico, estes também requerem o reconhecimento, estudo, compreensão e endereçamento de nossa profissão. É um choque desanimador ter que encarar o quão superficiais os ideais da democracia liberal progressista são em comparação com o racismo, classismo, xenofobia, ódio, negligência e ganância que jazem logo abaixo do fino verniz social de muitos países ocidentais. Para ecoar as palavras que Freud (1920b) usou para caracterizar a devastação causada pela gripe espanhola de 1918 que se seguiu à carnificina da Primeira Guerra Mundial, a Covid revelou e contribuiu para "a descarada brutalidade dos nossos tempos" (p. 327, tradução nossa).

Uma maior incidência de mortalidade e morbidade caiu sobre os ombros dos trabalhadores pobres e pessoas não brancas, expondo os problemas frequentemente negados (*denied*) de racismo, classismo e abuso cruel de outras pessoas que existem em todo o mundo. Esse é o tipo de questão social que Freud tentou abordar em "Considerações atuais sobre a guerra e a morte" (1915), "Por que a guerra?" (1933), "O mal-estar na civilização" (1930) e outros escritos. Lamentavelmente, não temos, como psicanalistas, direcionado adequadamente a atenção de nossa perspectiva única sobre as emoções e o comportamento humano de forma a compreender, explicar e resolver esses problemas com sucesso. Talvez a crise da Covid nos obrigue a redirecionar nossos esforços para tentar fazer isso.

No momento em que estou escrevendo isto, esses problemas são dolorosamente evidentes nos Estados Unidos, onde o assassinato injustificado de George Floyd, Breonna Taylor e muitos outros[4] pela polícia causou um tremendo aumento de protestos, expondo a brutalidade latente, o racismo e comportamento repressivo das autoridades americanas. O movimento *Black Lives Matter* é apenas a mais recente tentativa de sublinhar o fato frequentemente

---

4 Infelizmente, a lista parece interminável e apenas para citar algumas das vítimas mais atuais, inclui Sandra Bland, Philando Castile, Freddie Gray, Laquan McDonald, Tamir Rice, Walter Scott, Alton Sterling e muitos outros.

negado, trazido pela história do movimento trabalhista americano de que, em momentos de grande mudança social, as forças policiais geralmente agem a mando do governo capitalista da classe dominante.

Não podemos mais negar (*deny*) a dependência das classes alta e média-alta dos serviços da cadeia de abastecimento prestados pela classe trabalhadora e pobre e as grandes desigualdades que existem no acesso a cuidados médicos e hospitalares adequados, educação, condições de vida confortáveis, mobilidade social e na distribuição da riqueza. Nem podemos continuar a negar (*deny*) os danos causados pela xenofobia, isolacionismo e a culpabilização paranoica de "outros" em face de uma crise internacional de saúde pública dessa magnitude. Espero que, ao começarmos a processar o impacto da pandemia, aumentaremos nossa apreciação da vida que *temos* e reconheceremos que estamos todos interconectados e interdependentes, todos juntos, que *todas as vidas importam*, não importa sua etnia, origem religiosa ou a cor de pele e, finalmente, levar a sério as tentativas há muito esperadas de lidar com o aquecimento global, o controle do clima, a corrida armamentista nuclear e outras ameaças existenciais à continuidade da vida na Terra.

Portanto, talvez a primeira lição que devemos aprender da pandemia é que a vida é preciosa porque é precária. Esse foi o argumento apresentado por Freud (1916) em seu ensaio "Transitoriedade". Mesmo nas melhores circunstâncias, a vida é um jogo de azar ao qual nos adaptamos de várias maneiras, incluindo algum grau de recusa (*denial*) normativa. Bion (1962) falou sobre "aprender com a experiência", mas como comandante de um tanque na Grande Guerra, ele sabia que primeiro era preciso sobreviver a essa experiência e que a sobrevivência costumava ser uma questão de sorte. Quando recusou uma medalha de prestígio por heroísmo em combate, disse que a única diferença entre os homens que receberam medalhas e os que foram condenados como desertores era a direção para onde corriam quando estavam aterrorizados.

O consultório

O enquadre (*setting*) é uma metáfora usada por Jose Bleger (1967) para descrever o que ele acreditava ser um componente metapsicológico essencial do tratamento psicanalítico. Derivado de elementos concretos e factuais – por exemplo, o papel do analista, a estrutura e local das reuniões, os horários de início e término das sessões, acordos de pagamento e taxas, cronograma, objetivos e 'regras' do tratamento etc. – o enquadre se refere a como características não processuais do contexto clínico e ambiente circundante funcionam silenciosamente como estruturas de continência para o que, de outra forma, poderia revelar forças potencialmente destrutivas, explosivas e até psicóticas no indivíduo e na díade analítica. Como tentarei mostrar em uma seção posterior, acredito que a descrição de Bleger também pode ser estendida para a estrutura social cotidiana dentro da qual conduzimos e vivemos nossas vidas comuns. Este enquadre também foi severamente alterado pela ameaça e exigências de segurança da pandemia.[5]

---

5   Parsons (1999), discutindo o trabalho de Green vai ainda mais longe, dizendo: "a estrutura do ambiente analítico (clássico) é em si uma representação da estrutura mental interna. Não só dá acesso à estrutura interna, mas a incorpora" (p. 64). "... O deitar, a frequência e o silêncio (do analista) são todos exemplos de como o ambiente analítico é configurado para incorporar a negação (*negation*) da realidade comum" (p. 69). E conclui: "Se o setting analítico representa em sua estrutura externa a atividade interna de negação (*negation*), e se, ... a negação (*negation*) é essencial para a criação da realidade psíquica, isso significa que a estrutura da situação analítica representa o processo pelo qual a realidade psíquica é constituído" (p. 69, tradução nossa).

Em "circunstâncias normais", – na medida em que podem existir em qualquer análise! – o enquadre é um invariante, um pano de fundo silencioso que "nunca é notado até que falhe" (Bleger 1967, p. 512, tradução nossa). Na situação analítica, é o enquadre que ajuda a demarcar um espaço de transição no qual os pensamentos, momentos e sentimentos mais privados do Eu mais íntimo do paciente podem emergir e ser compartilhados, e no qual as transferências podem ser vividas, experimentadas, percebidas e exploradas.[6] É também o continente metafórico para "a parte mais primitiva da personalidade, é a fusão ego-corpo-mundo, de cuja imobilidade dependem a formação, existência e diferenciação (do ego, do objeto, da imagem corporal, do corpo, a mente etc.)" (Bleger, 1967, pp. 514-515, tradução nossa). Quando o enquadre não pode ser mantido ou aderido, quando é alterado ou violado de forma traumática, então consequências inesperadas e incontroláveis podem irromper, produzidas pelas forças incontidas da parte psicótica da personalidade do paciente.

Por funcionar silenciosamente como um continente das partes psicóticas da personalidade, o enquadre desempenha um papel essencial na situação analítica que pode ir para além de suas possibilidades psicoterapêuticas e ultrapassar seus componentes superficiais e administrativos.[7] O enquadre fornece o pano de fundo e a "tela" contra a qual os "processos de *como se* do sonho" da

---

6 McDougall (1985), "teatro da mente" (tradução nossa), e Green (1980), "estrutura de enquadramento" (tradução nossa), são conceitos relacionados.

7 Estou assumindo aqui que, embora os processos psicoterapêuticos façam parte de toda análise bem-sucedida, existem processos terapêuticos analíticos únicos e importantes que podem ser mais difíceis de alcançar em modalidades psicoterapêuticas menos intensivas e outras modalidades não psicanalíticas. Ver também Green (2005), que sugere que na psicoterapia, na ausência do ambiente analítico clássico, o papel do ambiente deve ser substituído pelo enquadre psicanalítico interno e pela função psicanalítica interna do analista.

realidade psíquica podem se desenrolar.[8] A mensagem de Bleger para esses tempos – e igualmente aplicável para quando a pandemia for controlada e for considerado seguro retornar aos nossos consultórios – é que as mudanças no enquadre e os efeitos que elas produzem não devem ser subestimadas ou atravessadas sem uma reflexão cuidadosa e exame de nossa experiência clínica acumulada.

Sem dúvida influenciado por sua própria infância difícil e experiências horrendas como comandante de tanque na Primeira Guerra Mundial, Bion costumava dizer que a psicanálise, como grande parte da vida, exigia "tirar o melhor proveito de uma situação ruim". Os cuidados exigidos diante da explosiva propagação do vírus da Covid – distanciamento social e quarentena, restrições a viagens e reuniões, o uso de máscaras etc. – mudaram radicalmente o cenário do encontro clínico analítico. Como medida de emergência, a psicanálise e a psicoterapia foram forçadas a deixar o consultório e passar ao on-line. O tratamento telemétrico, antes exceção, passou a ser a regra.

Os desafios que isso apresenta contêm responsabilidades, bem como oportunidades de adaptação, crescimento, aprendizagem e mudança. Para a surpresa de muitos clínicos que até então não tinham experiência com tratamentos telemétricos, surgiram, nas variadas formas de contato virtual oferecidas e/ou exigidas nos *settings* alterados, uma inesperada continuidade terapêutica e possibilidades terapêuticas. Seminários e conferências on-line nos proporcionaram novas oportunidades de aprendizado e estudo. Talvez as lições positivas aprendidas sobre o que é possível em relação a conferências e seminários inter-regionais nos ajudem a corrigir alguns dos provincianismos e isolacionismos culturais

---

8 "The frame provides the backdrop and 'screen' against which the 'as-if dream processes' of psychic reality may unfold", no original.

e linguísticos que têm impedido a evolução de um movimento e diálogo psicanalíticos verdadeiramente internacionais. Diálogos telemétricos substanciais, em variadas formas e *settings*, podem evitar algumas das restrições de tempo e despesas que afetaram congressos e reuniões psicanalíticas anteriores e provam ser o germe de uma psicanálise futura gerada no século 21.[9]

A nível pessoal, como clínicos, temos tido muita sorte, porque a maioria de nós tem podido continuar o nosso trabalho e ganhar a vida recorrendo à telemetria e, portanto, esta última tem sido uma vantagem para nós. Mas há diferenças entre os ganhos imediatos da necessidade terapêutica em uma situação de emergência e o fomento e a utilização de um processo analítico a serviço de uma cura analítica? Se sim, podemos aprender a especificar sob que circunstâncias e com quais pacientes essas diferenças ocorrem? E o que aprenderemos sobre as possibilidades e limitações da formação e prática psicanalíticas conduzidas a distância?

Como em qualquer outra crise situada no Real, há medidas imediatas que devem ser tomadas para tentar acalmar e conter a nós mesmos, nossas famílias, nossos pacientes e nosso mundo imediato. Continuar com os pacientes por meio de modalidades telemétricas foi claramente útil. Uma vez que a continência é alcançada, cada um de nós pode começar a elaborar psiquicamente o significado dos "fatos" concretos e brutais da pandemia de uma forma profundamente pessoal e subjetiva. Para cada um de nós, essa elaboração pode ser adaptativa, evacuativa ou, mais provavelmente, refletir elementos de ambos. Eu me perguntei, porém,

---

9   Digo 'alguns', mas não todos, porque não acredito que os encontros on-line possam substituir totalmente os benefícios intangíveis das reuniões presenciais, onde amizades e diálogos entre colegas podem começar e ser fortalecidos, discussões substanciais podem continuar durante o café, bebidas e refeições, o contexto social e as condições de vida de outros lugares podem ser vivenciados em primeira mão de uma forma inigualável.

sobre o caráter hipomaníaco de alguns pronunciamentos de que as configurações telemétricas foram agora "provadas" como funcionalmente equivalentes ao tratamento no consultório, que não era mais necessário sair de casa, pagar o aluguel de um consultório – ou trocar-se do pijama! – para conduzir as coisas...

Quase nove meses após o início da crise da Covid, no início da segunda onda nos Estados Unidos e diante da perspectiva de um próximo ano ou mais de precauções ditadas pelo vírus, muitos analistas estão chamando a telemetria e o contato virtual de um "novo normal". Alguns analistas falam em ir além dos modelos de crise para nunca mais voltar ao presencial ou empregar modelos "híbridos". Com base no efeito terapêutico claramente salutar de medidas telemétricas na crise inicial, eles defendem o tratamento virtual como "comprovadamente equivalente" ao presencial e uma solução para a realidade de muitas outras demandas – trabalho, trânsito, atividades das crianças – da vida moderna. Essas são afirmações que podem de fato ser confirmadas pela experiência, mas precisam de estudo cuidadoso e haverá de se esperar para serem determinadas como tal.

A realidade da propagação do vírus e a virulência de sua destrutividade quebrou o escudo protetor ilusório com o qual vivíamos nossas vidas pré-pandêmicas. O espaço psíquico, em nossos pacientes e em nós mesmos, tornou-se comprimido e inundado por preocupações e medos; e acompanhado de uma busca contínua e obsessiva por notícias e informações e, muitas vezes, por uma procura irritadiça por falsas soluções. Diante dessa inundação, a primeira tarefa de um analista pode ser tentar ajudar a restaurar um espaço para a clareza de pensamento em nossos pacientes e em nós mesmos. Este é um ponto com o qual o capitão Bion provavelmente concordaria. Antes que um comandante (ou analista) possa liderar com sucesso suas tropas na batalha, ele deve primeiro ajudá-las a se acalmar e começar a pensar com clareza.

Ajudar um paciente sobrecarregado a se acalmar e começar a pensar – e a associar livremente – não é inconsistente com fazer análise. Na verdade, é um pré-requisito. É preciso haver flexibilidade na aplicação de uma técnica analítica ampla que respeite a exigência de atender o paciente em cada grau de suas capacidades e necessidades existenciais, em qualquer momento. Uma vez que esse espaço psíquico reaparece, podemos começar a ver as maneiras pelas quais a psique de cada indivíduo, assumindo que eles têm a capacidade de fazê-lo, começa a criar e atribuir significado e nuances à ameaça mais geral – e genérica – da pandemia de acordo com os conflitos pessoais e o idioma de cada indivíduo. A aparição deste espaço pode muito bem exercer uma espécie de função diagnóstica, indicando que o "incêndio" potencialmente traumático da pandemia está ficando sob certo controle e sendo integrado ao lado de um conjunto mais comum de conflitos e preocupações de alguém.

Ao escrever sobre o tratamento de pacientes que estão nos limites da analisabilidade, afirmei que *o processo analítico muitas vezes começa e deve ser sustentado por longos períodos de tempo dentro da mente do analista* (Levine 2010). Isso é verdadeiro independentemente de a análise ser realizada no consultório ou por telemetria. É possível que apenas quando uma função analítica é internalizada pelo paciente que aquilo que entendemos como processo analítico pode ser reconhecido no discurso que emerge entre a dupla. A maioria dos analistas aprendeu que algum trabalho terapêutico útil pode continuar por modalidades de computador ou por telefone. Se a profundidade e a extensão deste trabalho serão equivalentes à análise presencial, se as modalidades virtuais são adequadas para fins de formação e para quais pares de analista-paciente, ainda resta determinar. Minha suposição, pendente de prova ou refutação por experiência subsequente, é que a eficácia analítica que está disponível através da mudança no *setting* nesta situação de crise será correlacionada, em parte, ao grau em que uma função analítica existe ou pode se desenvolver seja no paciente ou analista.

Uma paciente em quarentena que sofreu com a morte trágica e prematura de seu esposo e estava em análise em parte para lidar com as consequências de uma reação de luto reprimida, olhou pela janela de sua cidade outrora movimentada, agora deserta, e comentou: "Parece um cemitério". Outro paciente, cujo pai vivia em constante perigo de ser preso, observou que o isolamento social era "como uma prisão". Essas metáforas escolhidas inconscientemente eram "sinais do campo analítico" (Ferro, 2002, tradução nossa) que indicavam como cada paciente estava começando a conter e metabolizar o impacto da ameaça e do isolamento em sua própria maneira particular. Eles estavam criando e atribuindo significado pessoal e subjetivo ao caos cruel e impessoal da pandemia; começando a, inconscientemente, atribuir valor simbólico *aprés coup* a eventos associados ao verdadeiro trauma da pandemia, tecendo o que agora estava se tornando eventos simbólicos e significativos no tecido associativo de suas vidas.

Trauma e o ambiente social

Os dois exemplos anteriores referem-se a pacientes que, antes da pandemia, tiveram, cada um, uma quantidade considerável de análise presencial e tinham capacidades internalizadas de associação livre e auto-observação que sustentavam algum grau de funcionamento analítico internalizado autônomo. Nem todos os pacientes têm essa capacidade ou foram capazes de elaborar elementos da crise de Covid dessa forma.

Para muitos, as primeiras semanas e meses da pandemia produziram o que eu chamaria de *Neurose Atual Traumática* marcada por ansiedade, tensão e fadiga, seguida por hipocondria, distúrbios do sono e da alimentação e pequenos distúrbios somáticos. Os sintomas da neurose atual inicialmente não têm significado simbólico. Embora Freud restringisse o uso do termo *atual* a transtornos de origem sexual – libido reprimida, excesso de masturbação – há uma boa razão para estendê-la a eventos não sexuais que agridem e destroem nossas capacidades psíquicas regulatórias – o que Freud (1920a) chamou de escudo protetor do ego. As mudanças no *setting* exigidas pela pandemia chamaram nossa atenção para o nível e grau das capacidades de cada um de nossos pacientes para trabalhar analiticamente e nos oferecem uma oportunidade de estudar mais de perto os meios pelos quais as capacidades autorreflexivas e elaborativas são desenvolvidas dentro da situação analítica.

Trauma em psicanálise é sempre uma questão econômica: uma questão de equilíbrio ou desequilíbrio entre o estímulo lesivo e a capacidade da mente de conter, metabolizar e desintoxicar seu impacto e consequências.[10] E a continência, como vimos em Bleger (1967), dependerá, em parte, da eficácia da função continente do *setting*, tanto analítica quanto sociocultural.

No caso da pandemia, o estímulo tem sido um patógeno invisível, que altera e ameaça a vida, sobre o qual pouco se sabe e para o qual ainda não há tratamento adequado nem imunização disponível. A falta de conhecimento claro do que estamos enfrentando ou de como lidar com isso aumenta o terror e a tensão que todos nós temos sentido e tem estimulado as compras compulsivas e outras "soluções" mágicas. À luz dessa incerteza, o negacionismo (*denial*), a postura e a retórica anticientífica dos líderes governamentais apenas aumentaram a confusão e pioraram as coisas. Quem e em que acreditamos? Em quem confiamos?

---

10 Ver Levine (próxima referência).

A falta de conhecimento e a falta de liderança, junto da propagação silenciosa e indetectável do vírus, tornaram quase impossível localizar a ameaça Covid 'em algum lugar'. Não podemos facilmente atenuar sua ameaça circunscrevendo um 'lá' e 'não lá'. Mal podemos demarcar uma zona segura na qual podemos realmente baixar nossa guarda. O mais próximo que podemos chegar de fazê-lo com sucesso é o isolamento e o sequestro total em casa. Essa estratégia pode oferecer alguma sensação de conforto e controle, mas a um custo terrível. O fato de o vírus poder ser transmitido de pessoa para pessoa criou um terreno fértil para suspeita, evitação e paranoia. Para alguns, o isolamento social tornou-se uma existência solitária. Para outros, é uma versão de *Entre quatro paredes*, de Sartre (1989). Outros, ainda, sentem a situação como a aplicação de um leve experimento de privação sensorial.

Seu impacto desgastante nos alerta para o fato de que temos vivido – quase sem percebê-lo – no cenário estrutural mais amplo de nosso meio social. Isso nos lembra de quanto apoio psíquico e emocional normalmente obtemos de encontros e trocas sociais comuns e de suas ocorrências regulares, esperadas e banais: a conversa fiada que fazemos com o balconista na lavanderia a seco; as saudações e os breves comentários sobre o tempo todas as tardes com o homem que vende o jornal aos sem-teto em frente ao meu prédio; os trocadilhos e dicas de filmes que compartilho com meu treinador enquanto treinávamos juntos.

Todos esses encontros, bem como outros, são uma parte importante do tecido comum de nossas vidas, dificilmente notados no dia a dia, até que sejam interditados por ordens de quarentena ou abrigo. Sua repentina remoção de nossas vidas nos lembra da extensão em que "cada instituição é uma parte da personalidade do indivíduo; e é tão importante que a identidade seja sempre, total ou parcialmente, institucional, no sentido de que pelo menos parte da identidade sempre se configura por pertencer a um grupo, instituição, ideologia, partido etc." (Bleger, 1967, p. 512, tradução nossa).

Sugeri anteriormente (Levine 1990) que, no desenvolvimento normal, a criança adquire um senso internalizado de invulnerabilidade inconsciente com base na proteção concreta dos pais e na provisão de amor, comida, roupas e abrigo. A parentalidade suficientemente boa alimenta o desenvolvimento de um objeto interno protetor, inconsciente e onipotente, que fomenta expectativas inconscientes (onipotentes) de segurança.[11] Versões posteriores dessa expectativa são vistas na "invulnerabilidade" da adolescência; a suposição de que "isso não vai/não pode acontecer comigo" no jovem adulto; a ideia de que a morte é algo que só acontece às gerações dos pais ou avós; e a recusa (*denial*) geral da morte como parte da vida que vemos em muitos adultos aparentemente certos disso, até que experimentem a perda de um ou de ambos os pais ou de outra pessoa significativa e próxima. Mesmo assim, embora a inevitabilidade da morte possa ser reconhecida intelectualmente, pode ser que apenas muito mais tarde, se tanto, ela escapará da categoria de "impensável" e se tornará, na medida do possível, uma realidade com a qual lidar.[12]

Quando Freud apresentou o divã, ele já era um item comum nos consultórios de muitos médicos vienenses. Uma vez estabelecido no resto do mundo como uma norma psicanalítica, o divã começou a acumular um conjunto de significados e uma mística, junto com outros aspectos do *setting* do consultório de análise, e se tornou parte do ritual social da psicanálise. Esta "normalização" obscureceu o fato de que é *apenas para aqueles pacientes que podem tolerar seu uso* que o divã permite o desenvolvimento de uma concentração mais interna, uma maior liberdade de associação? Pode liberar alguns pacientes do estreitamento de foco inevitavelmente

---

11 Ver também *The background of safety*, de Sandler (1960).
12 Ver De Masi (2004).

produzido pela atenção à expressão e ao rosto do analista. Para outros pacientes, a perda de contato visual no divã pode precipitar uma ansiedade traumática excessiva ou abstinência que interfere no processo de tratamento e pode não ser "analisável" como uma defesa (ou seja, removível), mas precisar ser reconhecida como uma condição subjacente e uma vulnerabilidade que deve ser respeitada, atendida em seus próprios termos e superada em um tratamento presencial muitas vezes prolongado.

Como houve uma mudança de *setting*, alguns pacientes exigiram opções específicas, como Zoom ou FaceTime, em vez do telefone, para ver nossos rostos. A quem os oferecemos? Tem sido interessante ouvir que alguns analistas instruem seus pacientes a se deitarem durante as sessões virtuais e posicionar seus computadores de forma a oferecer ao analista uma visão do paciente semelhante àquela proporcionada pelo divã. Suponho que haja muitas razões para fazer isso, mas me pergunto se esse gesto é necessário e útil – especialmente quando é usado a pedido do analista – ou se a sugestão contém uma tentativa de agarrar-se ao passado ritualizado e recusar (*deny*) a enormidade da crise e da mudança?

A mudança no *setting* revelou o quanto tendemos a depender do ritual em geral para estruturar e talvez estabilizar a nós mesmos e nossas vidas. Um paciente, cujos problemas envolviam dessintonia maternoinfantil precoce que o deixava lutando contra forças poderosas e inconscientes destinadas a levá-lo a se fundir e ser absorvido por seu objeto, descreveu sentir-se desconcertado pela perda do tempo e espaço entre o fim da sessão e a sua vida profissional, que viveu quando começou a ter as sessões por Zoom de casa. Ele descreveu, no momento imediatamente posterior ao término da sessão, um sentimento de caráter invasivo que, na modalidade presencial anterior, havia sido diluído e mantido fora da consciência durante o trajeto de volta a seu escritório.

Outro paciente, que sofria de problemas semelhantes, mas que se protegia de seus intensos anseios de fusão por ter um retraimento esquizoide muito mais forte e rígido, havia, por muito tempo, estado em uma posição um tanto enfadonha e repetitiva em sua análise presencial no divã. O aumento da distância proporcionado pelas sessões de telefone inicialmente parecia despressurizar algo. Seu atraso crônico para as sessões desapareceu, sua atenção se voltou cada vez mais para dentro e para questões emocionais mais pessoais, longe de suas lutas com a produtividade no escritório ou como sua esposa e filhos estavam indo. O tratamento começou inesperadamente a se aprofundar. Dentro de algumas semanas, atingiu o cerne de alguns sentimentos muito ameaçadores e perturbadores e seu discurso tornou-se bastante carregado de ansiedade, incerto, hesitante, intelectualizado e monótono. Esta sequência, do engajamento com a ansiedade a uma nova retirada, deu ao analista e ao paciente uma perspectiva mais clara para ver a profundidade da evitação fóbica do paciente do material potencialmente desestabilizador.

Como analistas, todos nós agora temos observações, experiências e histórias como essas para compartilhar e refletir juntos. É muito cedo para isolar e compreender o impacto da mudança no *setting* analítico e diferenciá-lo dos outros impactos – isolamento social, crises econômicas etc. – da ameaça da pandemia. No entanto, acredito que a maioria dos analistas aprendeu que algum trabalho útil pode continuar por modalidades de computador ou por telefone. Se a profundidade e a extensão deste trabalho serão equivalentes à análise presencial, se são adequadas para fins de formação e para quais pares de analista-paciente, ainda resta determinar.

Novembro de 2020.

H. B. L.

Traduzido do inglês por Paula Lapa Borges de Sampaio

Referências

Bion, W. R. (1962). *Learning From Experience.* London: Heinemann.

Bleger, J. (1967). Psycho-Analysis of the Psycho-Analytic Frame. *IJP.* 48: 511-519.

De Masi, F. (2004). *Making Death Thinkable.* New York: Free Association.

Ferro, A. (2002). *In the Analyst's Consulting Room.* Hove, East Sussex and New York: Brunner-Routledge.

Freud, S. (1915). Thoughts for the time on war and death. *S.E. 14:* 173-300. London: Hogarth Press.

Freud, S. (1916). On Transience. *S.E XIV:* 303-307. London: Hogarth Press.

Freud, S. (1920a). Beyond the Pleasure Principle. *SE 18:* 1-64.

Freud, S. (1920b). Letter from Sigmund Freud to Oskar Pfister, January 27, 1920. *Letters of Sigmund Freud 1873-1939,* pp. 327-328.

Freud, S. (1930). Civilization and Its Discontents *S.E. 21:* 57-146. London: Hogarth Press.

Freud, S. (1933). Why War? *S.E. 22:* 197-218. London: Hogarth Press.

Green, A. (1980). The Dead Mother, *in* Green, A. (1997). *On Private Madness.* London: Karnac, pp. 142-173.

Green, A. (2005). *Key Ideas for a Contemporary Psychoanalysis.* New York and London: Routledge.

Levine, H .B. (ed.) (1990). *Adult Analysis and Childhood Sexual Abuse,* Hillsdale, N.J.: The Analytic Press.

Levine, H. B. (2010). Creating analysts, creating analytic patients. *IJPA* 91: 1385-1404.

Levine, H. B. (forthcoming). *Affect, Representation and Language: Between the Silence and the Cry.* Abingdon and New York: Routledge.

McDougall, J. (1985). *Theatres of the Mind.* New York: Basic Books.

Parsons, M. (1999). Psychic Reality, Negation and the Analytic Setting, *in* Kohon, G., ed., *The Dead Mother*, London: Routledge, 1999, pp. 59-75.

Sandler, J. (1960). The Background of Safety. *Int. J. Psycho-Anal.*, 41: 352-356.

Sarte, J.-P. (1989). *No Exit and Three Other Plays.* New York: Vintage.

GRÁFICA PAYM
Tel. [11] 4392-3344
paym@graficapaym.com.br